Doris Märtin

Gute Manieren sind wichtiger als guter Sex

HERDER spektrum
Band 6170

Das Buch

Paare, die nicht nur auf die Leidenschaft vertrauen, sondern einander mit Aufmerksamkeit, Takt und Wertschätzung begegnen, erhalten die Liebe am Leben – in guten Zeiten und erst recht in schlechten. Denn wie von Zauberhand entfallen viele der Abertausend Mikrostressoren, die das Zusammenleben als Paar erschweren: Musik dröhnt, das Badezimmer steht unter Wasser, der Kaminofen ist kalt geblieben. An ihre Stelle treten ebenso viele Gesten der Zuwendung: Kerzen brennen, das Haus sieht einladend aus, eine warme Decke legt sich um die Schulter. Eine wunderbare Vorstellung, oder? – Doris Märtin zeigt, wie gute Manieren die Liebe beflügeln: Der Knigge für zwei in allen Lebenslagen!

Die Autorin
Dr. phil. Doris Märtin schreibt, berät und coacht als Autorin, Texterin und Trainerin in den Bereichen Kommunikation und Persönlichkeitsentwicklung. Sie hat bereits mehrere erfolgreiche Ratgeber veröffentlicht. Selbst seit einem halben Leben verheiratet, weiß sie: Gute Manieren vereinfachen das Zusammenleben und vermitteln zwischen zwei anspruchsvollen Egos.

Doris Märtin

Gute Manieren sind wichtiger als guter Sex

Der neue Knigge für zwei

HERDER

FREIBURG · BASEL · WIEN

Titel der Originalausgabe: Love Talk

ISBN 978-3-593-38261-6

www.herder.de

Umschlagkonzeption: Agentur RME Roland Eschlbeck
Umschlaggestaltung: Verlag Herder
Umschlagfoto: © Corbis
Foto Doris Märtin: Daniel Blaser

Satz: Layoutsatz Kendlinger, Mediendesign, Freiburg
Herstellung: fgb · freiburger grafische betriebe
www.fgb.de

Gedruckt auf umweltfreundlichem, chlorfrei gebleichtem Papier
Printed in Germany

ISBN 978-3-451-06170-7

Inhalt

Manieren geben der Liebe Halt

Die Glückserwartungen sind höher denn je, der Alltag fordert, und nur die Liebe hält alles zusammen. Wenn die rosarote Brille dem kühlen Blick weicht, braucht die Romantik Airbags: Verhaltensweisen, die guttun, wenn alles rund läuft, und die den Aufprall abfangen, wenn die Liebe ins Schlingern gerät.

Drei von vier Deutschen finden: Gute Manieren sind für die Partnerschaft wichtiger als guter Sex. Zu diesem Ergebnis kam 2004 eine Ipsos-Studie im Auftrag der Frauenzeitschrift *Elle*. Hinter dem Wunsch nach Höflichkeit und Umgangsformen steht die Erkenntnis: Um zwischen Doppelkarriere und Baukredit, Bügelwäsche und Playmobil, seinen Eltern, ihrem Ex und beider Freunden eine gute Figur zu machen, braucht es mehr als den perfekten Body. Aufmerksamkeit, Takt und Wertschätzung erhalten die Liebe am Leben – in den guten Tagen und erst recht in den schwierigen.

Robert, versprich mir, wir werden niemals so enden wie diese alten Ehepaare, die sich beim Abendessen gegenübersitzen, an ihren Gabeln drehen und sich nichts zu sagen haben.
Scarlett Johansson alias Meg Windemere in „A Good Woman. Ein Sommer in Amalfi"

Die neue Lust auf alte Werte

Dass gute Manieren bei fast allen zu den wichtigsten Erwartungen an den Mann, die Frau fürs Leben gehören, war nicht immer so. Anders als unsere europäischen Nachbarn pflegten wir Deutschen von jeher ein zwiespältiges Verhältnis zu Höflichkeit und Umgangsformen. Zwar galten Manieren als Ausweis guter Erziehung, zwar waren gesellschaftlicher und beruflicher Erfolg zu allen Zeiten an ein gewandtes Auftreten gekoppelt, gleichzeitig aber haftete gutem Benehmen der Verdacht des Gekünstelten und Maskenhaften an.

Schon Goethe griff das Thema auf: „Du weißt wohl nicht, mein Freund, wie grob du bist?“, weist Mephistopheles im *Faust* einen flegelhaften Schüler zurecht. Worauf dieser lässig zurückgibt: „Im Deutschen lügt man, wenn man höflich ist.“ Die jahrhundertealte Skepsis gegen Benimm und Etikette bewirkte, das Stilfragen in Deutschland eine spürbar unwichtigere Rolle spielten (und spielen) als in Österreich, England, Frankreich oder Spanien.

Wirklich an den Kragen ging es den Manieren allerdings erst mit der 68er-Studentengeneration, als linke Intellektuelle das Ende der Höflichkeit ausriefen und gepflegte Umgangsformen als autoritäres Einschüchterungsritual attackierten. Von da an ersetzte in weiten Kreisen das allgemeine Duzen die komplizierten Rituale des Miteinander-Bekanntmachens, grüne Politiker leisteten den Amtseid in Turnschuhen ab, in den Fußgängerzonen verdrängten T-Shirts, Jeans und Freizeitjacken Krawatten, Kleider und Kostüme und für Cheeseburger und Pizza brauchte man den Umgang mit dem Brotmesser ebenso wenig zu beherrschen wie die gewandte Konversation bei Tisch.

Der Schriftsteller Oliver Hassencamp fasste die Erosion der guten Manieren in einem Satz zusammen: „Umgangsformen sind Formen, die zunehmend umgangen werden.“ An ihre Stelle traten Selbstentfaltung, Freizügigkeit und Echtheit als neue Ideale. Mit dem Wertewandel veränderte sich auch die Liebe – besonders die Liebe. Mehr noch als in anderen Lebensbereichen wollte man in der Partnerschaft spontan sein dürfen, ungezwungen und ganz man selbst.

Heute, gut 30 Jahre später, ändern sich die Werte und Lebensvorstellungen erneut. Die sozialen Netze werden dünner, der wirtschaftliche Erfolg schwieriger, die Biografien brüchiger. Nach drei Jahrzehnten des *Anything goes* ist Benimm wieder in. Gleichzeitig erlebt die Sehnsucht nach Stabilität und dauerhaftem Familienglück ein Revival. Die Kinder der 68er-Revolutionäre haben erfahren, dass die Ehe weder heilig noch ewig ist. Entsprechend groß ist ihre Angst vor dem Verlassenwerden, entsprechend ausgeprägt der Wunsch nach Treue und der einen wahren Liebe, die für immer hält. Oder wenn schon nicht für immer, dann wenigstens auf Zeit.

Auf den ersten Blick haben die beiden Phänomene – das zunehmende Interesse an guten Manieren und die Rückbesinnung auf emotionale und sexuelle Treue – wenig miteinander zu tun. Schaut man jedoch genauer hin, hängen sie eng miteinander zusammen: Wenn nach dem Rausch der Verliebtheit und der Euphorie des Zusammenziehens die Routine des Alltags einkehrt, mindert jede Missstimmung und jedes Voneinander-angenervt-Sein die Chance auf eine dauerhafte Beziehung. Wer sich wünscht, gemeinsam alt zu werden, braucht deshalb funktionierende Strategien, die emotionale Reibungsverluste verhindern und die gegenseitige Bewunderung am Leben erhalten.

Die Liebe und der gute Ton

„Für die Liebes- und Ehekunst in einer Gesellschaft der 80- bis 90-jährigen Biografien brauchen wir bessere Sozialtechniken“, bringt es der Soziologe und Trendforscher Matthias Horx auf den Punkt. Die Forderung klingt ungeheuer nüchtern, wenn man sich (wie die meisten) insgeheim nach Seelengemeinschaft, Leidenschaft und Hollywoodromantik-bis-ans-Ende-aller-Tage sehnt. Dabei ist der Rat zu mehr Überlegtheit in Liebesdingen keine Erfindung moderner Soziologen. Schon der Urvater des beziehungsförderlichen Miteinanders, Adolph Freiherr Knigge, glaubte nicht an Wunder, sondern an Beziehungsarbeit, und zwar lebenslang. In seinem Klassiker *Über den Umgang mit Menschen* empfiehlt er Paaren eindringlich mehr Klugheit in Gefühlsdingen:

Wichtig ist die Sorgfalt, welche Eheleute anwenden müssen, wenn sie sich so täglich sehen, und also Muße und Gelegenheit genug haben, einer mit des andern Fehlern und Launen bekannt zu werden und, selbst durch die kleinsten derselben, manche Ungemächlichkeit zu leiden; wichtig ist es, Mittel zu erfinden, sich dann nicht gegenseitig lästig, langweilig, nicht kalt, gleichgültig gegeneinander zu werden oder gar Ekel und Abneigung zu empfinden. Hier ist also weise Vorsicht im Umgange nötig. Verstellung fällt in allem Betrachte weg; aber einer gewissen Achtsamkeit auf sich selbst und der möglichsten Entfer-

nung alles dessen, was sicher widrige Eindrücke machen muss, soll man sich befleißigen.

Knigges Sprache klingt in unseren Ohren verstaubt. Aber sein Plädoyer, die wichtigste Beziehung im Leben intelligent zu formen, ist aufgeklärt und hochaktuell.

Vordenker und Realist: Adolph Freiherr Knigge

Die meisten verbinden den Namen Knigge mit kleinlichen Anstandsregeln und steifer Etikette. Dabei verlor der Aufklärer Adolph Freiherr Knigge (das „von“ ließ er aus seinem Namen streichen) in seinem Buch *Über den Umgang mit Menschen* kein Wort über Krawattenknoten oder Tischmanieren. Er verfolgte ein ganz anderes Ziel: Ihm ging es um ein aufgeklärtes Miteinander, um Fairness, Respekt und Verständigung – um innere Haltungen also, nicht um äußerliche Verhaltensnormen. Erst spätere Bearbeiter ergänzten Knigges Buch um explizite Benimmvorschriften.

Kleine Gesten, große Gefühle

Seit gutes Benehmen wieder in ist, wimmelt es von Knigges aller Art: Job- und Manager-Knigges, Campus- und Kinder-Knigges, Ess- und Tisch-Knigges, Reise- und Anti-Blamier-Knigges, Flirt- und Erotik-Knigges wiegen uns in Sicherheit, uns in jeder Lebenslage angemessen zu verhalten. Nur über eines schweigen sich die neuen Knigges aus: darüber, wie es nach dem Verliebtsein, der Verlobung und der stilvoll arrangierten Hochzeit weitergeht. Für die wichtigste aller Beziehungen gibt es in den neuen Knigges keine Stilregeln. Ehe- und andere Paare werden höchstens im Zusammenhang mit der Platzierung bei Tisch kurz erwähnt.

Dabei weiß jeder, der schon mal mehr als eine lockere Affäre hatte: Nähe ohne einen Hauch von schönem Schein kann schwer erträglich sein, und kleine Nachlässigkeiten kränken oft mehr als große Konflikte. Wenn sie zu oft vorkommen, sind sie genau das, was Paare erst zur Verzweiflung und irgendwann auseinander treibt. Zwar dürften einer tiefen gewachsenen Liebe die Haare im Waschbecken, der vergessene Hochzeitstag oder der gereizte Unterton gerade eben am Telefon nichts anhaben. Doch die Paarforschung bestätigt das subjektive Erleben – ob eine Beziehung gelingt oder scheitert, hängt von scheinbar belanglosen Kleinigkeiten ab:

- Ob sie Augen und Ohren für ihn hat, wenn er abends nach Hause kommt, oder kaum den Blick vom Bildschirm hebt.
- Ob er das Licht ausmacht, wenn sie müde ist, oder weiter geräuschvoll in seinem Krimi blättert.
- Ob sie ohne Wenn und Aber auf das Tennisturnier am Samstag verzichtet, weil seine Mutter Geburtstag feiert.
- Ob er auch im zehnten Ehejahr Spaß daran hat, ihr formvollendet die Autotür zu öffnen und wieder zu schließen.
- Ob sie den ironischen Einwurf unterdrückt, der ihr auf der Zunge liegt, wenn er nun schon zum fünften Mal erzählt, wie er seinen Lieblingswidersacher kaltstellte und das Team auf seine Seite brachte.

Liebe wächst und blüht. Warum sollte sie nicht auch welken wie alles andere auf Erden?
Jeanne Moreau

Glaubt man den Paarforschern, leben Beziehungen weder vom welterschütternden Sex noch von den Momenten tiefer innerer Übereinstimmung. So viel uns solche Augenblicke geben, entscheidend für das dauerhafte Glück zu zweit ist die Art und Weise, wie das Paar miteinander umgeht. Genau das bedeutet das Wort Manieren seinem französischen Ursprung nach: *la manière*, die Art und Weise, etwas zu tun.

Wie Manieren die Liebe beflügeln

Wer „seinen Knigge" auch im Zusammenleben zu zweit beachtet, hat die besten Chancen, langfristig eine erfüllende Partnerschaft zu gestalten. Dafür gibt es einen einfachen Grund, denn wie von Zauberhand entfallen viele der Abertausend Mikrostressoren, die das Zusammenleben als Paar erschweren: Musik dröhnt, das Badezimmer steht unter Wasser, der Kaminofen ist kalt geblieben. An ihre Stelle treten ebenso viele Gesten der Zuwendung und Aufmerksamkeit: Kerzen brennen, das Haus sieht einladend aus, eine warme Decke legt sich um die Schulter. Eine wunderbare Vorstellung, oder? Lesen Sie, wie gute Manieren die Liebe beflügeln.

Liebesverstärker 1: Aufmerksamkeit

Menschen mit Manieren kultivieren einen siebten Sinn für die Bedürfnisse anderer. Ihre Achtsamkeit äußert sich in winzigen Gesten, die dem Partner, der Partnerin das Gefühl geben, beachtet, verstanden, geliebt zu werden: Man weiß schon beim zweiten Date, dass die neue Liebe den Cappuccino gern mit extra viel Milch trinkt. Man achtet beim Einräumen der Einkäufe darauf, dass die eine Mehl und Zucker in Reichweite vorfindet oder der andere sein Lieblingsöl am gewohnten Platz. Man sieht, wie gestresst der Partner wirkt und legt die leisen Jazz-Standards auf, die ihn nach einem anstrengenden Tag entspannen. Was so unspektakulär klingt, verändert die Liebe: Ein aufmerksamer Partner ist da, hört hin und lässt sich nicht lange bitten. Allerdings entspringt Achtsamkeit einer Geisteshaltung. Man kann sich selbst darum bemühen – sie aber dem Partner nur schwer abverlangen.

Liebesverstärker 2: Sicherheit

Natürlich kann nichts und niemand sicherstellen, dass man mit dem Menschen, den man als den Mann, die Frau fürs Leben sieht, wirklich auf immer und ewig zusammenbleibt. Fest steht jedoch: Höfliche machen ganz automatisch Tag für Tag vieles von dem richtig, was Paarforscher als günstige Voraussetzungen für eine gelingende Beziehung ansehen. Sie wenden sich dem anderen zu, unterstützen ihn und bewahren auch bei Krisen die entspannte Gelassenheit, die Menschen mit guten Manieren auszeichnet. Und zwar – das ist der springende Punkt – unabhängig von Lust und Laune: Wer Manieren hat, ist auch dann höflich, wenn ihm der Sinn mal nicht danach steht. Angenehmer Nebeneffekt: Partner mit Manieren stärken mit ihrem Verhalten nicht nur die Beziehung. Sie wirken dabei auch selbst anziehend und angenehm.

Liebesverstärker 3: Realismus

Manieren sind gelebtes Sich-umeinander-Bemühen. Sie drücken aus: Du bist es mir wert – dass man anruft, wenn man abends später kommt, das Badezimmer genauso makellos hinterlässt, wie man es vorfindet, und die Anzeichen der Ungeduld unterdrückt, wenn er mal wieder die Autoschlüssel nicht findet oder sie jetzt schon seit zehn Minuten schwankt, ob sie lieber den anthrazitfarbenen oder den hellgrauen V-Pulli kaufen soll. Hinter dem kontinuierlichen Einsatz für die Beziehung steht die nüchterne Erkenntnis: die Liebe ist kein Glückszustand, den wir einmal erobern und dann für immer genießen. Sie darf nicht überstrapaziert und muss regelmäßig aufgeladen werden.

Liebesverstärker 4: Unkompliziertheit

Wer Manieren hat, zeigt sich weder schwierig im Umgang noch macht er anderen das Leben schwer. Angenehme Umgangsformen wirken deshalb auf die Beziehung wie ein Anti-Stress-Programm: Sie vereinfachen das Zusammenleben, beugen kleinen Nervereien vor und sorgen dafür, dass man Haltung bewahrt, auch wenn es in der Beziehung mal kriselt und hakt. Die anerzogenen, angelesenen und gemeinsam entwickelten Verhaltensstandards haben übrigens nichts mit steifer Etikette und kalter Pracht zu tun. Regelmäßig gelebt wirken sie unauffällig, selbstverständlich und ungezwungen.

Liebesverstärker 5: Fairness

In einer Welt der auseinanderstrebenden Werte und Vorstellungen sind auch Liebende nicht immer ein Herz und eine Seele. Paarforschern zufolge ist dauernde Übereinstimmung auch nicht notwendig. Viel wichtiger ist es, wie klug, sachlich und beherrscht das Paar seine Konflikte löst. Gute Manieren bieten dabei eine zuverlässige Orientierungshilfe: Höfliche verzichten auf aufreizende Sticheleien ebenso selbstverständlich wie auf abfällige Bemerkungen, Pauschalurteile („Du hast doch keine Ahnung"), Beschimpfungen („Du bist ja hysterisch"), Türenschlagen, vorwurfsvolles Schweigen und nachtragendes, tagelanges Grollen. Mehr als eine faire Form der Auseinandersetzung verlangt der gute Ton allerdings nicht: Immer nur nachzugeben und die eigenen Interessen hintanzustellen ginge weit über die Maßstäbe der Höflichkeit hinaus.

Liebesverstärker 6: Teamgeist

Natürlich bleiben wir auch als Teil eines Paares eigenständige Persönlichkeiten. Aber sobald aus einer Liebe eine Beziehung wird, nimmt man uns unweigerlich im Doppelpack wahr: Über kurz oder lang werden Charlotte und Paul in den Augen der Welt zu „CharlotteundPaul", und das Benehmen des einen fällt auf die andere zurück. Die Geburtstagsglückwünsche und Weihnachtskarten, die Charlotte versendet, werfen auch auf Paul ein positives

Licht. Leider greift der Mechanismus auch umgekehrt: Macht Paul auf die potenzielle Vermieterin einen unsympathischen Eindruck, sinken auch Charlottes Chancen auf die begehrte Altbauwohnung. Als Paar bestimmen wir unsere Außenwirkung also nicht mehr allein – sie hängt auch vom Partner ab. Haben beide gute Manieren, profitiert das Paar zweifach davon: nach innen, weil es stolz macht, wenn der Partner, die Partnerin sich souverän zu bewegen weiß. Und nach außen, weil man als eingespieltes Zweierteam gleich doppelt überzeugend wirkt.

Liebesverstärker 7: Stil

Rote Rosen, Kerzenlicht, Kavaliersgesten, schöne Kleidung, ein gepflegtes Zuhause – es macht einfach Spaß, sich voreinander und der Welt ein bisschen in Szene zu setzen. Nicht nur das: Die amerikanische Psychologin Sandra Murray hat herausgefunden: Positive Illusionen beflügeln das Lebensglück und die persönliche Entwicklung. Paare, die einander (in Maßen) idealisieren, blühen im Laufe der Jahre immer mehr zum Traumpaar auf. So gesehen geben Manieren der Liebe nicht nur Halt, sie sind eine schöne Möglichkeit, den anderen immer wieder neu zu umwerben und zu bezaubern.

Was Sie in diesem Buch erwartet

Alle warten auf die große Liebe. Aber können wir sie aus kleinen Liebeleien zusammentragen?
Stanislaw Jerzy Lec

Die Liebe mag vom Himmel fallen. Eine tragfähige Partnerschaft formen wir selbst. Nach dem ersten Irrsinn der Leidenschaft verhält sich das Beziehungsglück direkt proportional zu der Beziehungsarbeit, die das Paar leistet. Im Klartext: Wie gut es uns miteinander geht, hängt davon ab, wie liebevoll, fair und kultiviert wir einander behandeln. Allein zu zweit. Und zu zweit in Gesellschaft. Deshalb holt dieses Buch die Liebe aus den Wolken auf den Boden. Als moderner Beziehungsknigge geht es den Spiel- und Stilregeln für eine tiefe dauerhafte Bindung auf den Grund und sichert das fragile Gebilde Liebe mit Airbags ab: mit Verhaltensweisen, die guttun, wenn alles rund läuft, und den Aufprall abfangen, wenn die Liebe ins Schlingern gerät. Hier ist ein Vorgeschmack auf die Themen, die Sie erwarten:

Wie die Beziehungsouvertüre gelingt

Das erste Date, die erste Nacht und danach die härtesten Vorstellungsgespräche der Welt (ihr Sohn! seine Eltern! ihre beste Freundin!) – der Weg von der Verliebtheit zur Beziehung ist mit kniffligen Situationen gespickt. Das erste Kapitel beantwortet die wichtigsten Fragen vom Ansprechen bis zum Zusammenziehen, gibt aber auch Tipps für den stilvollen Ausstieg.

Wie Sie die Beziehung stärken

Natürlich ist es am schönsten, wenn beide Partner aufmerksam miteinander umgehen. Doch auch jeder für sich kann viel bewirken. Im zweiten Kapitel finden Sie Anregungen, wie Sie dem anderen guttun können, ohne aufzurechnen: „Was kriege ich dafür zurück?"

Wie Sie Stress, Streit und Anfechtungen meistern

Benimm zeigt sich in Krisenzeiten: Wenn es hart auf hart geht, bleiben Konflikte zwar nicht aus. Aber ob die Beziehung an Herausforderungen wächst oder zerbricht, ist auch eine Frage der Selbstkontrolle. Das dritte Kapitel liefert die wichtigsten Techniken, Stress und Streit zu bewältigen, ohne die Liebe zu gefährden.

Wie Sie eine richtig nette Familie sind

Freundliche Familien brauchen Familienfreundlichkeit nicht einzufordern: Rücksichtsvolle Eltern und wohlerzogene Kinder findet jeder ganz von selbst sympathisch. Im vierten Kapitel geht es darum, wie Eltern an einem Strang ziehen, Kinder gutes Benehmen lernen und wie man als Familie die Geduld der Umwelt nicht überstrapaziert.

Wie Sie gut mit Schwiegereltern, Stiefkindern und Expartnern auskommen

Verzweigte Familienbande bereichern das Leben. Aber es bietet auch Zündstoff, wenn er mit ihrem Bruder nicht kann, ihr Ex die Kinder gegen ihn einnimmt oder seine Mutter jeden Samstag seinen Besuch erwartet. Wenn Werte und Lebensvorstellungen aufeinanderprallen, braucht das Paar diplomatisches Geschick, um für alle einen guten Weg zu finden.

Wie Sie als Paar anerkannt, beliebt und gern gesehen sind

Sobald zwei Menschen sich zum Paar zusammentun, nimmt ihre Umwelt sie als Einheit wahr. Das bedeutet: Von nun an hängt der Eindruck, den man macht, bei vielen Gelegenheiten auch vom Stil und Auftreten des Partners ab. Das sechste Kapitel bietet das Know-how, wie Sie in Ihrer Umwelt ein gern gesehenes Paar sind.

Wie Sie Klasse zeigen und Glanz ausstrahlen

Klar, innere Werte sind wichtiger als der schöne Schein. Aber manchmal macht es einfach Spaß, sich als Paar ein bisschen zu inszenieren. Es verleiht der Beziehung Glanz, wenn er ihr formvollendet in den Wagen hilft oder sie seinen Ausführungen mit dem gebannten Blick einer amerikanischen Präsidentengattin lauscht. Im siebten Kapitel geht es darum, dass das Leben zu kurz ist für Gleichgültigkeit und Alltagsgrau.

Natürlich sind gute Manieren nicht die einzige Voraussetzung für eine glückliche Beziehung. Dafür ist die Liebe zu unkalkulierbar und komplex. Aber Manieren erhöhen ganz beträchtlich die Chance, sie hinzukriegen, die ersehnte, beglückende, vertrackte Sache mit dem Glück zu zweit. Damit die Liebe im Alltag ihren Glanz behält, brauchen wir nämlich keine komplizierten psychologischen Tricks. Dazu sind nur die inneren Haltungen notwendig, denen gute Manieren ihren äußeren Ausdruck verleihen: Zuwendung, Beherrschung, Diplomatie und die Bereitschaft, den liebsten Menschen von allen (mindestens) so pfleglich zu behandeln wie den Rest der Welt.

Zueinander passen ist kein Zufall, sondern ein laufender Prozess.
Jürg Willi

Wie die Beziehungs-ouvertüre gelingt

Das erste Date, die erste Nacht und danach
die härtesten Vorstellungsgespräche der Welt
(ihr Sohn! seine Eltern! ihre beste Freundin!) –
der Weg von der Verliebtheit zur Beziehung ist mit
kniffligen Situationen gespickt.

Am Anfang stehen die großen Gefühle, und das Leben fühlt sich an wie der freie Fall. Es macht „zong“, die Knie zittern, das Herz rast, und wenn sie ihm die Hand auf den Arm legt, läuft es ihm kalt den Rücken hinunter. Das ist die eine Seite. Auf der anderen Seite ist er nervös, weil sie höchstens jede zweite seiner E-Mails beantwortet, und sie ist zu nichts zu gebrauchen, weil er ständig neue Ausreden vorbringt, warum sie seine Eltern noch immer nicht kennt.

„Freudvoll / Und leidvoll, / Gedankenvoll sein, / Hangen und bangen in schwebender Pein“, beschrieb Goethe den Gefühlswirrwarr, der Verleibtheit heißt. Ob aus der explosiven Mischung aus Hormonen und Duftmolekülen, Aussehen und Ansehen, Gemeinsamkeiten und Gegensätzen Liebe wird, steht in den Sternen. Obwohl man sich, nachdem es gefunkt hat, nichts sehnlicher wünscht. Warum sonst wäre die Unsicherheit so groß, wie man den Start der Beziehungsoper richtig orchestriert? Dieses Kapitel führt Sie durch die kritischsten Situationen.

Stil-Strategie 1:
Flirten Sie leicht und locker

Auch die Verliebtheit hat ein Vorspiel: den ersten Kontakt. Blicke treffen sich, er lächelt, sie neigt den Kopf zur Seite, einer macht den Anfang, man kommt ins Gespräch. Eigentlich geht Sich-kennen-Lernen ganz einfach. Sofern uns nicht Winzigkeiten in die Quere kommen. Wenn zwei sich zum ersten Mal begegnen, genügt ein Wegschauen im falschen Moment oder ein als plump empfundener Anmachspruch, damit das Interesse erlischt. Vor allem Frauen sieben beim ersten Flirt gnadenlos aus. Dabei braucht es nicht viel, um bei der ersten Begegnung eine gute Figur zu machen. Hier sind die wichtigsten Regeln.

1. Akt: Der erste Blick

Es gibt sie zwar, die Liebe auf den ersten Blick. Doch sie ist die Ausnahme. Zwar dauert es bei den wenigsten Paaren so lange wie bei Harry und Sally, bis sie begreifen, dass sie füreinander bestimmt sind. Aber bei den meisten braucht es mehr als einen Augenkontakt, bis es funkt. Mit den ersten Blicken testen wir nämlich lediglich an, ob jemand, der uns als attraktiv auffällt, Interesse an einem Kennenlernen hat.

Liebe auf den ersten Blick ist ungefähr so zuverlässig wie Diagnose auf den ersten Händedruck.
George Bernard Shaw

Wie der erste Augenkontakt funktioniert, hat die Wissenschaft minutiös erforscht: Das Spiel beginnt mit einem kurzen Blick von etwas mehr als drei Sekunden. Dabei ist es, was viele nicht ahnen, meistens die Frau, die als Erste hinsieht und den Augenflirt beginnt. Experimente der amerikanischen Psychologin Debra Walsh in einer Szenebar haben sogar ergeben, dass Frauen, die keinen Mann anschauen, auch nicht angesprochen werden.

Extratipp für sie: **Riskieren Sie den ersten Blick.** Das ist die einfachste Möglichkeit, taktvoll zu steuern, welche Männer Kontakt zu Ihnen aufnehmen. Bedenken Sie allerdings: Manche Männer tun sich schwer, Informations- und Flirtblicke voneinander zu unterscheiden, und interpretieren schon einen interessierten Blick durch den Raum als Aufforderung, sich Ihnen zu nähern.

2. Akt: Der Augenflirt

Nur einer von zehn männlichen Singles, das zeigen Studien der Verhaltensforscherin Christiane Tramnitz, wird gleich beim ersten Blick aktiv. Alle anderen warten zwei, drei und vier Flirtsignale ab und reagieren erst, wenn sie sicher glauben, eine Frau habe es tatsächlich auf sie abgesehen. Nach dem vierten Signal geht die Hälfte der Männer auf das Flirtangebot ein: Sie lächeln oder erwidern den Blickkontakt.

Wie es danach weitergeht, hängt wieder von der Frau ab: Die Anzahl der von ihr ausgesendeten Flirtsignale entscheidet, ob der Augenflirt zu mehr führt oder eine angenehme Episode bleibt. Typische weibliche Flirtsignale sind neben Lächeln und Blicken auch *autoerotische Berührungen:* Sie wirft die Haare nach hinten, berührt sich am Hals, spielt am Pullikragen oder umgreift langsam das

Weinglas. Noch mehr Aufmerksamkeit erregt eine Frau, wenn sie sich bewegt, psychologische Barrieren wie eine Zeitschrift oder ein Buch weglegt, den Laptop zur Seite schiebt, am Kaffee nippt oder aufsteht und durch den Raum geht.

Die richtig dosierte Zahl von Flirtsignalen scheint übrigens ein hübsches Gesicht und eine tolle Figur locker wettzumachen. Feldversuche der amerikanischen Soziologin Monica Moore in Bars, Einkaufszentren und Bibliotheken ergaben: „Weniger attraktive Frauen, die viele Signale aussenden, werden erheblich öfter angesprochen als sehr attraktive Frauen, die wenige Signale aussenden."

Extratipp für sie: **Viele, aber subtile Signale wirken am stärksten.** Wer wiederholt Augenkontakt herstellt, lächelt, die Haare hinters Ohr zurückstreicht, hat eine Chance von 60 Prozent, von dem Auserwählten angesprochen zu werden. Schüchterne Frauen sind dabei gegenüber forschen übrigens im Vorteil: Scheue Blicke und unauffällige Selbstberührungen, zu denen sie ohnehin aus Selbstschutz neigen, erweisen sich als mindestens genauso wirkungsvoll wie herausfordernde Provokation. Der Anthropologe David Givens erläutert, warum: Flirtsignale sind eine Strategie, zugänglich und weniger bedrohlich zu wirken.

Extratipp für ihn: **Anbeten ja, anbaggern nein.** Natürlich können Sie den ersten Blick riskieren – allen Statistiken zum Trotz. Alles in allem aber überlassen Sie in der ersten Flirtphase besser ihr die Führung beim Verführen. Üben Sie keinen Druck aus, halten Sie ihren Blick nicht zu lang. Frauen finden unerwünschtes Interesse lästig und keineswegs schmeichelhaft. Häufig sind sie aber zu höflich, um Desinteresse in aller Deutlichkeit zu zeigen. Deshalb: Versuchen Sie Ihr Glück – aber wahren Sie Distanz, und respektieren Sie einen Korb ohne Wenn und Aber.

3. Akt: Der erste Satz

Den ersten Blick riskiert meistens die Frau. Den ersten Schritt dagegen unternimmt häufiger der Mann. Wobei der gute Stil längst nicht mehr erfordert, dass sie wartet, bis er sie anspricht.

Ganz gleich, wer den Anfang macht, Panik vor dem ersten Satz braucht keiner von beiden zu haben. Der Psychologe Michael Cunningham fand heraus: Männer lassen sich ohnehin fast jede Form von weiblichem Interesse gern gefallen. Und Frauen machen ihre Sympathie weniger von der Brillanz des Einstiegssatzes abhängig als von dem, was darauf folgt.

Wichtig ist dagegen, dass der Übergang zwischen Augenflirt und Ansprechen nahtlos und zügig gelingt. Das Zeitfenster dafür ist kurz: Verstreicht zwischen dem ersten Blickwechsel und dem ersten Satz mehr als eine halbe Minute, stellt einer von beiden, meistens die Frau, den Dialog der Augen ein.

Überlegen Sie also nicht lange, wie Sie anfangen. Lächeln Sie einfach, und sagen Sie etwas, irgendetwas. Besonders unkompliziert sind unverfängliche Fragen und positive Beobachtungen:

- Im Zugabteil: „Fahren Sie die Strecke öfter?“
- Beim Neujahrsempfang: „Ihr Glas ist leer. Kann ich Ihnen etwas zu trinken mitbringen?“
- Am Gemüsestand: „Wissen Sie, ob es heute auch deutschen Spargel gibt?“
- Im Ferienclub: „Dein Getränk sieht gut aus. Was ist das denn?“
- Bei der Einweihungsparty: „Hallo, ich heiße Benjamin, und du?“

In jedem zweiten Fall reagiert der oder die Angesprochene freundlich auf Alltagsbemerkungen. Eine ähnlich hohe Erfolgsquote erzielen Sie mit dem ganz direkten Einstieg: „Hallo, ich würde Sie gern kennen lernen.“

Extratipp für sie: Wer wen zuerst anspricht, hängt nicht vom Geschlecht ab. Gut zu wissen: Männer interessiert nicht, wie Frauen das Gespräch eröffnen – sondern dass sie es eröffnen. Sagen Sie also einfach „hallo“, fragen sie ihn nach der Uhrzeit, bitten sie ihn, einen Blick in sein Programm werfen zu dürfen, oder erkundigen Sie sich nach dem Spielstand – und der Erfolg ist Ihnen so gut wie sicher.

Extratipp für ihn: Starten sie einen Small Talk, keine Anmache. Vier von fünf Frauen reagieren auf die folgenden Sprüche negativ:

- Abgedroschenes: „Kennen wir uns irgendwoher?“
- Negatives: „Finden Sie Hochzeitsspiele auch so peinlich?“
- Aufdringliches: „Wie wär's, wenn wir morgen zusammen frühstücken?“
- Anmachsprüche: „Deine Haarfarbe passt umwerfend zu meinem Bettbezug.“
- Kindisches: „Ich habe mich verlaufen. Darf ich mit zu dir?“
- Extravagantes: „Das Leben ist ein großes Puzzle, und du bist das Stück, das mir fehlt.“

4. Akt: Der erste Small Talk

Die erste Hürde ist geschafft: Sie sind im Gespräch. Was nun folgt, kann der Beginn eines gemeinsamen Lebens sein, das Vorspiel einer wilden Affäre, eine Verabredung zum Drachenfliegen oder schlicht eine hingekritzelte Handynummer. Mindestens genauso wahrscheinlich ist es allerdings, dass der andere sich nach den ersten Sätzen als Flop erweist. Bleiben wir also realistisch: Ein erster Small Talk ist keine Eroberung, sondern eine Art Bewerbungsinterview der Liebe, ein Schaulaufen, bei dem zwei ausloten, ob sie sich voneinander angezogen fühlen, sich etwas zu sagen haben und von der kleinsten Berührung elektrisiert werden. Hier sind fünf Spielregeln des Umeinander-Werbens:

- ***Anknüpfen:*** Treiben Sie das erste Gespräch wie beim Small Talk nach dem Prinzip der Assoziationskette voran. Bleiben Sie dabei aber nicht im Bereich des Freundlich-Allgemeinen, sondern zeigen Sie echt empfundenes Interesse. So erreichen Sie, dass das Gespräch zunehmend vertrauter wird: Vom Bar-Jazz geht's zu der Art von Musik, die man gern hört, von dort zu den Instrumenten, die man als Kind erlernte, und kurz darauf kommt zur Sprache, dass man sich heute ganz gut vorstellen kann, was vor einigen Jahren noch undenkbar schien: eines Tages wieder in die Kleinstadt zurückzukehren, die man mit 16 so eng und verstaubt fand. Anders als beim Small Talk üblich, geht es beim Umwerben also darum, das Gespräch immer weiter zu vertiefen. Je mehr Persönliches zur Sprache kommt, desto schneller kommen Sie sich näher.

- ***Aufmerksamkeit schenken:*** Die meisten Menschen finden es unwiderstehlich, wenn man an ihren Lippen hängt. Deshalb becircen Sie den Gesprächspartner, die Gesprächspartnerin am sichersten, wenn Sie ihn oder ihr das Gefühl geben, in diesem Augenblick der wichtigste Mensch der Welt zu sein: „Das klingt spannend, erzähl mir mehr davon." Angenehmer Nebeneffekt: Die Begeisterung, die der andere für seine Lieblingsthemen und -thesen empfindet, überträgt sich automatisch auf Sie.
- ***Anvertrauen:*** Gespräche über Sachliches und Technisches stellen wenig Nähe her. Mehr Vertrautheit entsteht, wenn Sie etwas von sich, Ihren Vorlieben und Gefühlen preisgeben: „Ich wünsche mir schon lange, ...", „Mich begeistert immer wieder ...", „Ich finde es faszinierend, wie ..." Wichtig: Sprechen Sie in dieser frühen Phase des Kennenlernens über Pläne, Träume und Vorlieben, keinesfalls über Probleme, Verletzungen, Ängste und gescheiterte Beziehungen. Kleine Unvollkommenheiten machen dagegen sympathisch: „Was bedeutet eigentlich *velouté*? Mein Französisch ist leider ziemlich dürftig."
- ***Abtasten:*** Zum Start in die Liebe gehört mehr als ein gutes Gespräch. Fühlen sich beide voneinander angezo-

gen, sind flüchtige Berührungen kein Fauxpas, sondern ein Test, ob und wie viel Nähe bereits möglich ist. Wichtig: Der erste Körperkontakt erfordert Fingerspitzengefühl. Er muss sich wie zufällig ergeben und darf keinesfalls aufdringlich wirken: eine kurze Berührung am Arm, ein Zusammenstecken der Köpfe, eine Begegnung der Hände, mehr nicht. Wirkt der Angeflirtete unangenehm berührt, zieht die Frau Ihrer Träume sich zurück, wäre es grob unhöflich zu insistieren. Gehen Sie auf Distanz, wahren Sie die Intimsphäre des anderen durch einen Abstand von mindestens einer Armlänge, unternehmen Sie keine weiteren Annäherungsversuche.

- ***Abstimmen:*** Wenn sich ein Paar näherkommt, erkennt man das auch daran, dass beide sich im Gleichtakt bewegen: Er fährt sich durchs Haar, sie rückt ihre Sonnebrille zurecht. Sie nimmt einen Schluck Kaffee, er gießt sich Tee nach. Er neigt sich nach vorn, sie rückt ebenfalls näher an die Tischkante heran. Die Abstimmung der Körper signalisiert, dass man einander ähnlich ist und vielleicht gleiche Interessen und Vorlieben hat. Sie können den Effekt verstärken, wenn Sie bewusst dem Rhythmus des Gegenübers folgen, ähnliche Haltungen einnehmen oder sich seinem Sprechtempo oder seiner Wortwahl anpassen.

Extratipp für ihn: Frauen wählen kritischer als Männer. Fällt ein Mann beim ersten Kontakt durchs Raster der Ansprüche, ziehen sie sich innerlich zurück. Häufigste Gründe für abruptes Desinteresse: Erstens, er redet zu viel über sich. Zweitens, er fasst sie zu schnell, zu lang oder zu aufdringlich an.

Die erste Regel der Attraktivität lautet deshalb: Lassen Sie sich nicht lang und breit über ihre Vorzüge und Erfolge aus. Halten Sie keine Monologe über Fachliches, Sachliches und Technisches. Bringen Sie lieber Ihre Gesprächspartnerin zum Reden, fragen Sie, hören Sie zu, ermuntern Sie sie mit kurzen Kommentaren zum Weitereden: „Wow", „Das klingt spannend ...", „Und wie kam es dazu, dass Sie ..."

Die zweite Regel der Attraktivität lautet: Beschränken Sie sich in der Anfangsphase des Kennenlernens auf kurze, ritterliche Berührungen, die ihr ein Gefühl von Sicherheit und Geborgenheit vermitteln. Fassen Sie sie leicht – eigentlich nur symbolisch – am Unterarm, wenn Sie sie durch den Raum begleiten, legen Sie Ihr fast unmerklich den Arm an die Taille, wenn Sie ihr an der Tür den Vortritt lassen, streichen Sie ihr beiläufig eine Strähne aus dem Gesicht. Im Idealfall wirken solche Kavaliersgesten schwerelos, als hätten sie kaum stattgefunden – ähnlich wie beim Handkuss, wo die Lippen den Handrücken nicht berühren dürfen. Ein Anfassen von Brust, Po und Schenkeln ist in der ersten Phase der Beziehung, wie überhaupt in der Öffentlichkeit, tabu.

Extratipp für sie: **Frauen wählen kritischer als Männer.** Weil Frauen bei der Fortpflanzung das höhere Risiko tragen, sorgt ihr biologisches Programm dafür, dass sie schneller und unerbittlicher als Männer nach passend und nicht passend sortieren – manchmal zu ihrem eigenen Schaden.

Ist jemand nicht der richtige Typ, funkt es bei Ihnen nicht auf den ersten Blick, lässt jemand den Witz vermissen, den Sie unerlässlich finden bei dem Mann, mit dem Sie potenziell das Bett und die Adresse teilen, fällt er beim Partnercheck schnell durch. Schade eigentlich, denn die Liebe fürs Leben findet sich nicht immer auf den ersten Blick. Manchmal braucht es monatelange Treffen an der Käsetheke oder am Kopierer, bis der Pfeil der Liebe trifft. Höflich und klug wäre es daher, abzuwarten und zu sehen, wie sich eine Bekanntschaft entwickelt. Auch wenn es nüchtern klingt: Für eine ernsthafte Beziehung sind gemeinsame Interessen und Werte erheblich wichtiger als das Gefühl auf Wolke sieben zu schweben!

5. Akt: In Kontakt bleiben

Natürlich ist es ein gutes Zeichen, wenn man sich bei einer Party so festredet, dass man erst nach Stunden merkt, wie spät es geworden ist. Aber wie erfolgreich der erste Kontakt verläuft, hängt kaum davon ab, wie lang er dauert. Meistens entscheiden wir nämlich schon nach gut viereinhalb Minuten, ob wir einen Menschen anziehend genug finden, um die Bekanntschaft mit ihm zu vertiefen. Deshalb ist es zwar höflich, erst nach einer längeren Unterhaltung nach der Handynummer zu fragen oder eine weitere Verabredung vorzuschlagen. Aber wenn die Zeit drängt – die Theaterglocke ertönt, die letzte U-Bahn wartet nicht –, dürfen Sie Ihr Interesse ruhig schon nach wenigen Minuten äußern. So oder ähnlich kann Ihre Einladung klingen:

- „Sehen wir uns wieder?“
- „Ich würde Sie sehr gern wiedersehen.“
- „Darf ich Sie nach der Aufführung zu einem Glas Wein einladen?“
- „Sind Sie in Eile, oder haben Sie Zeit, einen Kaffee mit mir zu trinken?“
- „Es war schön, mit dir zu reden. Rufst du mich an?“
- „Ich würde mich freuen, wenn wir in Kontakt blieben. Hier ist meine Handynummer.“
- „Darf ich Sie anrufen?“
- „Wie kann ich dich erreichen?“

- „Ich fahre am Samstag in die Berge. Haben Sie Lust, mitzukommen?“

Extratipp für ihn: **Bei der Frage nach der Handynummer** ist die gleiche Zurückhaltung geboten wie beim Ansprechen: Verzichten Sie auf Anmachsprüche. „Ich hab meine Nummer verloren, kann ich vielleicht deine haben?“ – Die meisten Frauen bevorzugen es direkter, höflicher und persönlicher. Am besten notieren Sie ihre Nummer auf einem Notizzettel und geben ihn ihr in die Hand: „Damit du weißt, wie du mich erreichen kannst.“ Oder: „Ich warte auf eine SMS von dir.“ Wichtig: Verwenden Sie keine berufliche Visitenkarte dafür – das wirkt großspurig und wäre definitiv nicht im Sinn Ihres Arbeitgebers.

Extratipp für sie: **Sie wissen nicht, ob Sie ihn wiedersehen möchten.** Dann behalten Sie Ihre Handynummer erst mal für sich, und speichern Sie stattdessen seine. Damit behalten Sie alle Trümpfe in der Hand: Wenn Sie möchten, schicken Sie ihm am nächsten Tag eine SMS. Danach liegt es an ihm, sich mit einem Anruf zu melden.

Stil-Strategie 2:
Verleihen Sie der Liebe Flügel

Verliebt, verlobt, verheiratet – das war einmal. Heute gibt es keine Gewähr mehr dafür, dass eine aufregende Begegnung zur dauerhaften Beziehung wird. Zu Recht sitzt uns die Angst im Nacken, das Picknick bei Sonnenaufgang, der prickelnde Sex, der spontane Wochenendtrip nach Prag, die nächtelangen Gespräche, der ganze durchgeknallte Wahnsinn des Verliebtseins könnten mit dem Rücksturz zur Erde enden. Im 21. Jahrhundert ist die Verliebtheit flüchtig: Egal, wie intensiv wir sie erleben, sie verpflichtet kaum über den Moment hinaus.

Erwächst dagegen aus dem Rausch der Gefühle eine echte, dauerhafte Liebe, baut man in den ersten, wirklich wild verliebten Wochen und Monaten einen Schatz der romantischen Gefühle und Erinnerungen auf, von dem man noch Jahre und vielleicht Jahrzehnte später zehrt. Untersuchungen zeigen: Je mehr die Anfangsphase einem Hollywoodmärchen ähnelt, desto besser kommt das Paar später damit klar, wenn ihn der Job auffrisst oder sie bei der kleinsten Missstimmung die Nerven verliert.

Ganz gleich also, ob Sie eine heiße Affäre im Sinn haben oder sich nach ewiger Liebe sehnen – machen Sie die Beziehungsouvertüre zu einem unvergesslichen Erlebnis. Für Nüchternheit ist später noch genügend Zeit.

Wie aus Interesse Verliebtheit wird: Für Herzklopfen sorgen

Richard Gere gewann in *Pretty Woman* das Herz von Julia Roberts, als er sie in *La Traviata* führte und sie zum ersten Mal die Schönheit der Oper erlebte. Robert Redford bezauberte Meryl Streep (und Tausende von Kinogängerinnen), als er ihr in *Jenseits von Afrika* in der Savanne bei Mozartklängen die Haare wusch. Ralph Fiennes und Kristin Scott Thomas in *Der englische Patient* kamen sich näher, als beide zusammen einen Sandsturm durchstanden.

Große Szenerien beflügeln große Gefühle – nicht nur im Kino, auch im wahren Leben. Den Beweis dafür lieferte der amerikanische Psychologe Arthur Aron: In einem zum Klassiker gewordenen Experiment schickte er eine gut aussehende Mitarbeiterin in den Capilano Canyon in der Nähe von Vancouver. Dort gibt es zwei Brücken: eine spektakuläre Fußgänger-Hängebrücke, die in 80 Metern Höhe über den Canyon führt, und einen normalen, solide gebauten Übergang über einen Nebenarm des Flusses. Auf beiden Brücken sprach die Mitarbeiterin die männlichen Passanten an und bat sie, einen Fragebogen auszufüllen. Für weitere Nachfragen gab sie ihnen ihre Telefonnummer. Wie nicht anders zu erwarten, nahmen einige der Befragten Kontakt zu dem weiblichen Lockvogel auf. Dabei zeigte sich ein verblüffender Unterschied: Von den 18 Männern, die den Fragebogen in schwankender Höhe ausgefüllt hatten, meldeten sich neun, von den 16 Befragten auf der normalen Brücke nur zwei.

Das Brückenexperiment verdeutlicht: Alles, was sich außerhalb der gewohnten Routine abspielt, was starke Eindrücke weckt, herausfordert oder ein Risiko birgt, schürt die Leidenschaft und bringt den Funken zum Überspringen. Der Beziehungskick hat eine simple biologische Ursache: Starke Eindrücke wie eine Gefahrensituation oder ein außergewöhnliches Kunst- oder Landschaftserlebnis erhöhen den Adrenalinspiegel im Blut, das Herz schlägt schneller, wir fühlen uns erregt und ekstatisch. Uns beherrscht eine Empfindung, die sich wie Liebe anfühlt. Daraus folgern wir: Das muss Liebe sein.

Es gibt also ein einfaches Rezept, wie Sie Ihrer neuen Liebe den Kopf verdrehen: Ziehen Sie bei den ersten Verabredungen alle Register. Schaffen Sie unvergessliche Momente. Machen Sie Ihre Treffen zu etwas Einmaligem. Dazu müssen Sie die neue Liebe weder zum Heli-Skiing einladen noch mit zwei Flugtickets nach Bangkok überraschen, es genügt, wenn Sie mehr bieten als das übliche Standardprogramm: Ein Mondscheinpicknick ist atemberaubender als ein Abendessen beim Italiener, bei der Generalprobe dabei zu sein anregender als ein normaler Konzertbesuch, die Hinfahrt auf der Vespa reizvoller als die Anfahrt im VW Passat. Der Autor Bas Kast bringt das Prinzip auf den Punkt: „Wir haben kein Herzklopfen, weil wir uns verlieben, sondern wir verlieben uns, weil wir Herzklopfen haben."

Extratipp: **Wählen Sie den Ort fürs erste Date strategisch aus:** Wer Lampenfieber hat und Small Talk nicht mag, schlägt am besten eine gemeinsame Aktivität vor: Gehen Sie ins Konzert, besuchen Sie eine Ausstellung, treffen Sie sich zum Joggen, fahren Sie zusammen Ski. Gemeinsame Unternehmungen liefern Gesprächsstoff für den Anfang und Redepausen lassen sich leichter überbrücken. Falls Sie sich doch lieber zum Essen oder auf einen Kaffee verabreden: Schlagen Sie nicht ausgerechnet Ihren Lieblingsitaliener als Treffpunkt vor, wo Sie jeder kennt und der Oberkellner fürsorglich nach dem Befinden Ihres Exfreunds, Ihrer Exfreundin fragt.

Dating-Knigge: Sich von der besten Seite zeigen

Eine kleine Umfrage unter Freunden zeigt, wie schnell eine junge Liebe erkalten kann: Bei Max war es vorbei, als die neue Flamme ihn „Hasi" nannte, bei Annette, als der neue Lover das Schnitzel vor dem Essen in Stücke schnitt, bei Anton, nachdem die Angebetete einen ganzen Abend lang von dem Elend mit ihrem Exfreund erzählt hatte, und bei Julia, weil der Mann, in den sie sich auf den ersten Blick verliebt hatte, beim Italiener mit der Begründung auf den Espresso verzichtete, den koche er sich zu Hause billiger.

Extratipp: **Tabuthemen beim ersten Date.** Die Online-Partneragentur *elitepartner*.de filterte bei einer Umfrage an über 500 Befragten heraus: Die folgenden drei Themen törnen Männer wie Frauen gleichermaßen ab: 1. der Expartner, 2. Krankheiten inklusive Sportverletzungen, 3. Gewichtsprobleme. Darüber hinaus gilt: Männer gewinnen Gesprächen über Sternzeichen eher wenig ab, Frauen langweilen sich bei Computerthemen.

Machen wir uns also nichts vor: Auch wenn man einander anziehend und überraschend und eigentlich unwiderstehlich findet – am Anfang ist jedes Treffen ein Gütetest. Hier sind die besten Stilregeln für Verabredungen und Dates:

- ***Überlegen Sie, wofür der andere sich interessiert*** – und wofür höchstens in kleinen Dosen. Es ist okay, der neuen Liebe die Lieblingsarie aus *Norma* vorzuspielen. Wenig einfühlsam wäre es dagegen, jemanden, der klassischer Musik erklärtermaßen fernsteht, mit Karten für *Götterdämmerung* beeindrucken zu wollen.
- ***Melden Sie sich regelmäßig und zuverlässig.*** Natürlich hat sich in der Beziehung zwischen Männern und Frauen vieles verändert. Natürlich können Frauen genauso gut als Erste anrufen, und viele tun das auch.

Aber die meisten tun es nicht gern. Denn wenn er wirklich Interesse hat, da sind sich Freundinnen im Grunde ihres Herzens sicher, meldet er sich. Und zwar spätestens 24 Stunden nach dem letzten Treffen. Nette schicken obendrein einen Gute-Nacht- oder Guten-Morgen-Gruß per SMS. Je länger das Paar zusammen ist, desto mehr gleichen sich die Spielregeln an: Wird aus der ersten Begegnung mehr, erfordert der gute Stil, dass beide etwa gleich viel Interesse, Zeit und Energie investieren.

- ***Legen Sie sich fest.*** Höfliche treffen in der ersten Phase der Verliebtheit eine Verabredung mindestens drei Tage im Voraus. Damit geben sie der neuen Liebe nicht nur Zeit, sich mit dem Opernlibretto vertraut zu machen oder noch rasch das passende Outfit für die Radtour zu besorgen. Sie signalisieren ihr auch: Mein Interesse reicht weiter als von heute bis morgen. Tipp: Gegen spontane Treffen zwischendurch ist natürlich nichts einzuwenden!
- ***Geben Sie sich alle Mühe.*** Seien Sie pünktlich, kleiden Sie sich mit besonderer Sorgfalt und lieber ein bisschen overdressed als underdressed, achten Sie auf einen frischen Atem, behandeln Sie das Servicepersonal freundlich, legen Sie sich ein paar Gesprächsthemen zurecht, schalten Sie das Handy aus. Ungezogen sind Anrufe von unterwegs, man sei aufgehalten worden, der andere möge inzwischen doch schon mal den Wein aussuchen und die Vorspeise bestellen.

- ***Zeigen Sie sich großzügig.*** Preisvergleich und Sparsamkeit sind im Alltag notwendig, in der ersten romantischen Phase der Verliebtheit wirken sie unangenehm ernüchternd. Der Schnäppchenjäger, der mit großer Geste den Aldi-Champagner entkorkt („Schmeckt sensationell für 12 Euro 59!") stört die Magie ebenso wie die kühle Rechnerin, die den Vorschlag abschmettert, an einem regnerischen Samstagnachmittag ins Kino zu gehen („Lass uns das doch auf Dienstag verschieben, da kostet die Karte 1 Euro 50 weniger").
- ***Denken Sie daran, sich zu bedanken.*** „Das Dessert war köstlich." – „Die Vernissage lässt mich moderne Kunst mit ganz anderen Augen sehen." – „Danke, dass du mir zugehört hast. Das hat gutgetan." Übrigens: Ein Dank ist auch angebracht, wenn er das Restaurant nicht nach Ihrem Geschmack gewählt hat oder sie sich am Ende doch nicht als die Frau Ihrer Träume erweist. Erkennen Sie die Zeit und Mühe an, die der andere in das Date investiert hat. Dabei brauchen Sie keine Begeisterung zu heucheln, die Sie nicht empfinden. Aber loben Sie, was zu loben ist. Eine Verpflichtung, das Treffen zu wiederholen, erwächst daraus natürlich nicht.

„Ich hätte da eine Frage ...": Wer zahlt beim Date?

Ich möchte gern wissen, wer bei einem Date die Rechnung für das Essen oder die Kinokarten bezahlt. Teilt man die Kosten, bezahle immer ich als Mann, oder hängt es davon ab, wer die Einladung ausgesprochen hat?

Zulässig sind alle Varianten.

- Traditionell zahlt er für beide – es sei denn, sie hat die Einladung ausgesprochen: „Darf ich dich ins Kino einladen?" Besteht Ihre Begleiterin darauf, die Rechnung zu teilen, gehen Sie lächelnd auf ihren Wunsch ein. Auf keinen Fall zeigen Sie sich beleidigt: „Meinst du, ich kann mir das nicht leisten?"
- In der modernen Variante werden die Rechnungen geteilt. Laut einer Umfrage der Online-Partneragentur *parship.de* bevorzugt gut ein Drittel der Befragten diese Lösung. Stilvolle teilen größere Rechnungen, die beiden Latte macciato dagegen zahlt, wer zuerst den Geldbeutel zur Hand hat. Einfach nur kleinlich wäre dagegen eine 5-Euro-10-Rechung auseinanderzudividieren oder Geld für die Hälfte der Parkgebühren einzufordern.

Auf Nummer sicher geht, wer das Thema anspricht: „Wie wollen wir es machen?" Übrigens: Laut *parship.de* geben fast die Hälfte der Münchner Männer mehr als 50 Euro beim ersten Date aus, 10 Prozent investieren sogar über 200 Euro. Allerdings leben in München auch die reichsten Singles Deutschlands. Knapp 25 Prozent verdienen über 2500 Euro. Im deutschen Durchschnitt sind es nur 11 Prozent.

Die erste gemeinsame Nacht

So locker wie Samantha aus *Sex and the City* absolvieren die wenigsten die erste Nacht. Die meisten Frauen und Männer sehen der Sex-Premiere mit einer gewissen Nervosität entgegen. Jedenfalls dann, wenn sie hoffen, dass die erste Nacht nicht die letzte wird. Für die Verunsicherung gibt es gute Gründe: Wenn die Hüllen fallen, die Mascara zerfließt und man sich sehr schnell auf sehr intime Weise nahekommt, rücken nicht nur die Körper mit all ihren echten und eingebildeten Unzulänglichkeiten ans Licht. Viel schwerer wiegt die Angst vor Peinlichkeiten.

Was wird er von ihr halten, wenn sie gleich am ersten Abend mit ihm ins Bett geht? Wie wird sie ihn finden, wenn sein Rücken haarig und sein Bauchansatz unverkennbar ist? Wird er mit ihren sexuellen Künsten mithalten können? Und sie den Vergleich mit seiner Ex bestehen? Was, wenn er zu früh oder sie überhaupt nicht kommt? Weil ihr eigentlich schon beim Anblick der Comicbettwäsche in seinem Schlafzimmer die Lust vergangen ist?

Menschen mit Manieren erwarten in der ersten Nacht nicht die perfekte Performance. Wenn man einander gut findet und guttut, dann spielt es keine Rolle, wenn sie ein bisschen länger braucht, um in Fahrt zu kommen, oder er sie nicht mit der Routine eines Entfesselungskünstlers entkleidet. Die Basics vom frischbezogenen Bett bis zum beiderseitigen Begehren sollten allerdings stimmen. Hier sind Anregungen, wie Sie die erste Nacht stilvoll bestehen:

- ***Zu mir oder zu dir?*** Kennen zwei sich erst kurz, erfordert es Vertrauen, den anderen in seine Wohnung zu begleiten. Schon aus Sicherheitsgründen fühlen viele Frauen sich deshalb wohler, wenn die erste Nacht bei ihnen zu Hause stattfindet. Egal, ob nach dem ersten Date oder nach reiflicher Überlegung: Kavaliere klären zunächst das Ob-überhaupt („Wollen wir den Abend bis zum Frühstück verlängern?“) und überlassen die Ortswahl ihr.
- ***Sex braucht ein Szenario.*** Die meisten Menschen ziehen eine Liebesnacht im Bett einem Quickie in der Abstellkammer vor. Bringen Sie deshalb Ihre Wohnung auf den Standard eines gepflegten Hotels, wenn ein Abend bei Ihnen zu Hause enden könnte: Eine aufgeräumte Wohnung, frische Laken, flauschige Handtücher, Duftkerzen und schmeichelndes Licht steigern die Sinnlichkeit und heißen Ihren Gast willkommen. Nicht vergessen: Alles, was an den oder die Ex erinnert, verbannen Sie taktvoll in die Schublade.
- ***Gebrauchsanweisung überflüssig!*** Diskussionen und handfeste Direktiven wirken in der ersten Nacht verfrüht und wenig verführerisch. Erschließen Sie lieber durch ein bisschen Beobachtung und Sensibilität, was den Partner, die Partnerin anmacht oder abtörnt. Nehmen Sie sich Zeit, einander zu entdecken und zu bestä-

tigen, berühren Sie sich mit ruhigen, gleichmäßigen Bewegungen, spüren Sie, wie der andere reagiert. Wer den Wünschen des anderen lieber einen winzigen Schritt hinterherhinkt, statt zielorientiert in die privatesten Regionen vorzudringen, verbindet perfekt Höflichkeit und erotische Stimulierung.

- ***Sich nahekommen – aber nicht zu sehr.*** Mit dem ersten Sex erreichen Sie eine neue Stufe der physischen und psychischen Intimität. Sehr wahrscheinlich kennen Sie sich aber noch zu kurz, um die Experimentierfreudigkeit des anderen sicher einschätzen zu können. Setzen Sie deshalb die Lust auf exotischere Sexpraktiken nicht einfach voraus: Verschieben Sie oral und anal, Sextoys und Fesselungsspiele, Beißen, Kratzen, Dirty Talking und extratiefes Stoßen besser auf andere Nächte. Am Anfang sind Einfühlungsvermögen und Zärtlichkeit meistens wichtiger als Grenzüberschreitung und technische Raffinesse. Ausnahmen bestätigen die Regel.

Extratipp für ihn: **Der Tag nach dem One-Night-Stand.** War die gemeinsame Nacht für beide ein angenehmes Erlebnis, verlangt es die Höflichkeit, sich am nächsten Tag zu melden – und sei es nur, um sich zu bedanken. Ein kurzer Anruf, eine schnelle E-Mail oder ein Strauß Blumen mit Karte sind weder ein Liebesbeweis, noch bekunden sie Interesse, die Beziehung fortzusetzen. Sie zeugen einfach von Wohlerzogenheit und setzen dem Alltag ein kleines Glanzlicht auf: „Es war schön mit dir." – „Danke für einen unglaublichen Abend." – „Selbst wenn sich unsere Pfade nicht mehr kreuzen – die letzte Nacht war ebenso unerwartet wie unvergesslich."

Wie Verliebtheit zu Liebe wird

Irgendwann, nach drei Wochen oder drei Monaten, kommt der Zeitpunkt, an dem die hormonelle Verwirrung nachlässt. Zwar beherrscht der neue Mann, die neue Frau im Leben weiter das Fühlen und Sehnen, doch mit dem wachsenden Gefühl von Vertrautheit und Sicherheit reichen die Gedanken weiter als bis zum nächsten Date: Kann mehr aus uns werden? Passen wir wirklich zusammen? Will ich das? Passt das in meinen Lebensplan? Sind wir uns ähnlich genug? Haben wir gemeinsame Interessen? Wollen wir vom Leben das Gleiche? Hat man bisher ganz im Moment gelebt, ist ab jetzt die Zukunft mit im Spiel. Man beginnt sich als Paar wahrzunehmen, die Beziehung tritt in ein neues Stadium.

An diesem Punkt ist es gut zu wissen: Übten in der ersten verrückten Phase des Verliebtseins vor allem das Äußere und aufregend Andere Anziehungskraft aus, rücken nun zunehmend auch innere Werte und gemeinsame Lebensvorstellungen ins Blickfeld. Das können Sie jetzt tun, um die Bindung zu verstärken:

- ***Loten Sie Ihre Werte, Ambitionen und Erwartungen aus.*** Ihre Geschichte haben Sie sich vermutlich schon in nächtelangen Gesprächen anvertraut. Gehen Sie in der zweiten Phase der Verliebtheit einen Schritt weiter, und erkunden Sie Ihre wechselseitigen Gedanken und Wertvorstellungen. Hypothetische Fragen bringen das Gespräch darüber in Gang: Was wäre der perfekte Tag für dich? Was wäre, wenn du eine Einladung zu *Wer wird Millionär?* bekämst? Was wäre, wenn wir uns schon vor zehn Jahren kennen gelernt hätten? Durch die spielerische Diskussion lernen Sie einander besser kennen – und erleben ganz nebenbei, wie gut Sie in Sachen Intelligenz, Mut und Fantasie zusammenpassen.
- ***Sprechen Sie darüber, wie Sie sich die „perfekte" Beziehung vorstellen.*** Natürlich wäre es in der Anfangsphase der Liebe distanzlos, von Heiratsplänen und Kinderwünschen zu reden. Aber dass Sie für den nächsten Karriereschritt jederzeit ins Ausland gehen würden, dass Sie sich ein Leben ohne Kinder nicht vorstellen können, von der Ehe als Institution nicht viel halten oder nie aus der Stadt wegziehen würden, in der Ihre Brüder und Cousinen wohnen – so viel Offenheit verlangt die Rücksicht auf den neuen Partner. Stoßen Sie Gespräche darüber mit allgemein formulierten Fragen an: „Was wäre für dich die ideale Partnerschaft?" Oder:

„Wie stellst du dir dein Leben in den nächsten drei Jahren vor?“ Oder: „Könntest du dir vorstellen, dass …“

- ***Pflegen Sie Gemeinsamkeiten.*** Nichts verbindet mehr als gemeinsame Vorlieben, Gewohnheiten und Stärken. Zelebrieren und genießen Sie deshalb alle Arten der Übereinstimmung und Ähnlichkeit – von der Liebe zur Kunst bis zum Spaß am Reality-TV. Eine Fülle von Studien zeigt: Gemeinsamkeiten sichern Harmonie und Einklang. Je ähnlicher die Partner einander sind, desto mehr bestätigen sie einander, desto haltbarer ist die Beziehung.
- ***Bereichern Sie sich gegenseitig.*** Ähnlichkeiten machen die Liebe stabil, Gegensätze machen sie reizvoll. Allerdings nur, wenn die Unterschiede eher interessant als irritierend wirken. Deshalb legt die Großzügige dem Sparsamen nicht gleich zwei Flugtickets nach New York unter das Kopfkissen. Stattdessen überrascht sie ihn heute mit einer winzigen Kostprobe der besten Pralinen der Stadt. Und ermutigt ihn morgen, sich den neuen Roman seines Lieblingsschriftstellers in der Hardcover-Ausgabe zu leisten, statt wie sonst vernünftig auf die Taschenbuchausgabe zu warten. Behutsam und wohldosiert baut sie dem Partner so eine Brücke zu einem Lebensstil, der ihm bisher verschlossen war.
- ***Lieben sie denkwürdig.*** Vielleicht ist die Zeit, die Sie jetzt erleben, der Beginn Ihrer gemeinsamen Liebesgeschichte. Eines fernen Tages kann die Erinnerung daran genau der Rettungsanker sein, den Ihre Beziehung zum

Überleben braucht. Leben Sie deshalb die Phase der Verliebtheit so romantisch, schön und einzigartig, dass Sie noch Jahre später gern darüber sprechen.

Stil-Strategie 3: Fädeln Sie ich ins Leben des anderen ein

Sobald aus einer Begegnung eine Beziehung wird, steht die erste große Bewährungsprobe an: Die Liebe wird öffentlich. Falls es sich nicht schon vorher ergeben hat, lernt man nach und nach die kennen, die im Leben des neuen Partners wichtig sind: Eltern und Geschwister, Kinder und Expartner, Haustiere, Freunde, Bekannte, Kollegen. Diese Begegnungen werfen nicht nur protokollarische Probleme auf, zum Beispiel, wenn man erwarten darf, dass er einem seine Kinder vorstellt, oder wie man taktvoll reagiert, wenn das erste Treffen mit ihrer besten Freundin verkrampft abläuft. Viel schwerer als Etikettefragen wiegt etwas anders: Wer sich bisher, wie alle Verliebte, für das perfekte Paar gehalten hat, setzt sich nun zum ersten Mal kritischen Augen aus. Längst nicht immer schließen die Menschen, die wir lieben, den neuen Mann, die neue Frau in unserem Leben vorbehaltlos ins Herz.

Sich in ein bestehendes Beziehungsgeflecht einzufädeln kann deshalb so heikel sein, wie auf eine viel befahrene Autobahn aufzufahren. Vor allem, wenn der Liebste selbst keine Anstalten macht, einen reinzuwinken.

Das Timing

Am leichtesten geht es, wenn man die neue Liebe ganz nebenbei und ohne Aufheben in den eigenen Kreis einführt: Ihrer besten Freundin läuft man beim Shopping über den Weg, seine Kumpels lernt sie im Eishockeystadion kennen, ihre Eltern trifft er in ihrer Wohnung, als er überraschend auf einen Sprung bei ihr vorbeischaut, mit seinem Vater hat sie schon mal drei Sätze am Telefon gewechselt. Alles Weitere ergibt sich nach solchen Zufallsbegegnungen zwar nicht von selbst, aber doch um einiges leichter.

Grundsätzlich gilt: Zögern sie die ersten Begegnungen nicht zu lange hinaus. Zwar muss Ihre Familie nicht von jedem wild verliebten Zwischenspiel erfahren. Aber wenn sich nach zwei, drei Monaten herauskristallisiert, dass beide sich mehr wünschen als eine kurze Affäre, verlangt die Höflichkeit, sich zu dem neuen Partner zu bekennen. Besonders zu Weihnachten oder am eigenen Geburtstag wäre es ein unverzeihlicher Fauxpas, keine Begegnung herbeizuführen.

Schwierig, aber unausweichlich

Natürlich gibt es erste Treffen, die schwierig zu werden versprechen. Selbstverständlich kann es passieren, dass ausgerechnet die wichtigsten Menschen in Ihrem Leben die neue Liebe ablehnen. Fraglos ist es nicht einfach für

Ihre Eltern, endgültig von der Hoffnung Abschied zu nehmen, Sie würden sich wieder mit Ihrem oder Ihrer Ex versöhnen. Trotzdem gibt es zu einem Zusammentreffen keine Alternative. Wenn es Ihnen mit einer Beziehung ernst ist, hat der Anspruch des Partners auf den Platz an Ihrer Seite Vorrang oder jedenfalls einen hohen Stellenwert gegenüber allen möglichen Ängsten und Bedenken. Es liegt an Ihnen, aus einer schwierigen Situation das Beste zu machen:

- ***Bereiten Sie den Boden vor.*** Deuten Sie an, dass Ihr Vater nie viel sagt oder Ihre beste Freundin auf Ihr neues Glück möglicherweise ein bisschen eifersüchtig ist. Stilisieren Sie die bevorstehende Begegnung aber nicht zum Drama hoch. Umgekehrt bereiten Sie auch Ihre Kinder, Eltern und Freunde auf Ihre neue Liebe vor: „Du, ich hab da jemanden kennen gelernt. Ich glaube, du wirst sie mögen."
- ***Halten Sie die Besuchszeit eher kurz.*** Für den Anfang genügt es, wenn Sie bei den Eltern zusammen zum Kaffee vorbeischauen. Wenn es irgendwie geht, muten Sie weder Ihren Eltern noch der neuen Liebe einen gemeinsamen Übernachtungsbesuch zu.
- ***Schaffen Sie einen Rahmen,*** der die erste Begegnung erleichtert. Manchmal verläuft ein Treffen beim Weinfest oder ein Abend auf der Bowling-Bahn weniger steif als eine Begegnung zuhause.

- ***Proben sie den gemeinsamen Auftritt zuerst vor Freunden.*** Dort können Sie schon mal ausprobieren, worauf es auch bei den ersten Familientreffen ankommt: dass Sie miteinander vertraut wirken, aber nicht klammernd. Zeigen Sie also, dass Sie zusammengehören, wenden Sie sich immer wieder einander zu, lächeln Sie sich über den Tisch hinweg an. Genauso wichtig ist es aber, dass derjenige, der neu zum Kreis der Altvertrauten hinzukommt, von sich aus das Gespräch mit Freunden oder Familienmitgliedern sucht und den Partner nicht ununterbrochen in Beschlag nimmt.

Extratipp: **Gleiches Recht für beide Clans und Cliquen.** Versuchen Sie, beide Familien und Freundeskreise ungefähr gleich zu behandeln. Das heißt: Lernen Sie Ihre jeweiligen Clans und Cliquen ungefähr zur gleichen Zeit kennen, widmen Sie ihnen ähnlich viel Zeit, streben sie einen vergleichbaren Grad an Distanz und Nähe an. Falls eine Gleichbehandlung nicht möglich ist, zum Beispiel, weil seine Familie 500 Kilometer entfernt lebt, ist es doppelt wichtig, Interesse zu bekunden: „Grüß deine Mutter, wenn du mit ihr telefonierst. Hat sie den neuen Wagen denn schon abgeholt?“

Richtig vorstellen

Solange man noch zu Hause bei den Eltern wohnt und die 25 nicht überschritten hat, ist es keine große Affäre, einen neuen Partner in die Familie einzuführen. Man kommt mit der neuen Liebe nach Hause, sagt: „Das ist übrigens Sabine“, irgendjemand aus der Familie sagt: „Hi, Sabine, magst du mit uns essen?“ oder „Sabine, wie schön Sie kennen zu lernen“, und der Fall ist erledigt.

Mit zunehmendem Alter gestaltet sich die Sache schwieriger. Schon die richtige Vorstellung bereitet Kopfzerbrechen. „Hi, Mama, das ist Sabine, ich hab dir ja von ihr erzählt“, das geht nicht mehr, wenn die neue Frau im Leben als Investmentbankerin einen Millionenetat verwaltet, einen Doktortitel hat und gut und gern doppelt so viel verdient wie Papa in seinen besten Zeiten. Ebenso schwierig kann es sein, die neue Liebe bei einer Zufallsbegegnung bei der Vernissage mit dem Chef oder einer Kollegin bekanntzumachen: „Das ist Benjamin Franke, mein neuer Freund“, klingt pubertär, wenn man die 30 überschritten hat.

Am besten stellen Sie die neue Liebe vor wie alle anderen Menschen auch. In der formvollendeten Variante klingt das so:

- „Mama, hier bringe ich dir Sabine Heidenreich. Ich freue mich, dass ihr euch endlich kennen lernt.“

- „Sabine, das ist meine Mutter, Dorothea Franke. Ich glaube, sie ist schon sehr neugierig auf dich."

Zwei Dinge sollten Sie beachten: Erstens, die neue Frau in Ihrem Leben steht zwar in Ihrem Herzen ganz oben. Aber gegenüber Ihren Eltern ist sie als die Jüngere, gegenüber den ungefähr gleichaltrigen Geschwistern oder Freunden als Neuankömmling in Ihrem Kreis die „Rangniedrigere". (Für den neuen Mann in Ihrem Leben gilt umgekehrt natürlich das Gleiche.) Deshalb stellen Sie zuerst Ihren Partner namentlich vor, dann Ihre Familienmitglieder oder Freunde.

Zweitens, bei erwachsenen Paaren gehört der Familienname unbedingt mit zur Vorstellung. Die Vorstellung nur mit dem Vornamen käme, genau betrachtet, einer Aufforderung an die Eltern gleich, den Partner, die Partnerin zu duzen.

Extratipp: **Bei Begegnungen mit flüchtigen Bekannten, Kollegen oder Vorgesetzten** ist es in der Anfangsphase des Verliebtseins übrigens nicht notwendig, den Begleiter, die Begleiterin explizit als den aktuellen Mann, die derzeitige Frau im Leben vorzustellen. Sagen sei einfach: „Das ist Dr. Sabine Heidenreich", gefolgt von einem gesprächsförderlichen Aufhänger: „Sie hat übrigens wie Sie in Freiburg studiert." Dass Sie mehr sind als gute Bekannte, zeigt sich an der Art, wie vertraut Sie miteinander umgehen.

Sich sympathisch einführen

Man hätte so gern, dass sie einen ins Herz schließen, die Eltern, die Kinder, die Freunde des Menschen, in den man so verliebt ist, dass man die Welt umarmen könnte. Leider sehen die das oft ganz anders: Seine Eltern haben schon ein halbes Dutzend Frauen in seinem Leben kommen und gehen sehen. Ihre fanden noch nie viel Gefallen an den Männern, die sie ihnen präsentierte. Seine Kinder empfinden ohnehin jeden neuen Partner im Leben ihrer Eltern als Bedrohung. Aber auch wenn der Anhang des Partners sich seit langem wünscht, Katja möge doch endlich den Richtigen oder Tom die Frau fürs Leben finden, bleibt die erste Begegnung heikel. Das liegt daran, dass die Begegnung zwischen den alten Weggefährten und der neuen Liebe oft einem Kulturschock gleichkommt.

CARRIE: Ich mag ihn. Aber am meisten an ihm mag ich seine Familie.
Sex and the City

Im Kino bekommen wir das Problem regelmäßig zu sehen: Zwar erwählen heute viel mehr Menschen als früher Partner mit einem ähnlichen sozialen und finanziellen Hintergrund. Doch am Lebensstil und am Wertesystem scheiden sich die Geister. Im Film sieht das so aus: Wenn, wie in *Verloben verboten*, Sarah Jessica Parker als neurotisch steife New Yorker Karrierefrau beim Weihnachtsbesuch mit dem linksliberalen Clan ihres Liebsten zusammentrifft, stehen zwar alle auf der gleichen sozialen Stufe. Aber es liegen Welten zwischen den Temperamenten, Toleranzgrenzen, politischen Einstellungen, der Art, sich anzuziehen, und der Offenheit, mit der man redet und sich streitet.

Hinzu kommt als weiteres Problem: Auch der Partner, die Partnerin wirkt im Freundskreis oder in der Familie oft wie ausgewechselt. Es erschüttert das Weltbild durchaus, wenn sich der Mann, den man selbst als fantastischen Koch kennt, von Mama bedienen lässt, oder wenn die Frau, die man auch für ihre berufliche Brillanz bewundert, in der Geschwisterriege nicht viel zu melden hat.

Realistische Erwartungen und gute Manieren helfen über die ersten Hürden hinweg:

- ***Verkleiden Sie sich nicht.*** Orientieren Sie sich einfach daran, was Ihr Partner, Ihre Partnerin zum Elternbesuch trägt. Wenn er Jeans, ein Freizeithemd und einen Lambswool-Pulli anhat, ist das ein Zeichen, dass man es in seiner Familie gern klassisch-gepflegt, aber nicht steif hat. Greifen Sie zu Jeans und Kaschmirpulli oder Khakis, Polohemd und Wildlederjacke, nicht zum bauchfreien Top oder strengen Kostüm.
- ***Bringen Sie ein Gastgeschenk mit*** – einen Frühlingsstrauß, eine schlichte Duftkerze oder eine kleine Schach-

tel besonders edler Pralinen. Die Geste wirkt aufmerksam und wohlerzogen und liefert ein erstes Gesprächsthema. Wichtig: Ihr Geschenk sollte weder sonderlich groß noch allzu persönlich ausfallen – noch sind Familie und Freunde Ihres Partners Fremde! Eine sichtlich bemüht wirkende Gabe würde eher Irritation auslösen als Freude bereiten.

- ***Geben sie freimütig Auskunft*** über Ihre beruflichen Pläne, Ihre Familie und Ihre Hobbys und Interessen. Verständlicherweise möchten Eltern sich gern einen umfassenden Eindruck über den Neuzugang im Leben ihres Kindes verschaffen und Sie wirklich kennen lernen.
- ***Zeigen Sie Interesse an Ihren Gesprächspartnern:*** Hören Sie sich die alten Geschichten aus der Kinderzeit an, lassen Sie sich Dias zeigen, fragen Sie nach den Vorlieben und dem Leben der Eltern und Geschwister.
- ***Bringen Sie Zeit mit,*** schauen Sie nicht auf die Uhr. Wenn Sie zum Kaffee eingeladen sind, treffen Sie am besten keine Verabredungen für den Abend. So wirken Sie entspannt und können die spontane Einladung, doch zum Abendbrot zu bleiben, locker annehmen.
- ***Stellen Sie eine familiäre beziehungsweise freundschaftliche Situation her.*** Die vertrautesten Gespräche finden meistens nach dem Essen statt. Jetzt ist der richtige Zeitpunkt, ihrer Mutter in die Küche zu folgen, sich von seinem Vater den Garten zeigen zu lassen oder mit ihren Nichten eine Partie Tischtennis zu spielen.
- ***Halten Sie den Kontakt.*** Melden Sie sich am nächsten

Tag telefonisch oder per E-Mail, bringen Sie Ihre Freude über das Kennenlernen zum Ausdruck, und bedanken Sie sich für den schönen Nachmittag oder die guten Gespräche. Ein Zweizeiler genügt: „Ich habe den Nachmittag in Ihrem Garten sehr genossen. Das Rezept für die Erdbeertorte probiere ich gleich am Wochenende aus." Oder: „Herzlichen Dank, dass Sie mich alle so freundlich aufgenommen haben. Hoffentlich hat sich der Kater nach unserer Abfahrt wieder unter dem Sofa hervorgewagt?"

Extratipp: **Flirten verboten.** Zeigen Sie sich bei Treffen mit Eltern und Freunden charmant, höflich und interessiert. Von wenig Geschmack würde es dagegen zeugen, seinen Vater oder ihre Schwester mit Flirtsignalen zu umgarnen. Erstens ziehen Sie sich damit sehr wahrscheinlich den Unmut seiner Mutter oder ihres Schwagers zu. Und zweitens sind Komplimente und Berührungen in der fragilen Phase der Verliebtheit ausschließlich der oder dem Geliebten vorbehalten.

„Ich hätte da eine Frage ...": Du oder Sie?

Die Eltern meines Freundes haben mich (28) gleich beim ersten Kennenlernen mit Du angesprochen, ohne mich aufzufordern, sie ebenfalls zu duzen. Ich sage deshalb weiterhin Sie. Mein Freund und meine Eltern siezen sich ebenfalls. Wäre es richtiger gewesen, auch von Anfang an Du zu sagen?

Auf keinen Fall. Der Fehler liegt bei den Eltern Ihres Freundes: Jemanden ungefragt zu duzen ist eine grobe Zudringlichkeit. Sie verhalten sich korrekt, wenn Sie beim Sie bleiben – so lange, bis Ihnen als der Jüngeren das Du angeboten wird. Bis dahin betrachten Sie das vorschnelle und einseitige Du der Eltern Ihres Freundes als Spätfolge ihrer 68er-Sozialisation. Voll daneben – aber gut gemeint.

Kinder, Kinder: Die heikelste aller Erst-Begegnungen

Wäre das Leben ein Film, würden alle Kinder aus früheren Beziehungen die neue Liebe ihrer Eltern so energisch vorantreiben wie der kleine Jonah in *Schlaflos in Seattle*. Aber erstens ist Jonah kein Scheidungskind, sondern hat seine Mutter durch Krebs verloren, und zweitens hat auch er schon einige Frauen im Leben seines Vaters vergrault, bevor er Himmel und Hölle in Bewegung setzt, um seinen Vater (Tom Hanks) auf der Aussichtsplattform des Empire State Building mit Annie (Meg Ryan) zusammenzuführen.

Im wahren Leben ist das erste Zusammentreffen mit den Kindern der neuen Liebe zweifellos die komplizierteste aller Erst-Begegnungen. Für alle Beteiligten:

- Für den Elternteil, weil er zwischen den Stühlen sitzt, hin- und hergerissen von der Sorge, das Kind zu destabilisieren, und der Befürchtung, die neue Liebe zu überfordern.
- Für die neue Liebe, weil Kinder ganz schön gnadenlos sein können und man gegen jeden konkurrieren kann, nur nicht gegen hilflose, unschuldige Kinder – selbst wenn sie schon 16 sind und mit allen Wassern gewaschen.
- Für die Kinder, weil sie Angst haben, der oder die Neue könnte ihnen Mami oder Papa wegnehmen, sich als Ersatzvater oder Zweitmutter aufspielen oder eine Versöhnung der Eltern gefährden.

Ein paar einfache Grundgedanken machen die ersten Begegnungen zwischen ihm, ihr und dem Nachwuchs reibungsloser:

- ***Erwarten Sie nicht zu viel.*** Beim ersten Zusammentreffen geht es zuallererst um die Kinder. Zwar darf man dem Nachwuchs höfliches Benehmen abverlangen: die Hand geben, sich am Gespräch beteiligen, nicht dazwischenreden, sich für den Eisbecher bedanken. Aber in welchem Rahmen die erste Begegnung stattfindet, wie lang sie dauert und wie das Paar dabei miteinander umgeht – das hängt vom Alter und den Empfindlichkeiten des Nachwuchses ab.
- ***Bereiten Sie Ihre Kinder vor.*** Am besten lernen sie die neue Liebe ganz nebenbei kennen: Vielleicht schaut der

Neue, die Neue kurz vorbei, um etwas abzuholen. Oder man begegnet einander mehr oder weniger zufällig am Weihnachtsmarkt: „Vielleicht ist Sabine auch da, ich möchte gern, dass ihr euch kennen lernt.“ Solche 10-Minuten-Begegnungen bereiten den Boden und sind für die Kinder weniger bedrohlich, als gleich einen ganzen Nachmittag mit Papas Freundin oder Mamas Lover verbringen zu müssen.

- ***Wählen Sie einen erfolgversprechenden Rahmen.*** Überlegen Sie gemeinsam, wie erste längere Begegnungen ablaufen sollen. Am besten entscheiden Sie sich für einen Ort, der für seinen Sohn oder ihre Töchter attraktiv ist. Achten Sie aber als der oder die Neue im Bund darauf, dass auch Sie dort eine gute Figur machen. Vereinbaren Sie kein Treffen im Ponyhof, wenn Sie Pferde nicht riechen können. Und lernen Sie den Nachwuchs nicht ausgerechnet am Rummelplatz kennen, wenn Sie Achterbahnen fürchten und im Riesenrad Höhenangst bekommen.
- ***Halten Sie sich mit Zärtlichkeiten zurück.*** Kinder finden innige Küsse, Händchenhalten und eng umschlungene Körper schon bei den eigenen Eltern peinlich. Mit einer neuen Liebe verzichtet man besser erst recht darauf. Deshalb müssen Sie ihre Zuneigung nicht verbergen: Der Arm um der Schulter oder eine kurze, liebevolle Umarmung sprechen eine klare Sprache, ohne den Nachwuchs auszugrenzen.
- ***Für den Elternteil gilt:*** Bereiten Sie Ihre Kinder auf die

neue Frau, den neuen Mann in Ihrem Leben vor. Erzählen Sie, dass er toll Volleyball spielt, dass sie zwei ziemlich freche Katzen hat oder dass seine zwei älteren Schwestern ihn manchmal ganz schön piesacken. Vor allem: Vermitteln Sie Ihren Kindern, dass ein erwachsener Mensch einen erwachsenen Partner braucht, egal, wie sehr er seine Kinder liebt. Außerdem wichtig: Weisen Sie Sohn oder Tochter nicht vor der neuen Liebe zurecht, sondern äußern Sie Kritik unter vier Augen.

- ***Für den Neuling gilt:*** Kaum ein Kind wünscht sich eine neue Liebe für Mama oder Papa. Es wäre deshalb ein Glücksfall und nicht der Normalfall, wenn es Sie auf Anhieb als Bereicherung seines Lebens empfände. Am wenigsten bedrohlich wirken Sie, wenn Sie am Anfang lieber etwas zu viel Distanz halten als zu wenig: Zeigen Sie freundliches Interesse, aber lassen Sie das Kind von allein auf Sie zukommen. Halten Sie sich aus der Erziehung heraus, nennen Sie Benedikt nicht ungebeten Ben und Jule nicht Julchen, versuchen Sie nicht, den Nachwuchs mit riesigen Eisportionen oder unerschöpflicher Geduld bei der Besichtigung von 300 Matchboxautos für sich einzunehmen, verzichten Sie darauf, die 12-Jährige beim Monopoly gewinnen zu lassen oder den 15-Jährigen mit Ihren Jugendsünden zu beeindrucken. Kinder haben ein feines Gespür dafür, was echt ist und was Strategie. Hilfreich ist es dagegen, sich als Erste(r) zu verabschieden – als Signal an das Kind, dass Sie sich als Gast sehen und Ihr Willkommen nicht überstrapazieren.

Extratipp: Feedback geben. Natürlich will die neue Liebe beim Antrittsbesuch wissen, ob sie gut ankommt. Eine ermutigende Geste über den Raum hinweg, ein kurzes „Meine Mutter mag dich", „Mein Vater ist von deinem Job schwer beeindruckt" oder „Mein Bruder ist kaum von deiner Seite gewichen. Worüber habt ihr euch denn unterhalten?" löst die Anspannung und rückt Freunde und Familie in ein positives Licht.

Umgekehrt äußert sich auch der Neuankömmling im Kreis des anderen freundlich über dessen Kinder, Eltern oder Freunde, auch dann, wenn die Begegnung nicht so uneingeschränkt positiv verlaufen ist wie gewünscht. Dabei kommt Diplomatie besser an als absolute Geradlinigkeit: „Puh, dein Sohn hält einen wirklich auf Trab" – das kann auch abwertend gemeint sein. Mehr erfreut eine rundum positive Beobachtung: „Wirklich beeindruckend, wie gut dein Sohn sich mit Tieren auskennt."

Stil-Strategie 4:
Managen Sie Ihr Liebesglück

Zwei Ringe, eine gemeinsame Wohnung, ein Fest in Weiß – ein Paar hat viele Möglichkeiten, seine Zusammengehörigkeit voreinander und der Welt zu bekunden. Die Heirat ist nur eine von mehreren Optionen. Alternativ dazu gibt es vielfältige Formen der Lebensgemeinschaft:

- die „Ehe auf Probe“, das eheähnliche Zusammenleben vor einer beabsichtigten Heirat,
- das „living apart together“, die feste Partnerschaft ohne gemeinsamen Haushalt,
- die „Ehe ohne Trauschein“, wenn zwei grundsätzlich ohne den besonderen Schutz des Staates auskommen möchten.

All diese Varianten des Zusammenlebens drücken aus: Wir haben gemeinsame Pläne, wir geben unserer Liebe eine Zukunft, wir binden uns über den Tag hinaus. Gibt es darüber hinaus ein Kind, ein gemeinsam gebautes Haus oder eine gemeinsame Firma, hat man Entscheidungen getroffen, die Bestand haben. Auch dann, wenn die Liebe eines Tages doch zerbricht.

Wenn man begriffen hat, dass man den Rest des Lebens zusammen verbringen will, dann will man, dass der Rest des Lebens so schnell wie möglich beginnt.
Harry und Sally

Egal, für welche Form des symbolischen „Ja-Worts“ Sie sich entscheiden: Sobald aus der verspielten Verliebtheit eine ernsthafte Verbindung wird, werden Höflichkeit und Rücksichtnahme von der Kür zur Pflicht.

Gut zu wissen: Probeehe bringt weniger als gedacht

Nach einer Umfrage des Emnid-Instituts im Auftrag der Zeitschrift *Chrismon* finden es 42 Prozent der Deutschen wichtig, dass man vor dem Entschluss zur Ehe möglichst schon zusammengelebt hat. Umfragen der amerikanischen Familienforscherin Claire Kamp Dush und ihres Teams zeigen allerdings: Paare, die vor der Heirat in einer gemeinsamen Wohnung zusammengelebt hatten, wurden häufiger geschieden und bezeichneten sich im Durchschnitt als unglücklicher als die, die ohne Generalprobe in die Ehe gestartet waren. Die Wissenschaftler befragten über 1400 Personen, die in den Jahren zwischen 1964 und 1997 geheiratet hatten. Das Team um Claire Kamp Dush erklärt den Unterschied damit, dass Paare, die erst einmal zusammenleben, sich weniger genau prüfen als Paare, die ohne vorherigen Testlauf den Schritt in die Ehe wagen.

Drum prüfe, wer sich ewig bindet

Sobald sich die Beziehung im Alltag bewähren muss, reicht Liebe allein nicht mehr. Plötzlich werden Dinge zum Zankapfel, über die man bisher großzügig hinwegsah: ihr fest eingeplanter Frauenabend, seine dauernden Überstunden, ihr Ordnungsfimmel, seine locker sitzende Kreditkarte. Brechen Sie die Entscheidung, sich zu binden, deshalb bei aller Verliebtheit nicht übers Knie. Testen Sie lieber am Wochenende und im Ferienhaus, wie gut Sie sich in Sachen Freiräume, Haushalt, Finanzen und Ordnung verstehen.

Wir sahen keine Notwendigkeit, uns eine gemeinsame Wohnung zuzulegen, denn wir teilten die Welt miteinander.
Simone de Beauvoir

Kriegt man praktisch nicht hin, was emotional perfekt klappt, wählt man den Lebensentwurf von Simone de Beauvoir und Jean-Paul Sartre oder Frida Kahlo und Diego Rivera – zwei legendäre Paare, die zusammenblieben, ohne zusammenzuwohnen.

Für klare Verhältnisse sorgen

Auch wenn es unmoralisch klingt, wenn man bis über beide Ohren verliebt ist und dem anderen nur das Allerschönste und -beste wünscht – Klasse-Paare regeln die finanzielle Seite des Zusammenlebens, das Sorgerecht für gemeinsame Kinder und die wirtschaftlichen Folgen einer möglichen Trennung, bevor sie ihre Leben miteinander verzahnen. Besonders wichtig ist ein Partnerschaftsvertrag bei Ehen ohne Trauschein, weil Unterhaltsansprüche, Rente, Erbschaft & Co. nicht gesetzlich geregelt sind. Vereinbaren Sie auch, wer im Fall einer Trennung die Wohnung behält, und erteilen Sie sich Vollmachten für Krankheit, Unfall und Tod, sodass Sie einander nach außen vertreten können.

Ein Ehevertrag empfiehlt sich zum Beispiel, wenn ein Paar das auf der Hausfrauenehe beruhende Eherecht für sich modifizieren möchte, wenn einer eine Firma hat oder wenn die Vermögensverhältnisse große Unterschiede aufweisen.

Egal, ob Partnerschaftsvertrag oder Ehevertrag: In beiden Fällen gebietet die Fairness, dass der Partner, der auf Rechte verzichtet, einen Ausgleich erhält.

Zusammenziehen

Verbindet man zwei Haushalte zu einem, ergibt eins und eins nicht automatisch zwei. Die meisten Paare stellen vielmehr fest: Sie haben nicht nur viel zu viel, vieles passt auch einfach nicht zusammen. Nehmen Sie deshalb den Umzug in eine gemeinsame Wohnung zum Anlass, sich von allem zu trennen, woran das Herz nicht wirklich hängt. Vereinbaren Sie, dass jeder eine gemeinsam festgelegte Zahl von Stücken einlagert, versteigert oder entsorgt – wenn möglich solche, die die Partner, die Partnerin absolut nicht mag. So entsteht Raum für Anschaffungen, die nicht der Vergangenheit angehören, sondern den Willen bekunden, sich aufeinander einzulassen.

Eine gemeinsame Wohnung zu beziehen wirft Probleme auf. Sie sind jedoch klein, verglichen mit den Schwierigkeiten, die auftreten können, wenn ein Partner zum anderen zieht. Meist sind es finanzielle, praktische oder sentimentale Gründe, die dazu führen: Zwei Umzüge sind im Moment nicht bezahlbar, die Kinder sollen nicht aus ihrer vertrauten Umgebung herausgerissen werden, ein Partner hat eine 140 Quadratmeter große Altbauwohnung mit Stuckdecken und Mietpreisbindung, die aufzugeben eigentlich Wahnsinn wäre.

Natürlich spricht vieles dafür, dass nur einer umzieht. Aber das Modell hat Nachteile: Der Zugezogene fühlt sich im gemachten Nest im besten Fall als willkommener Hausgast und im schlechtesten als Störenfried. Der Wohnungsbesitzer hat zwar vordergründig die bessere Karte gezogen. Aber auch ihm fällt es schwer, sich mit der neuen Situation zu arrangieren. Die sorgfältig eingerichtete Wohnung bekommt ein neues Gesicht, nichts scheint mehr am richtigen Platz zu stehen, was vorher großzügig und minimalistisch wirkte, mutet plötzlich voll und planlos an.

Eine gemeinsame Lösung dafür findet sich nicht von heute auf morgen. Aber es hilft, wenn der Wohnungsinhaber signalisiert: Das ist ab heute nicht mehr meine Wohnung, sondern unser Zuhause.

- Schaffen Sie Platz, wenn der Partner, die Partnerin in Ihre Wohnung oder Ihr Haus einzieht. Räumen Sie die Hälfte des Kleiderschranks, des Badschranks und der Bücher- und CD-Regale frei. Der damit verbundene Abschiedsschmerz ist übrigens auch psychologisch heilsam: Sie lassen die vergangene Lebensphase zurück, ein neuer Abschnitt beginnt.
- Sorgen Sie dafür, dass der Zugezogene sich von Anfang an gleichwertig und willkommen fühlt. Am besten teilen Sie die Zimmer neu auf, rücken Möbel und entsorgen das eine oder andere Stück, damit der Partner die Chance hat, ein paar eigene Lieblingsstücke aufzustellen.
- Nehmen Sie den Einzug zum Anlass, überfällige Renovierungen durchzuführen. Fair ist es, dem Zugezogenen die letzte Entscheidung zu überlassen, ob die Küchenwand wieder weiß gestrichen wird oder man lieber mal einen sanften Grauton probiert.
- Bringen Sie gleich am Einzugstag ein graviertes gemeinsames Türschild an. Provisorien wie eine Visitenkarte des zugezogenen Partners unter dem bisherigen Namensschild senden das falsche Signal.
- Von echtem Engagement auf beiden Seiten zeugt es, wenn beide im Mitvertrag als Hauptmieter eingetragen sind.

Wenn Sie sich entschlossen haben, als Paar in Ihrer Wohnung zusammenzuleben, gehört Ihr Zuhause nicht mehr Ihnen allein – selbst dann nicht, wenn Sie einen Großteil der Miete bezahlen. Es wäre unhöflich zu erwarten, dass die neue Liebe sich so unauffällig in die alte Wohnung einfügt wie eine neue Kuschelecke.

Die Heiratsfrage klären

Paare, die zusammenleben, aber nicht verheiratet sind, stehen vor einer paradoxen Situation: Zwar sind alle Formen der Liebe ohne Ehe gesellschaftlich akzeptiert. Niemand wird mehr schief angesehen, geschnitten oder ausgegrenzt, weil er zum Glück keinen Trauschein braucht. Dennoch bleibt ein Schönheitsfehler: Trotz der Sympathie, die die Gesellschaft unverheirateten Lebensgefährten entgegenbringt, lässt sich nicht wegdiskutieren, dass es einen verbindlichen Schritt gibt, die Liebe zueinander zu bekunden: nämlich sie zu beurkunden – auf dem Standesamt, in der Kirche, vor den Familien und Freunden.

Einen Menschen lieben heißt einwilligen, mit ihm alt zu werden.
Albert Camus

„Das Problem mit der Heirat ist, dass es sie gibt“, schreibt der Psychologe Oskar Holzberg. Für unverheiratete Paare bleibt daher die unbequeme Frage offen: Warum eigentlich nicht? Weil man erst einmal austesten will, ob man im Alltag harmoniert? Weil man das wirtschaftliche Risiko einer Scheidung lieber vermeidet? Weil man den Staat nicht braucht, wenn es um Gefühle und ganz private Entscheidungen geht? Weil man erst die Ausbildung abschließen oder das gemeinsame Haus bauen will?

Oder vielleicht doch, weil man nicht sicher ist, ob der Partner, mit dem man zusammenlebt, wirklich der Mann, die Frau fürs Leben ist? Man kann es drehen und wenden, wie man will: Verglichen mit dem uneingeschränkten Ja-Wort der Eheschließung ist das Zusammenleben ohne Trauschein ein „Heiraten light". Dazu passen die Forschungsergebnisse der Familienforscherin Claire Kamp Dush: Im Vergleich zum Verheiratetsein ist das Zusammenleben mit weniger Selbstachtung, weniger Lebenszufriedenheit und einem geringeren Glücksgefühl verbunden. Die Forscherin führt das größere Wohlbefinden verheirateter Paare darauf zurück, dass die Ehe sich letztendlich eben doch als stabiler erweist und mehr Anerkennung findet als alle anderen Formen des Zusammenlebens.

Menschen mit Manieren tragen dieser Tatsache Rechnung: Sie tun nicht so, als sei das Zusammenziehen der höchste Ausdruck der Verbundenheit. Weder tun sie die Sehnsüchte des Partners nach einer verpflichtenderen Form der Bindung ab, noch halten sie den anderen mit leeren Redensarten hin. Hier sind die wichtigsten Regeln für die Frage aller Fragen. „Heiraten, ja oder nein?"

- Schweigen sie das Thema Heiraten nicht tot. Reden Sie offen darüber, oder loten Sie jedenfalls aus, wie Sie beide dazu stehen. Sind beide unschlüssig oder gegen eine Ehe eingestellt, ist das Problem geklärt. Hofft einer von beiden auf mehr, wäre es lieblos, so zu tun, als seien beide mit dem aktuellen Zustand glücklich.

- Wenn Sie eine bedingungslose Bindung für sich ablehnen, verlangt es die Rücksichtnahme, den Partner nicht in falschen Hoffnungen zu wiegen. Stellen Sie dabei klar, dass Ihr Zögern nicht am Partner, an der Partnerin liegt. Der Satz „Ich weiß nicht, ob ich das schaffe – ein ganzes Leben lang treu zu sein" zeugt im Zweifelsfall von mehr Herz als die nackte, ungeschönte Wahrheit.
- Wenn Sie sich noch nicht festlegen möchten, der Partner, die Partnerin aber von einer endgültigen Bindung träumt, bitten sie den anderen um eine Bedenkzeit: „Lass uns spätestens am Jahresende noch einmal darüber reden. Bis dahin kann ich besser abschätzen, wie es beruflich weitergeht." Wichtig: Nennen Sie einen klaren Termin, und greifen Sie zum vereinbarten Zeitpunkt von sich aus den Gesprächsfaden wieder auf.
- Machen Sie eine Heirat nicht von wirtschaftlichen Überlegungen abhängig. Steuerliche Überlegungen sollten den Hochzeitstermin ebenso wenig beeinflussen wie die Tatsache, dass Sie sich die erträumte Hochzeit mit 150 Gästen erst nach dem Abschluss des Referendariats leisten können.
- „Früher heiratete man, um Sex zu haben. Heute heiratet man, um Kinder zu bekommen", erklärt der amerikanische Soziologe Andrew Beveridge. Damit verändert sich die Bedeutung der Hochzeit: Heiratet ein Paar erst, wenn das erste Kind geplant oder unterwegs ist, symbolisiert die Hochzeit weniger die Entscheidung für den Partner als vielmehr die Entscheidung für Kinder. Dem-

gegenüber bedeutet die konventionelle Heirat ohne Rückenwind, dass man sich für die Ehe entscheidet, weil sie das ultimative Bekenntnis zweier Menschen zueinander bedeutet. Dass zwischen Eheschließung und Geburt des ersten Kindes ein längerer Zeitraum liegt, ist übrigens mit ein Faktor, der die Ehe stabilisiert.

Extratipp: Die Frage aller Fragen. Ein Heiratsantrag kann auf höchst unterschiedliche Art gestellt werden: von ihm oder ihr, spontan oder minutiös geplant, im Schlosspark oder beim Sonntagsfrühstück. Das ist die Theorie. In der Praxis möchten die meisten Frauen beim Hochzeitsantrag doch lieber gefragt werden, und gut ein Drittel der Deutschen bekommt die Frage aller Fragen gern romantisch bei Kerzenschein oder mit roten Rosen gestellt. Für die Formulierung gilt: Am schönsten ist die klassische Frage: „Ich liebe dich. Willst du mich heiraten?" Worte wie „Jetzt sind wir schon so lange zusammen" oder „günstigere Steuerklasse" wirken in Verbindung mit einem Heiratsantrag dagegen wie ein kalter Guss.

Extra: Trennen Sie sich mit Format

Es funkt nicht, die Luft ist raus, man verguckt sich in jemand anderen, die Lebensvorstellungen passen bei aller Anziehung nicht zueinander. Ob nach dem ersten Date, dem ersten Jahr oder dem ersten gemeinsamen Urlaub – in der Anfangsphase der Liebe gibt es viele Gründe, einen Schlussstrich zu ziehen, und wenig, was das Paar zusammenhält, wenn die Beziehung problematisch wird. Nie liegt die Frustrationstoleranz niedriger, nie wird die Frage „Gehen oder bleiben" erbarmungsloser beantwortet als in den ersten Monaten. Noch gibt es ein Zurück, noch hat man wenig investiert.

CHARLOTTE: Ich habe mir selbst einen Heiratsantrag gemacht!
CARRIE: Du hast was?
CHARLOTTE: Ja. Ich habe ihm vorgeschlagen, dass er einen Tomatensalat nimmt, und dann habe ich ihm vorgeschlagen, dass wir heiraten.
CARRIE: Warte. Und was hat er gesagt?
CHARLOTTE: Okey dokey!
CARRIE: Okey dokey? Er hat okey dokey gesagt? Also ich finde es nicht schlimm, dass du ihm einen Heiratsantrag gemacht hast. Sondern dass du einem Typ einen Heiratsantrag gemacht hast, der „okey dokey" sagt.
Sex and the City

Nur: Was der eine mit klarem Kopf beschließt, bricht dem anderen vielleicht das Herz. Zumindest kratzt es empfindlich am Selbstbewusstsein. Gestalten Sie deshalb den Ausstieg so schonend und wertschätzend wie möglich:

- Versetzen sie sich in die Situation des anderen – den, der noch verliebt ist und große Hoffnungen in diese neue Liebe gesetzt hat. Vielleicht hat sie schon von einer gemeinsamen Zukunft geträumt, vielleicht geht für ihn bereits die zweite oder dritte Beziehung innerhalb kurzer Zeit in die Brüche. Jede Trennung erfordert deshalb eine persönliche Aussprache. Ein Brief oder Anruf kann die Trennung höchstens vorbereiten oder ergänzen. Hinhaltetaktiken oder die „Entlassung“ per E-Mail oder SMS sind stil- und rücksichtslos, sich gar nicht mehr zu melden ist unwürdig und feige.

- Führen Sie das Gespräch über die bevorstehende Trennung an einem nichtöffentlichen Ort: zu Hause oder bei einem Spaziergang. Der beliebte Trick, die Beziehung in einem Restaurant zu beenden, um Szenen zu vermeiden, ist nicht geschickt, sondern ehrlos. Proteste, Enttäuschung oder Tränen auszuhalten – so viel sollte Ihnen die verflossene Liebe wert sein, auch wenn sie sich am Schluss als Affäre erweist und nur ein paar Monate gedauert hat.
- Lassen Sie keinen Zweifel daran, dass es Ihnen mit der Trennung ernst ist. Aber betonen Sie, wie gern Sie mit dem anderen zusammen waren: „Es war schön mit dir.“ – „Du wirst mir fehlen.“ – „Die Zeit mit dir hat mir viel bedeutet.“ – „Es war schön für eine Weile.“ – „Ich werde dein Lachen vermissen.“
- Erläutern Sie Ihre Gründe für die Trennung diplomatisch. „Ich habe mir immer einen Mann gewünscht, der meine beruflichen Pläne unterstützt“, klingt rücksichtsvoller als: „Dich interessiert doch nur deine eigene Karriere.“
- Falls es schon gemeinsame Anschaffungen gibt, überlassen Sie fairerweise dem verlassenen Partner das Erstzugriffsrecht.

- Reden Sie nach der Trennung nicht schlecht über den anderen. Vermeiden Sie es, Außenstehenden die Gründe für die Trennung zu erläutern. Sagen Sie einfach: „Es hat sich gezeigt, dass wir nicht zusammenpassen." Falls Sie verlassen wurden: Je gefasster Sie sich zeigen, desto mehr Klasse strahlen Sie aus, desto schneller erholt sich Ihr Selbstbewusstsein. Bei Freunden dürfen Sie sich natürlich Trost holen. Muten Sie ihnen aber keine Loyalitätskonflikte zu, und strapazieren Sie die Geduld nicht zu lange.

Wie Sie die Beziehung stärken

Natürlich ist es am schönsten, wenn beide Partner aufmerksam miteinander umgehen. Doch auch jeder für sich kann viel bewirken. Jede zärtliche Geste, jedes Zeichen der Verbundenheit belebt und verschönert die Partnerschaft.

John M. Gottman ist weder Hellseher noch Zukunftsforscher. Und doch weiß er nach fünf Minuten, ob ein Paar gemeinsam alt wird oder nicht. In über 90 Prozent der Fälle trifft seine Vorhersage zu.

Es sieht so aus, als hätte der amerikanische Beziehungsspezialist entdeckt, was zwei Menschen auf Dauer glücklich macht. Seine Erfolgsformel der lebenslangen Liebe ist so einleuchtend wie anstrengend: Wenn uns daran liegt, den Mann, die Frau unseres Lebens zu halten, müssen wir im gemeinsamen Alltag mehr Pluspunkte sammeln als Minuspunkte – viel mehr! Laut Gottman braucht es fünf Liebesbeweise, um eine Unbedachtheit wettzumachen. Eine boshafte Stichelei auszulöschen bedeutet also zum Beispiel, 1. den anderen in den Arm zu nehmen, 2. zu sagen: „Entschuldige, das war eben blöd von mir“, 3. eine unerwartete SMS zu schicken, 4. zu sehen, dass der Müll voll ist und ihn unaufgefordert wegzubringen, und 5. den Salat mit extra wenig Öl anzumachen, so wie der andere ihn liebt. Paare, die diese Quote schaffen, haben beste Chancen, dass die Liebe gelingt. Höfliche erfüllen dieses Kontingent wie selbstverständlich.

Stil-Strategie 5:
Stellen Sie sich aufeinander ein

Exakt sieben Jahre liegt das Heiratsalter heute höher als in den siebziger Jahren. Diese sieben Jahre haben es in sich:

War man mit Anfang bis Mitte zwanzig noch unfertig, formbar und leicht zu beeindrucken, hat man um den 30. Geburtstag herum ein Maß an Individualität entwickelt, das man so leicht nicht mehr aufgibt, auch für den geliebten Menschen nicht. Gerade für ihn nicht. Denn die Zeiten, in denen man die eigenen Erwartungen für die Beziehung zurücksteckte, sind vorbei. Moderne Paarbeziehungen leben davon, dass die Partner ihre wechselseitigen Träume und miteinander kollidierenden Vorstellungen aushalten und am besten sogar liebenswert finden: ihre Unangepasstheit und seinen Ästhetik-Wahn, ihre Lärmempfindlichkeit und seinen Hang zu schlicht gestrickten Science-Fiction-Filmen, ihren Schuhtick und seine Arbeitssucht, ihren gnadenlosen Perfektionismus und seine feste Überzeugung, Unordnung mache kreativ und Chaos beflügle den Geist.

Die Bedürfnisse des anderen mitdenken

Gute Manieren vergrößern die Chance, die Sehnsüchte zweier anspruchsvoller Individuen geschmeidig mit den Anforderungen einer Zweierbeziehung in Einklang zu bringen. Höfliche Menschen bekommen nämlich jederzeit mit, was der andere gerade braucht, möchte oder vermisst, egal, womit sie selbst gerade beschäftigt sind. Warum, das präzisiert Bestsellerautor Asfa-Wossen Asserate in seinem Buch *Manieren*: „nicht aus Neugier, sondern um jede Person mit Schonung und Behutsamkeit behandeln zu können“.

Aus dieser Haltung heraus regeln sich bei höflichen Paaren viele Kleinigkeiten ohne Grundsatzdiskussionen und Konflikte: Man weiß, dass die Lebensgefährtin es hasst, wenn man während des Essens ans Telefon geht. Man nimmt aus Rücksicht auf die Hygieneansprüche des Partners ein neues, trockenes Geschirrtuch aus dem Schrank. Man zeichnet den Spätfilm auf, weil die liebste Frau auf der Welt selbst dann aus dem Schlaf schreckt, wenn man auf Zehenspitzen ins Bett schleicht. Man füllt den Joghurt grundsätzlich aus dem Plastikbecher in eine Porzellanschale um, weil der andere Wert darauf legt – und empfindet irgendwann das, was man anfangs für einen Spleen hielt, ganz und gar nicht mehr als spleenig, sondern im Gegenteil als geschmackssicher und kultiviert.

Eigenheiten respektieren

Paradoxerweise stören oft die Eigenschaften des Partners am meisten, die man früher am liebenswertesten fand. Da verliebte sie sich in seine unerschütterliche Ruhe – und nennt ihn heute unkommunikativ und beziehungsunfähig. Da bewunderte er ihren beruflichen Erfolg – und versteht heute nicht, warum sie auf die Frage „Kinder? Oder keine?" noch immer keine Antwort weiß. Wenn zwei sich nicht mehr eins fühlen, sind Enttäuschung und Konflikte vorprogrammiert. Es sei

Die Liebe stirbt meist an den kleinen Fehlern, die man am Anfang so entzückend fand.
Albert Schweitzer

denn, die beiden erkennen die grundsätzliche Notwendigkeit, an dem geliebten Menschen auch die Eigenschaften zu akzeptieren, die ihnen weniger gefallen. Höfliche besitzen die Kultur, Andersartigkeit zu respektieren, und sind geübt darin, Wege zu finden, wie kontrastierende Bedürfnisse zu ihrem Recht kommen. Die Grundlage dafür liefern die folgenden drei Anregungen:

- ***Lassen sie Ihrem Partner seine drei Marotten.*** Eine Umfrage im Bekanntenkreis zeigt: Es sind die kleinen Dinge, die am meisten nerven. Würden wir aufhören, uns darüber zu beklagen, verliefe der Paaralltag um einiges gelassener. Zeigen Sie deshalb Größe und schließen Sie Frieden mit der Tatsache, dass die Frau Ihres Herzens die Telefone unauffindbar im ganzen Haus verteilt und der Mann Ihrer Träume es wohl nie lernen wird, konsequent nur die Mengen zu kaufen, die auf dem Einkaufszettel stehen. Falls Ihnen doch gelegentlich der Geduldsfaden reißt: Kleine liebevolle Sticheleien sind erlaubt.
- ***Poolen Sie Stärken.*** Die Herausforderung moderner Paare besteht darin, sich zu vereinen, ohne sich zu verlieren. Das gelingt zum Beispiel, indem man bei unterschiedlichen Vorstellungen jeweils den ambitionierteren Ansatz übernimmt. Also: Wer sich gesünder ernährt, bestimmt meistens den Speisezettel. Wer den anspruchsvolleren Kulturgeschmack hat, gibt in diesem Bereich den Ton an. Wer beim Sex raffinierter ist, weckt beim anderen sensibel die Lust auf mehr. Wenn Sie sich an den Stär-

ken des Partners orientieren, geben Sie Ihre Individualität nicht auf – Sie weiten sie aus.

- ***Integrieren Sie Schwächen.*** Jeder von uns hat Ängste und Eigenheiten, die für Außenstehende schwer nachvollziehbar sind. Marie weigert sich, in ein Flugzeug zu steigen. Paul bekommt die Krise, wenn er öffentlich reden soll. Annette wacht beim leisesten Geräusch auf und liegt dann stundenlang wach. Markus fühlt sich unwohl, wenn nicht jeden Monat mindestens 15 Prozent des Einkommens gespart werden. Wer gute Manieren hat, sieht davon ab, gegen solche Eigenheiten des Partners anzukämpfen. Stattdessen werden sie einfallsreich in das gemeinsame Leben einbezogen: An der Donau zu radeln oder in Burgund gut zu essen ist genauso schön, wie zum Schnäppchenpreis nach Spanien zu fliegen, eine hohe Sparquote macht finanziell unabhängig, die Lärmempfindlichkeit der einen ist für den anderen ein guter Grund, sich in buddhistischer Achtsamkeit zu üben und dabei auch die eigene Seele zur Ruhe zu bringen.

Es erleichtert hingegen das Leben unter Menschen, die nun einmal verbunden sind, alle Leiden und Freuden gemeinschaftlich zu tragen, wenn man nach und nach seine Neigungen, seinen Geschmack gleich zu stimmen, wenn der eine Sinn für das zu bekommen sucht, was der andre liebt und gern sieht, besonders wenn dies wirklich groß, erhaben und edel ist.
Freiherr Knigge, Über den Umgang unter Eheleuten

Der Weltsicht des anderen vertrauen

Höflichkeit bedeutet, die eigene Sicht der Dinge als eine (gute) Möglichkeit von vielen zu betrachten, nicht aber als der Weisheit letzter Schluss. Diese Haltung erleichtert es, die Wertvorstellungen des Partners als ebenso richtig und wichtig anzuerkennen wie die eigenen.

Ein Beispiel: Bei Bernd sitzt das Geld locker, Sabrina hält es lieber zusammen. Es ist vorhersehbar, dass Finanzen und Lebensstil bei den beiden immer wieder Diskussionen entfachen werden. Wie erquicklich solche Gespräche verlaufen, hängt davon ab, wie das Paar den Verhaltensunterschied bewertet. Wenn Bernd Sabrina als geizige Spielverderberin hinstellt und Sabrina Bernd als leichtfertigen Verschwender missachtet, gerät der Streit ums Geld schnell zur Zerreißprobe. Die simple Frage, ob man sich im Frühling ein paar Tage im Tessin leistet oder nicht, entgleist zur Grundsatzdiskussion darüber, wer die richtige Weltsicht gepachtet hat: „Ein Wochenende im Tessin? Wie stellst du dir das vor? Hast du mal einen Blick auf unser Konto geworfen?"

Sehr viel leichter findet sich eine einheitliche Linie, wenn beide darauf vertrauen, dass der Partner auf seine ganz andere Art ebenso kompetent ist wie man selbst: „Ein Wochenende im Tessin wäre traumhaft. Gibt unser Konto das denn her?" – „Ich denke ja. Ich bin im Internet auf ein neues Designhotel mit einem wirklich günstigen Eröffnungsangebot gestoßen."

Den Alltag organisieren

Toleranz ist das unbehagliche Gefühl, der andere könne am Ende doch Recht haben.
Robert Lee Frost

Partner, die gut zusammenleben wollen, müssen in tausend kleinen Fragen einen Konsens finden: Wie viel Ordnung brauchen wir? Wer macht die Wäsche? Kochen wir mit Butter oder mit Olivenöl? Wie hoch darf die monatliche Weinrechnung ausfallen? Wer trägt welchen Anteil der Miete? Um welche Zeit essen wir zu Abend? Essen wir überhaupt zusammen zu Abend? Ist es wirklich nötig, dass du die Musik so laut stellst? Musst du das Licht im Flur ständig ausmachen? Und so weiter und so weiter und so weiter.

Ob bei der Ordnung, beim Essen oder beim Geld – Zusammenleben bedeutet, Kompromisse einzugehen und Zugeständnisse zu machen. So schaffen Sie es, dass die großen Gefühle nicht am täglichen Kleinkram scheitern:

- ***Favorisieren Sie praktische Lösungen.*** Über Ordnung kann man streiten. Oder aber man verlockt den liebsten Schlamper von allen mit strategisch platzierten Körben, Haken und Boxen, seinen Kram wenigstens an einem dafür vorgesehenen Platz zu deponieren. Obendrein teilt man die Hausarbeit so auf, dass vorwiegend der ordnungsliebende Partner aufräumt und sauber macht und der lässigere stattdessen einkauft und kocht. Leistet man sich eine Putzhilfe, wird das Problem noch einmal entschärft. Was immer Sie sich einfallen lassen, jeder praktische Lösungsversuch ist besser als der Kleinkrieg um Sauberkeit und Ordnung.

- ***Verteilen Sie Aufgaben klar und eindeutig.*** Sprechen Sie regelmäßig ab, wer im Haushalt was übernimmt. Es kostet Zeit, Geld und Nerven, wenn beide auf dem Heimweg bei Aldi vorbeifahren, dafür aber keiner daran denkt, dass die Zeitungen für die Altpapiersammlung gebündelt werden müssen.
- ***Respektieren Sie unterschiedliche Ernährungsvorlieben.*** „Liebe geht durch den Magen“, sagen wir und denken an Lust und Genuss und romantische Essen bei Kerzenschein. In den Zeiten radikal diversifizierter Essgewohnheiten bedeutet „Liebe geht durch den Magen“ aber noch etwas anderes: die Rücksichtnahme darauf, dass zwei, die sich lieben, nicht unbedingt die gleiche Art von Essen bevorzugen. Wer einen Topf Spaghetti Carbonara kocht, obwohl der andere gerade auf Diät ist/auf seinen Cholesterinspiegel achten muss/Speck nicht mag/lieber Fisch isst als Pasta, gibt den eigenen Vorlieben Vorrang vor denen des Partners. Wahre Höflichkeit ist anders: Sie stellt die eigenen Bedürfnisse ohne Getöse hintan. Auf jeden Fall sucht und findet sie Lösungen, die beiden gerecht werden.
- ***Erwägen Sie, ob ein Streit sich lohnt.*** Mal ehrlich: Macht es wirklich so viel Mühe, die herumliegenden Socken in den Wäschekorb zu werfen? So viel, dass es sich lohnt, deswegen eine Grundsatzdiskussion zu entfachen? Im Grunde nicht. Im Grunde reicht es, den Partner wissen

zu lassen, was das Auge beleidigt und wie viel Ordnung man für das eigene Wohlbefinden braucht. Ein Drama rechtfertigt das Versäumnis dagegen nicht. Solange der Partner einen fairen Anteil der Haus-/Garten-/Reparatur-/Verwaltungsarbeiten übernimmt, verlangt die Höflichkeit, dass man über kleine Schlampereien hinwegsieht. Zumal es schneller geht, die Corpora Delicti selbst wegzuräumen, als sich darüber aufzuregen.

Stil-Strategie 6:
Richten Sie sich gut zusammen ein

Häuser und Wohnungen bieten Schutz vor der Welt, drücken die Persönlichkeit ihrer Bewohner aus, demonstrieren Status, verraten Interesse und Sehnsüchte und sind Heimat, Oase und Lebensraum. „Die Wohnung", so das Trendbüro Hamburg, „wird zur Projektionsfläche der Selbstinszenierung, die eigenen Wände zum Identitätsausweis." Wohlfühlen möchte man sich darin obendrein.

Die diffusen und höchst individuellen Ansprüche an die Wohnumgebung werden durch eine praktische Herausforderung verschärft: Wir kaufen Häuser, Möbel und Vorhangstoffe zwar nicht mehr für die Ewigkeit. Aber eben doch für einige Jahre. Während in anderen Bereichen des Zusammenlebens vieles problemlos neu geregelt und angepasst werden kann, ist die Entscheidung für einen Wohnstil relativ verbindlich. Für die meisten Paare birgt das Einrichten des gemeinsamen Zuhauses deshalb Konfliktstoff.

Mit dem folgenden Fahrplan gestalten sie den Boden unter Ihren Füßen zu einem Zuhause, in dem sich beide wiederfinden.

Klären, was man will

Solange jeder in seiner eigenen Wohnung wohnt, vertragen sich unterschiedliche Wohn- und Lebensstile zumeist ganz gut. Schwieriger wird es erst, wenn der Simplifier und die Sammlerin, die Ästhetin und der Technikfreak, der Philippe-Starck-Anhänger und die Laura-Ashley-Romantikerin ihre Vorstellungen von Schöner Wohnen unter einem Dach ausleben wollen. Die folgenden drei Lösungen helfen weiter. Die vierte eher nicht.

- ***Stilmix.*** Beide bringen ein, was ihnen lieb ist und teuer war. Im Idealfall ergänzen sich Flachbildschirm und Romantiksofa, Schwarz-Weiß-Fotografien und Vertiko zu einem unverwechselbaren, sehr persönlichen Stilmix. Vorteil: Keiner muss seine Lieblingsstücke opfern, die Einrichtung zeugt von hohem Respekt vor dem Geschmack des anderen. Nachteil: Möglicherweise erzeugt das Möbelsammelsurium einen unruhigen Gesamteindruck. Zudem kommt die gemeinsame Entwicklung, jedenfalls im Bereich Wohnen, eher zu kurz.

- ***Stilwelten:*** Wie beim Stilmix bringen beide vieles von dem ein, was sie mögen und vielleicht schon haben. Allerdings verwirklicht das Paar in dieser Variante die unterschiedlichen Wohnwünsche in unterschiedlichen Räumen. Zum Beispiel verleiht der Simplifier dem Wohnzimmer mit wenigen schönen Stücken Zen-Charakter, die Sammlerin inszeniert in Küche und Esszimmer einen Ort zum Schauen und Erinnern. Vorteil: Der Wechsel zwischen den Welten wirkt auf Bewohner und Besucher attraktiv und reizvoll. Möglicher Nachteil: Kann einer mit dem Wohnstil des anderen gar nichts anfangen, fehlt in einem großen Teil der Wohnung das Gefühl des Zuhause-Seins.

Extratipp: Egal, ob Sie sich für die Variante Stilmix oder Stilwelten entscheiden: Was der Partner, die Partnerin überhaupt nicht mag, gehört zum Recycling-Hof oder zumindest in den Keller. Höfliche sprechen das Thema von sich aus an: „Wenn ich dir anbieten würde, drei meiner Sachen zu verkaufen/zu entsorgen, für welche würdest du dich entscheiden?“ Außerdem wichtig: Zwei Esstische, Kleiderschränke, Woks sind meistens einer zu viel. Wenn das gemeinsame Zuhause nicht überladen wirken soll, ist es ratsam, sich von doppelt Vorhandenem zu trennen.

- ***Stilsuche.*** Das Paar entwickelt einen gemeinsamen Wohnstil. Das setzt voraus, dass beide aufgeben, was der andere nicht leiden kann, und bevorzugt nur das neu anschaffen, was beiden gefällt. Wenn Bernhard es ruhig und reduziert mag und Eileen gern warm und behaglich wohnt, bringen Möbel mit geradlinigen Formen, natürliche Materialien, sinnliche Oberflächen und der Verzicht auf alles Dekorative und Überladene die Wünsche beider auf einen Nenner. Vorteil: Das Zuhause wirkt geordnet und harmonisch. Wichtiger noch: Es ist Ausdruck einer kontinuierlichen Entwicklung vom „Ich" zum „Wir". Möglicher Nachteil: Beide leben beim Wohnen nur noch die partnerkompatible Seite aus.
- ***Stillos.*** Einer bestimmt, der andere wohnt mit. Das kann durchaus stilvoll aussehen, zum Beispiel, wenn Matthias im repräsentativen Haus im Grünen mit einem sorgfältig erdachten Einrichtungskonzept Erfolg und Lebensart demonstriert. Oder wenn Tina die Stadtwohnung so liebevoll im Landhaus-Look eingerichtet hat, dass man sich nach Cornwall oder Mallorca versetzt glaubt. Nachteil: Es mag der Wohnästhetik zugutekommen, wenn man die Elefantensammlung der Partnerin oder die Hifi-Elektronik des Lebensgefährten hinter Schranktüren verstaut. Trotzdem ist es ein großer Stilbruch, den Partner oder die Partnerin bei der Gestaltung des gemeinsamen Zuhauses zu übergehen.

Sich arrangieren mit dem, was man hat

Höflichkeit geht leichter, wenn man sie mit Pragmatismus kombiniert. Denn wenn die Welten aufeinanderprallen und das gemeinsame Zuhause zufällig zusammengewürfelt aussieht statt gekonnt gemixt, kommen die meisten Frauen und die Ästheten unter den Männern damit – realistisch betrachtet – nur schwer klar. Die folgenden Anregungen haben deshalb mit guten Manieren nicht viel zu tun. Aber sie machen es leichter, sich auch beim Einrichten als fairer Partner zu verhalten.

- ***Bauen Sie auf den natürlichen Schwund.*** Für den riesenhaften Bücherschrank gibt es keine geeignete Wand, der bejahrte *Ficus benjamina* geht am neuen Standort ein, die scheußlich gemusterte Bettwäsche bekommt einen Platz weit hinten im Schrank. Der stillschweigende Abschied setzt allerdings voraus, dass beide Partner nicht zwanghaft darauf beharren, alles aufzustellen, was ihnen gehört.
- ***Arrangieren Sie Sammlungen zu Stillleben.*** Einen Sammler seiner Sammlung zu berauben, hieße, ihm einen Teil seines Lebens wegzunehmen. Hängt das Herz des anderen an Gummienten oder Turnierpokalen, müssen Sie den Kram wohl oder übel in Ihrem Leben willkommen heißen. Das geht durchaus mit Stil: Auf einem schwebenden Bord im Badezimmer aneinandergereiht, werden die Quietschenten zum ironischen Statement, in

einem klaren Nischenregal arrangiert, verlieren die Turniertrophäen etwas von ihrem angestaubten Charakter.

- ***Gestalten sie Altes neu.*** Wenn man gemeinsam in Wohnmagazinen und Katalogen blättert, durch Möbelhäuser streift und den Einrichtungsstil der Freunde zerpflückt, stellt sich schnell heraus, welche Art von Wohnen beiden gefällt. Überlegen Sie gemeinsam, wie viel davon Sie aus dem vorhandenen Bestand durch Streichen, Polstern und fantasievolles Kombinieren verwirklichen können. Wenn man Astrids geblümtes Sofa mit einem Bezug aus dunkelbrauner Baumwolle überzieht und mit ihrem dicken elfenbeinfarbenen Teppich und Bens schwarzem Stahlschrank kombiniert, entsteht plötzlich eine Atmosphäre, die an ein Loft in New York erinnert.

Extratipp: **Wenn sie weniger wohnsinnig sind** als der Partner, zeugt es von Klasse, wenn Sie sich beim Einrichten entgegenkommend zeigen. Versteigern, verschenken, recyceln Sie, woran Ihr Herz nicht wirklich hängt, und weisen Sie von sich aus darauf hin, dass der Partner, die Partnerin das vollständigere Schlafzimmer, den durchdachteren Möbelmix oder das feinfühligere Gespür für Farben und Formen hat. Wichtig: Nehmen Sie am Einrichten der gemeinsamen Wohnung trotzdem intensiv Anteil – falls nicht beim Stylen und Gestalten, dann eben beim Streichen oder Bohren. Ein „Mach, wie du meinst“ lässt dem wohnsinnigen Partner zwar freie Hand. Aber beim Einrichten geht es um mehr als ein paar Möbel: Es geht darum, dass Sie zum Ausdruck bringen, wer Sie als Paar sind. Dieses Statement verdient und braucht das Engagement beider Partner.

Einkaufen, was man unbedingt braucht

Je länger man als Paar zusammenlebt, desto mehr Dinge spiegeln den Geschmack beider wieder. Jedenfalls, wenn nicht der eine das Einrichten der Wohnung komplett an sich reißt oder der andere absolut kein Interesse daran zeigt.

Anders sieht es aus, wenn man erst seit Kurzem zusammenwohnt. Dann schlagen die gemeinsam gekauften Einrichtungsgegenstände die Brücke zwischen den mitgebrachten Stücken und vermitteln beiden das Gefühl eines gemeinsamen Zuhauses. Die wichtigste aller Neuanschaffungen ist in diesem Fall ein Bett, in dem noch niemand geschlafen hat außer Ihnen beiden. Am zweitwichtigsten sind die vielen Kleinigkeiten, die ein Zuhause individuell machen, ohne unbedingt viel zu kosten: Platzsets, Kissenbezüge, Vasen, Lampen, Pflanzen. Achten Sie bei der Auswahl der Accessoires auf Farbwiederholungen: Kuscheldecke, Vase, Lampenschirme und Kaffeebecher im gleichen

Rot- oder Grünton täuschen darüber hinweg, dass die übrigen Möbelstücke nur bedingt zusammenpassen. Knigge-Tipp: Bei der Auswahl der Neuanschaffungen hat fairerweise der Partner den meisten Einfluss, der weniger Möbel mitgebracht hat oder sogar beim anderen Partner eingezogen ist. Dieses Vorrecht ist allerdings kein Freibrief, den Geschmack des anderen außer Acht zu lassen.

Extratipp: **Falls Sie sich nicht einigen können,** ob Sie Ihre Gäste künftig an „ihrem" geerbten Biedermeiertisch oder „seiner" gut zwei Meter langen Le-Corbusier-Tafel aus Aluminiumrohr verwöhnen, machen Sie sich bewusst: Das Wort „sich einrichten" hat zwei Bedeutungen. 1. „sich mit Möbeln ausstatten", 2. „sich anpassen und auf jemanden einstellen". Höfliche geben im Zweifelsfall der zweiten Bedeutung den Vorrang.

Stil-Strategie 7: ***Nehmen Sie einander wahr***

Nach Paarforscher John M. Gottman halten nicht etwa rote Rosen und sexuelle Ekstase die Liebe wach. Vielmehr entscheidet über die Zukunft der Liebe, wie gut das Paar bei der Frühjahrsarbeit im Garten, beim Baden des Babys oder beim Einkauf für das Wochenende harmoniert: „So seltsam es klingen mag", erläutert Gottman, „es stärkt die Bindung, wenn beide zusammen im Supermarkt einkaufen und sie fragt: ‚Haben wir noch Waschmittel?', und statt gleichgültig mit den Schultern zu zucken, sagt er: ‚Keine Ahnung, ich hol mal vorsichtshalber ein Paket.'"

Leider kommen auch höflichen Menschen diese unspektakulären Formen der Zuwendung in der Partnerschaft schnell abhanden. Studien der amerikanischen Wissenschaftler G. R. Birchler und R. L. Weiss zeigen: Die meisten von uns glänzen nur in der Öffentlichkeit mit guten Manieren. In der Ehe (egal, ob mit Trauschein oder ohne) gehören angenehme Umgangsformen dagegen zu den ersten Dingen, die verschwinden. Sogar Jungverheiratete behandeln jeden Fremden rücksichtsvoller als den eigenen Ehepartner.

Die Vertrautheit kommt, die Höflichkeit geht – damit müssen wir realistischerweise rechnen, wenn die Liebe zur Beziehung wird. Die Ursachen dafür hat der Soziologe Rowland S. Miller von der Sam Houston State University in Texas/USA zusammengetragen: Die Illusionen schwinden, der Neuheitswert lässt nach, wir strengen uns weniger an. Dafür lernen wir die Achillesferse des Partners immer besser kennen und können den anderen so empfindlich verletzen wie niemand sonst. Zum Glück ist die Erosion der guten Manieren kein Naturgesetz. Schon einfache Formen der bewussten Aufmerksamkeit bewahren die Liebe zuverlässig vor dem Zerfall.

Aufeinander eingehen

Am Anfang behandelte man einander ganz unwillkürlich aufmerksam und höflich: Natürlich bemerkte er das neue Zara-Schnäppchen, selbstverständlich fragte sie, wie die Präsentation vor dem Führungsteam verlaufen ist. Nie und nimmer hätte er es unterlassen, ihr im Restaurant den Stuhl zurechtzurücken, auf keinen Fall hätte sie ihm zum Geburtstag ein No-Name-Produkt geschenkt, obwohl sie sein Faible für Edelmarken kennt. Mit dem Zusammenziehen und Zusammenleben allerdings gehen viele dieser kleinen Gesten der Zuwendung sang- und klanglos unter.

Wenn sich die Fachliteratur auf dem Schreibtisch stapelt und im Garten der Grünspan an den Teakholzmöbeln nagt, fehlt der Kopf für anregende Gespräche und die Muße für Spontansex am Nachmittag. Was einmal die ganze Aufmerksamkeit und Fantasie in Anspruch nahm, wird zur Gewohnheit. Man lebt nebeneinander her, der Partner verkommt zum selbstverständlichen Beiwerk des Lebens. Natürlich möchte man ihn nicht missen. Aber große Mühe gibt man sich nicht mehr für ihn.

Dementsprechend klingen auch die Gespräche. „Meinst du, es ist warm genug, um ein ärmelloses Kleid anzuziehen?", sagt Alexandra am Frühstückstisch. „Ich war noch nicht draußen", sagt Michael, den Blick fest auf den Wirtschaftsteil geheftet. Wäre Michael zu Hause genauso höflich wie im Büro, hätte er anders reagiert: „Ich denke schon. Aber im Moment ist es noch ein bisschen frisch.

Zieh dir lieber eine Jacke drüber, wenn du mit dem Rad fährst."

Vielleicht finden Sie den Dialog banal. In beiden Varianten. Für die Qualität der Beziehung macht es allerdings einen Riesenunterschied, ob die Partner Gesprächsangebote überhören oder den Faden aufgreifen und weiterspinnen. Zwar richtet gelegentliches Desinteresse in einer heilen Partnerschaft keinen großen Schaden an. Reagiert einer der Partner allerdings öfter so, wächst beim anderen das Gefühl, nicht mehr wichtig zu sein. Gegenseitiges Interesse, auch und gerade in den kleinen Dingen, ist dagegen ein sicherer Weg, das Band der Beziehung zusammenzuhalten.

Gut zu wissen: Aufmerksamkeit ist der Schlüssel zur Liebe

Die Soziologen W. Bradford Wilcox und Steven L. Nock von der Universität von Virginia/USA fanden heraus: Weder ein hohes Einkommen noch eine faire Arbeitsteilung beim Kochen, Putzen und Waschen machen Frauen so glücklich wie das emotionale Engagement ihrer Partner. Wie nichts sonst werten Frauen Verständnis, Aufmerksamkeit und Zeit als Zeichen dafür, dass der Partner die Beziehung ernst nimmt. Wilcox und Nock werteten für ihre Studie die Daten von über 5000 Paaren aus.

Einander wertschätzen

Natürlich ist jede langfristige Beziehung auch eine Wirtschaftsgemeinschaft, und jeder der Partner trägt seinen Teil zum gemeinsamen Leben bei. Vielleicht äußern wir deshalb so selten unsere Anerkennung für das, was wir füreinander tun. Allenfalls finden wir es der Rede wert, wenn der Partner, die Partnerin in einem Anfall von Ordnungssucht das Chaos im Keller entsorgt oder in stundenlanger Geduldsarbeit das Wireless LAN installiert. Die kleinen Beiträge und Einschränkungen für das gemeinsame Leben nehmen wir dagegen kaum wahr. Oder wann haben Sie zuletzt dankbar bemerkt, dass Ihr Mann bei gemeinsamen Autofahrten Ihnen zuliebe die Tachonadel konsequent unter 150 km/h hält, obwohl er seinen Sechszylinder am liebsten voll ausfährt? Oder dass Ihre Frau stellvertretend für Sie beide die Kontakte zu den alten Studienfreunden und entfernten Verwandten pflegt?

Leistungen für das gemeinsame Leben und den ehelichen Frieden öfter und nachdrücklicher anzuerkennen ist ein erster, einfacher Schritt einander wieder mehr zu beachten und zu bestätigen. Wichtig: Verbinden Sie Ihr „Danke“ immer mit dem Grund Ihrer Freude: „Es war schön, dass wir Ernst und Jana mal wieder gesehen haben. Auch wenn ich mich nie darum kümmere – ich bin froh, dass du den Kontakt zu ihnen hältst.“

Extratipp für sie: Männer lieben Anerkennung und Bestätigung – und Frauen, die sie ihnen geben. Genau wie im Job sind viele Männer auch in der Partnerschaft eher durch äußere Anreize wie Status, Bewunderung und Überlegenheit angeregt. Spenden Sie ihm den Applaus: Denn wo Ihnen das perfekt gelungene Menü Freude genug ist, ist für ihn der Abend erst vollkommen, wenn er bestätigt bekommt, seine Ente in Thymian-Tannenhonig-Jus habe Antons Lammkeule neulich noch einmal um eine Klasse übertroffen.

Zuhören

Es sind die kleinen Rechthabereien, die eine Liebe zerstören können.
Max Frisch

Es gibt eine Methode, die das Paarglück erhöht wie wenig sonst: Wir müssen einander nur zuhören, verständnisvoll, vorurteilslos und ohne vorschnelle Ratschläge. Verbunden mit dem festen Willen, die Sicht des Partners nachzuempfinden (auch wenn man sein Verhalten suboptimal findet), stärkt Zuhören das Gefühl der Verbundenheit. Das Paar erlebt beruhigt: Gemeinsam ist man weniger allein.

Wenn wir die Weltsicht des anderen genauso gelten lassen wie unsere eigene, dann passiert es nicht mehr, dass der eine wegen überhöhter Geschwindigkeit geblitzt wurde und der andere kontert: „Kein Wunder, bei deinem Fahrstil." Dann schaltet man nicht mehr auf Stand-by, wenn ein Partner seine ewig gleichen Jobgeschichten zum wiederholten Mal erzählt. Dann wischt man auch Bedenken und Ängste nicht kurz angebunden vom Tisch: „Das wird schon wieder."

Denn Kritik oder Beschwichtigungen mögen zwar berechtigt sein. Aber sie trennen das Paar, statt es zu verbinden. Schlägt sich dagegen der eine auf die Seite des anderen, werden die Partner zu Verbündeten und die Beziehung zu einem Hort der Geborgenheit.
Dazu vier Anregungen:

- ***Seien Sie hundertprozentig bei der Sache.*** Egal, ob Ihr Partner über die Entstehung der Saturnringe referiert oder Ihre Partnerin vom Schlagabtausch mit dem Kollegen aus der Technologieentwicklung berichtet – zeigen Sie sich ganz Ohr. Schieben Sie die Zeitung zur Seite, drehen Sie den Fernseher leiser (noch besser: Schalten Sie ihn ganz aus), fragen Sie nach: „Woraus besteht so ein Ring eigentlich?" oder „Und wie ist es dir dabei gegangen?" Wichtig: Vermeiden Sie Unterbrechungen, unruhiges Fußwippen, hektisches Nicken und mehrfaches Nachfragen. Jedes „Wie bitte?", „Was hast du gesagt?" oder „Entschuldige, ich war mit meinen Gedanken woanders" signalisiert, dass Sie nur halb zuhören.
- ***Halten Sie sich mit Ratschlägen zurück.*** Falls der Partner Sie nicht ausdrücklich um seinen Rat bittet, will er sich

das Problem sehr wahrscheinlich nur von der Seele reden. Hören Sie verständnisvoll zu, haken Sie nach („Du meinst also ...“, „Das verstehe ich gut“, „Oje“), lenken Sie den Blick hin zu einer Lösung („Was hast du jetzt vor?“, „Hast du schon eine Idee, wie ...?“), bieten Sie behutsam Hilfe an („Kann ich etwas für dich tun?“, „Eine Möglichkeit wäre vielleicht ...“)

- ***Nehmen Sie Sorgen und Ängste ernst.*** „Du wirst sehen, das ist halb so schlimm“, „Das schaffst du schon“ oder „In einem Jahr denkst du nicht mehr daran“ – solche Beschwichtigungen mögen ermutigend gemeint sein. Aber sie klingen, als wollte man das Thema verharmlosen. Lassen Sie sich lieber etwas einfallen, was den Partner wirklich weiterbringt oder einen Moment lang von seiner Misere ablenkt: Nehmen Sie die Partnerin, die die bevorstehende Wurzelextraktion fürchtet, in den Arm. Bieten Sie dem Lebensgefährten an, den morgigen Vortrag noch mal gemeinsam durchzugehen. Zeigen Sie, dass Sie mit der Qualität der gelieferten Türstöcke nicht glücklich sind: „Das ist wirklich dumm gelaufen.“
- ***Stärken Sie einander den Rücken.*** Auch wenn Sie die rasante Fahrweise Ihres Partners schon lange stört – angesichts der Punkte in Flensburg ist Kritik das Letzte, was er braucht. Menschen mit Manieren sagen deshalb weder: „Das wäre nicht passiert, wenn du dich an das Tempolimit halten würdest“ noch: „An der Stelle passieren so viele Unfälle, ich finde es richtig, dass dort mal geblitzt wird.“ Sondern: „So ein Pech!“ Oder: „Das kann

jedem passieren." Oder: „Du Armer." Wichtig: Um verständnisvoll – Psychologen sagen dazu empathisch – zu reagieren, müssen Sie die Einstellung des Partners nicht teilen. Sie müssen nur nachvollziehen können, wie ihm zumute ist.

Extratipp: **Zueinander stehen.** Im Prinzip ist es völlig in Ordnung, Position zu beziehen und Zweifel anzumelden, wenn man absolut nicht richtig findet, was der andere denkt oder sagt oder tut. Aber es wäre unehrenhaft, das ausgerechnet dann zu tun, wenn der Partner Schwierigkeiten, Fehlschläge oder Missgeschicke offenbart. In diesem Fall darf der andere erwarten, dass Sie zu ihm halten. Das bedeutet nicht, dass Sie beide zu einer Einheit verschmelzen. Sondern dass Sie den Partner als Bündnispartner stützen und stärken – auch wenn Sie selbst anders urteilen oder handeln würden.

Die Ego-Einschränkung zahlt sich aus – sofern die Beziehung intakt ist: Wenn der andere auf Ihre Loyalität zählen kann, werden Sie überrascht sein, wie oft er sich von sich aus Ihrem Standpunkt annähert. Vielleicht nicht auf der Stelle. Aber irgendwann später bestimmt: „Ich hab den Bußgeldbescheid natürlich auch herausgefordert, du hast es mir ja oft genug gesagt."

Stil-Strategie 8:
Hören Sie nicht auf, einander zu gefallen

Aus dem Mikrozensus des Statistischen Bundesamtes geht hervor: Verheiratete bringen deutlich mehr Pfunde auf die Waage als Singles. Bei Erwachsenen ist die Heirat der wichtigste Risikofaktor für Übergewicht; besonders Frauen sind davon betroffen. Das liegt unter anderem an dem veränderten Lebensstil in der Partnerschaft: Zu zweit isst man mehr und regelmäßiger, die Einkaufsliste ist stärker vom meist weniger kalorienbewussten Geschmack des Mannes geprägt, statt etwas zu unternehmen und sich zu bewegen, sieht man den neuesten Blockbuster gemütlich auf DVD an oder lädt Freunde zum Essen ein.

Sex ist der genussvollste Weg, um Kalorien zu verbrennen.
Jack Nicholson

Das Zusammenziehen wirkt sich aber nicht nur auf die Gewichtszunahme aus. Auch sonst lassen sich fest liierte Paare mehr gehen als datende Singles – physisch und psychisch. „Wenn man einander umwirbt, arbeitet man daran, dem anderen zu gefallen“, sagt Sandra Leiblum, Professorin für Psychiatrie an der Robert Wood Johnson Medical School in New Jersey/USA. „Ist die Phase des Werbens vorbei, treten andere Prioritäten in den Vordergrund: der Job, der Haushalt, Kinder, der Rest der Familie. Man ist gestresst, hat wenig Zeit und verliert einander aus den Augen.“ So normal und schön diese Nähe und Vertrautheit ist – Liebe steht und fällt auch nach vielen Jahren noch damit, dass man einander gefällt.

Sich füreinander schön machen

Wenn Freunde zum Essen kommen, steht sie eine halbe Stunde lang vor dem Spiegel und riskiert bedenkenlos, dass Kochspuren das Lieblingstop für immer ruinieren. Wenn er vor dem Vorstand präsentiert, ist der neue Boss-Anzug gerade gut genug, die Krawatte perfekt gebunden, das weiße Hemd bis zum obersten Knopf geschlossen und die Gesichtshaut um des frischen Aussehens willen sorgfältig gepeelt. Allein zu Hause sind die beiden kaum wiederzuerkennen: Gammellook und Wohlfühlhose, Pullis mit Löchern und T-Shirts mit Werbeaufdruck, Dreitagebart und strähnige Haare – dem Partner, der Partnerin präsentieren wir uns so ungeschönt wie niemandem sonst. Dagegen ist grundsätzlich nichts zu sagen. Es wirkt gemütlich, wenn sie zu Hause ungeschminkt in ausgefransten Jeans herumläuft, und es hat etwas, wenn der liebste Mann von allen auf dem Weg zum Häckselplatz aussieht, als verbringe er sein Leben im kanadischen Busch.

Wirklich unattraktiv und eine Zumutung für den Partner sind andere Dinge: das Sweatshirt, auf dem der Speiseplan der letzten Tage archiviert ist, der Wildwuchs unter den Achseln, die Essensreste zwischen den Zähnen, die durchlöcherten Socken, die ausgelatschten Hausschlappen, die Trauerränder unter den Nägeln – es gibt Äußerlichkeiten, die hält die hehrste, tiefste Liebe nicht aus. Umgekehrt macht es das Glück stabiler, wenn der Partner gut aussieht. Erstens, weil körperliche Attraktivität schön anzuschauen ist. Und zweitens, weil wir daran weitere positive Eigenschaften festmachen: Gut aussehende, gepflegte Menschen gelten automatisch auch als intelligent, sympathisch, kompetent und erfolgreich.

In funktionierenden Partnerschaften sind Körperpflege und Stil daher nicht nur eine Frage des persönlichen Geschmacks, sie sind eine selbstverständliche Geste der Höflichkeit: „Auch im Äußern soll man alles entfernen, was zurückscheuchen könnte“, befand bereits Freiherr Knigge. „Man soll sich zu Hause nicht zu viel Unmanierlichkeiten erlauben – das ist man ja schon sich selbst schuldig – und vor allen Dingen, wenn man auf dem Lande lebt, nicht niedrige, plumpe Ausdrücke im Reden annehmen noch unreinlich, nachlässig an seinem Körper werden.“

Die Höflichkeitspflicht, auch in den eigenen vier Wänden einen angenehmen Anblick zu bieten, schließt nicht aus, dass Sie es sich zu Hause bequem machen – nur eben mit schlicht-schönen Filzhausschuhen statt mit Adiletten. Zähneputzen nach jeder Mahlzeit, regelmäßiges Duschen, frisch gewaschene Haare, saubere Nägel und rasierte Beine sind aber auch beim lockersten Dresscode ein Muss.

Gut zu wissen: Auch Männer sollen schön sein

Allen vielleicht noch kursierenden Vorurteilen zum Trotz: Auch Männer müssen gut aussehen, um Frauen zu gefallen. Das ergab eine Studie an der schottischen Universität von St. Andrews. Vor allem erfolgreiche, gut verdienende Frauen messen Männer neben den inneren Werten auch an äußerlichen Kriterien.

Die Privatsphäre respektieren

Zwar führt Nicole Kidman in *Eyes Wide Shut* überzeugend vor, dass es absolut salonfähig aussehen kann, die Toilette zu benutzen, während der Partner sich daneben am Waschbecken ausgehfertig macht. Dennoch gibt es intime Verrichtungen, die man weder gern beim anderen beobachtet, noch unbefangen in dessen Beisein erledigt. Manches geschieht einfach besser bei geschlossener Tür – egal, wie vertraut man miteinander ist.

Das Bedürfnis danach hat nichts mit mangelnder Offenheit und viel mit Ästhetik zu tun: Körpergeräusche und Verdauungsgerüche wirken wenig verführerisch, und nicht nur Sensiblen jagen Schauer den Rücken hinunter, wenn sie Zeuge werden müssen, wie sich der Mensch an ihrer Seite die Fußnägel schneidet, die Nasenhaare entfernt, Schleim abhustet oder die Bikinizone wachst. Wenn man nicht gerade krank ist und Hilfe braucht, ist es deshalb taktvoll, einander ein paar positive Illusionen zu erhalten und dem anderen die unattraktiveren Teile des körperlichen Wartungsprogramms zu ersparen.

Übrigens: Das Recht auf Privatheit umfasst nicht nur die Körperpflege! Diskretion bedeutet auch, dass man einander nicht beim Chatten über die Schulter schaut, den Schreibtisch des anderen nicht ohne dessen Wissen nach Briefmarken durchwühlt und die geschlossene Tür zum Arbeitszimmer als No-Go-Signal akzeptiert.

Extratipp: Die Gedanken sind frei, und was man mitteilen möchte, gibt man meistens von sich aus preis. Manche Fragen verbieten sich deshalb von selbst. „Was denkst du gerade?", „Liebst du mich noch?" oder „Wie war ich?" verstoßen gegen die einfachsten Regeln der Diskretion. Denn wenn der andere nicht aus vollem Herzen das Gewünschte sagen kann, sieht er sich gezwungen, geschmeidig um den heißen Brei herumzureden oder geradeheraus zuzugeben, was Sie garantiert nicht hören wollen. Deshalb: Wähnen Sie den schönen Schein, und nötigen Sie den anderen nicht, seine Liebe zu gestehen, seine Gedanken zu teilen oder Ihre Liebeskünste zu loben.

Mit kleinen Gesten die großen Gefühle bewahren

Stellen Sie sich vor, Sie haben den Job Ihres Lebens gefunden – einen, der interessant ist und sicher und herausfordernd und gut bezahlt. Würden Sie dann nach der Probezeit Dienst nach Vorschrift leisten? Morgens in letzter Minute hereinstürzen, abends überpünktlich Schluss machen und die Kollegen so schlecht gelaunt grüßen, wie Ihnen gerade zumute ist? Sicher nicht. Vermutlich würden Sie auch weder desinteressiert in Unterlagen blättern, während Ihre Chefin einen Monolog über ihr Lieblingsthema hält, noch vergessen, dass ein Kollege Geburtstag hat oder eine wichtige Kundin auf Ihren Rückruf wartet. Schließlich wollen Sie Ihren Traumjob behalten und nach Möglichkeit darin vorankommen. Niemand braucht Ihnen zu sagen, dass Sie dafür etwas investieren müssen. Und zwar Tag für Tag – egal, ob Sie sich gut fühlen oder schlecht, ob Sie voll motiviert sind oder frustriert, ob Sie im Stress sind oder nicht.

Leider geht uns in der Liebe oft das professionelle Selbstverständnis ab, das uns im Job erfolgreich macht. Zwar scheuen wir keine Mühe, um den Mann oder die Frau unseres Herzens zu erobern. Aber sobald wir dieses Ziel erreicht haben, benehmen wir uns, als sei die Liebe ein Selbstläufer. Der das Leben schöner, aber um Himmels willen keine Arbeit macht. Besonders Männer wollen auch heute noch „Ruhe an dieser Front“, sagt der Münchner Sozialpsychologe Heiner Keupp. Solange wir die Liebe als Oase des Sich-gehen-Lassens betrachten, trocknen wir sie aus.

Die beziehungsförderliche Alternative dazu bringt die Ehetherapeutin Michele Weiner-Davis auf den Punkt. *Live by the stranger standard,* lautet ihr einleuchtender Rat: „Begegnen sie Ihrem Partner so wohlerzogen und freundlich wie einem Menschen, den Sie gerade erst kennen gelernt haben." Auf die folgenden Basics des gesitteten Zusammenlebens hat der Partner, die Partnerin genauso Anspruch wie jeder Fremde.

- ***Tischmanieren.*** Sie können das schönste Essen verderben: Partner, die gutes Benehmen bei Tisch für überspannten Luxus halten. Hier sind, in aller Kürze, die wichtigsten Verstöße, die zu Hause am Küchentisch genauso ungehobelt wirken wie mit Kunden im Restaurant: mit dem Essen anfangen, ehe alle am Tisch sitzen, sich grundsätzlich als Erster nehmen, mit offenem Mund kauen, das Messer abschlecken, mit dem Buttermesser ins Marmeladenglas fahren und umgekehrt, Soße mit dem Brot auftunken, bei Tisch Zeitung lesen – es sei denn, die Morgenzeitung gehört für beide zum Frühstücksritual –, sich über die Reste auf dem Kinderteller hermachen, während des Essens aufstehen, um ans Telefon zu gehen, die Katze rauszulassen, etwas nachzuschlagen, sich ungefragt das letzte Stück vom Kuchen oder Braten schnappen. Will man zu Hause nicht das volle Programm der Tischregeln zelebrieren, gilt als Mindeststandard: Vermeiden Sie alles, was der andere Partner unappetitlich oder peinlich finden könnte. Denn so unwichtig es erscheinen mag, ob ein ansonsten großzügiger, herzlicher, verlässlicher Mensch mit vollem Mund redet oder die Spaghetti schneidet – Scham und Ekel stellen die Liebe auf ein harte Probe. Allerhöchstens einmal sollte der Partner darauf hinweisen müssen, dass ihn ein Essverhalten stört.

- ***Pflege und Hygiene.*** Wasserlachen vor der Dusche, Haare im Waschbecken, tropfnasse Spüllappen, herumliegende Unterwäsche, schmutzige Fingernägel, nach Knoblauch riechender Atem – über Geschmack und das richtige System beim Einräumen der Spülmaschine kann man streiten, auf eine saubere Wohnung und Körperhygiene hat der Partner, die Partnerin ein Recht. Es gilt die gleiche Regel wie bei den Tischmanieren: Was der eine widerlich findet, ist für den anderen ohne Wenn und Aber tabu.
- ***Diskretion.*** Zu einer Partnerschaft gehört Vertrauen. Deshalb müssen sich beide Partner hundertprozentig darauf verlassen können: Details aus den eigenen vier Wänden dringen nicht nach außen. Weder erfährt Heikes beste Freundin, dass Thorsten es neuerdings nicht immer bringt, noch lästert Sven vor Gästen, dass Daniela die Hollandaise zum Spargel nur mit Assistenz von Dr. Oetker schafft. Alles, was den Partner bloßstellen, beschämen oder herabsetzen könnte, geht Dritte nichts an – auch die allerbesten Freunde oder die Herkunftsfamilie nicht. Wichtig: Wenn Sie miteinander über berufliche Interna sprechen, muss der andere sich darauf

verlassen können, dass Sie Ihr Wissen für sich behalten – auch wenn er sie Ihnen nicht unter dem Siegel der Verschwiegenheit anvertraut hat.

- ***Faire Arbeitsteilung.*** Dass man sich Erwerbs-, Erziehungs- und Hausarbeit fair teilt, ist keine Frage der Emanzipation, sondern ein einfaches Rechenexempel: Paare, die einander respektieren, bringen die gleiche Anzahl von Arbeitsstunden ein. Als Arbeitsstunden zählen sowohl die bezahlte Leistung im Job als auch die Gratisarbeit für Haushalt und Familie. Dabei hängt es von den Vorlieben der Partner ab, wer wovon wie viel übernimmt. Die Fairness erfordert aber, dass bezogen auf sieben Tage in der Woche, beide etwa gleich viele Arbeitsstunden für das gemeinsame oder familiäre Wohl beitragen. Eine Zeitbudgeterhebung des Statistischen Bundesamts ergab: Bei Paaren mit und ohne Kindern, bei denen beide Partner erwerbstätig sind, leisten beide auch gleich viele Arbeitsstunden ab. Bei Paaren mit Kindern, bei denen einer zu Hause bleibt, arbeitet der nicht erwerbstätige Elternteil im Schnitt eine Stunde weniger am Tag als der erwerbstätige.
- ***Verbindlicher Umgangston.*** Wie man als Paar bei allen Problemen angenehm und liebenswürdig miteinander umgeht, ist ein eigenes Kapitel. Darüber hinaus aber darf der Partner, die Partnerin erwarten, dass man auch Fremden und Freunden gegenüber die Formen wahrt. Führen Sie deshalb Diskussionen mit anderen sachlich. Wer pöbelt, protzt, zickt oder alles besser weiß, demontiert

nicht nur sich selbst, sondern bringt auch die Partnerin oder den Partner in eine peinliche Situation.

- ***Reibungsflächen.*** Auch wenn sich die durchschnittliche Wohnfläche pro Person im Lauf der letzten 40 Jahre von 22 auf 43 Quadratmeter verdoppelt hat, bleibt die Tatsache bestehen: Mit niemandem leben wir auf so engem Raum zusammen wie mit dem Partner. Deshalb müssen wir auch auf niemanden sonst in so vielen kleinen Belangen Rücksicht nehmen. Zu den nicht verhandelbaren Höflichkeiten in der Partnerschaft gehört es:
  - pünktlich zu sein (Live by the stranger standard!);
  - den anderen zu informieren, wo man ist, wie man erreichbar ist und wann man etwa wiederkommt;
  - die eigene Lautstärke auf die Empfindlichkeit des Partners abzustimmen. Das gilt übrigens nicht nur beim Musikhören und Fernsehen. Sondern auch für das Schließen von Türen, Klappern mit Geschirr, Rascheln mit der Zeitung, Schnarchen im Bett und sämtliche Lebensgeräusche anderer Art;
  - das Badezimmer in Stoßzeiten nicht zu blockieren und in anderen Fällen nur nach Vorankündigung;
  - anzukündigen und mit dem Partner, der Partnerin abzustimmen, dass und wann man einen Gast mitbringt.

„Ich hätte da eine Frage ...": Probieren im Restaurant

Es ist nur eine Kleinigkeit, aber unter Ehe- und anderen Paaren kommt sie immer wieder vor: Darf eigentlich der eine im Restaurant vom Essen des anderen probieren? Ist es erlaubt,

sich zu zweit ein Dessert zu teilen? Und was ist, wenn ich meine Portion nicht mehr schaffe, mein Mann sie aber noch gern essen würde?

Traditionell ist nichts davon erlaubt. Weder sieht es schön aus, noch ist es hygienisch, wenn beide vom gleichen Teller essen oder Appetithappen und Reste über den Tisch jonglieren. Die moderne Variante ist lockerer: In einer zwanglosen Umgebung – auf der Skihütte oder im Café – dürfen sie ruhig mal ein paar Pommes frites vom Teller des anderen stibitzen oder sich den Kaiserschmarrn teilen (am besten bitten sie gleich beim Bestellen um ein zweites Besteck). Im Sterne-Restaurant benutzen Sie, wenn überhaupt, den Brotteller, um einen Versuchshappen über den Tisch zu reichen. Oder Sie bitten den Service um Hilfe: „Ich würde sehr gern den Wolfsbarsch kosten. Könnten Sie mir mit einem kleinen Extrateller behilflich sein?“

Stil-Strategie 9: *Bestärken Sie sich*

„Wow“, sagt Gregor, als Julia sich vor dem Badezimmerspiegel die Frisur zurechtzupft. Richtig zufrieden ist sie mit sich nicht. Die letzten Tage waren Stress pur, und sie findet, das sieht man ihr an. Ist das neue taillierte Kostüm, von dem sie so überzeugt war, wirklich die richtige Wahl? Ob sie wohl lieber ein Top anstelle der Seidenbluse dazu tragen sollte … „Wunderschön siehst du aus.“ – „Findest du?" – „Unbedingt. Lässig – und ziemlich verführerisch."

Stolz und Glück gehen Hand in Hand, und Bewunderung ist ein starkes Liebeselixier. Zu diesem Schluss jedenfalls gelangten die amerikanische Psychologin Sandra Murray und ihr Team. In ihren Studien stellten sie fest: Am längsten halten solche Beziehungen, in denen die Partner einander hochschätzen. Im Idealfall sieht jeder den Partner positiver, als dieser sich selbst wahrnimmt.

Sich auf das Positive konzentrieren

Zwei Jahre dauert es ungefähr – dann weicht die rosarote Brille dem kühlen Blick. Plötzlich mustern wir den Menschen, den wir bis vor Kurzem perfekt fanden, mit kritischen Augen: Muss er seine Krawatten immer so kurz binden? Wieso sagt sie ihren Eltern nicht mal, dass man Anrufe sonntags vor elf als Zumutung empfindet? War er früher eigentlich auch so sparsam? Was findet sie nur an dieser überspannten Isabella, mit der sie sich neuerdings dauernd zum Frühstück trifft?

Die Ernüchterung hat eine biologische Ursache: Wenn die Hormonfluten der Verliebtheit verebben, kehrt der Serotoninspiegel im Körper auf Normalniveau zurück. Von nun an sorgt nicht mehr die Chemie für das Liebesglück – ab jetzt müssen wir die romantische Verzauberung kalkuliert schüren. Höfliche sind dabei klar im Vorteil: Sie sind

An meinem Mann schätze ich am meisten, dass er mich geheiratet hat. Das war ganz schön mutig! Dass er gut küssen kann, zählt natürlich auch.
Cate Blanchett

darin geübt, Schönes zu bemerken und Unschönes nach Möglichkeit zu übergehen. Dieses Verhalten kommt ihnen auch in der Liebe zugute: Denn Höfliche stellen zwar hohe Ansprüche an den Partner und das Leben mit ihm, aber ihre Erwartungen sind von Wohlwollen begleitet. Statt zu beklagen, was dem Partner fehlt, nehmen sie zuerst einmal wahr, was ihn auszeichnet.

Wer auf diese Weise den Stolz aufeinander pflegt, ist nicht unkritisch oder blind. Er ist aufmerksam und aufrichtig und öffnet dem anderen die Augen für alles, was er kann und ist und tut – und selbst so vielleicht noch gar nicht bemerkt oder geschätzt hat. „Einen Menschen lieben heißt, ihn so zu sehen, wie Gott ihn gemeint hat", schreibt Dostojewski. Fassen Sie deshalb in Worte:

- Wie es Sie beeindruckt hat, dass Ihre Frau nicht aus der Haut gefahren ist, gerade eben, als die Große mit gespielter Lässigkeit die zweite Fünf in diesem Halbjahr präsentiert hat.
- Wie großartig Sie es finden, dass sich Ihr Partner von der Diabetes-Diagnose nicht die Lebensfreude rauben lässt, so schwer ihm der Verzicht auf Pasta und Ciabatta auch fällt.
- Wie es Ihr Leben bereichert hat, dass Ihre Lebensgefährtin Sie zum Tangokurs überredet hat, obwohl Sie anfangs überhaupt keine Lust dazu hatten.
- Wie Sie Ihren Mann für seine Kreativität bewundern – gerade, weil Sie selber eher ein Zahlenmensch sind.

Eigentlich können wir den Partner gar nicht genug bestärken und bewundern. Eine Schwierigkeit gibt es aber doch: Die Anerkennung muss wohldosiert sein. Ist sie übertrieben oder allzu pauschal („Niemand kocht so gut wie du"), fühlt der Partner sich eher verkannt als geschätzt. Unterfüttern Sie Komplimente deshalb mit Realismus und Beobachtungsgabe: „Das hast du wieder fabelhaft hingekriegt, keine kann das so wie du mit den schön angerichteten Tellern."

Davon abgesehen aber gilt: Bewunderung baut auf. Nach und nach hält der Bewunderte sich selbst für attraktiver, erfolgreicher und liebenswerter. Entsprechend zuversichtlich und gut gelaunt tritt er auf. Wie Julia, die beschwingt von Gregors Anerkennung, Augenringe und Selbstzweifel vergisst und bei der Vernissage zu Hochform aufläuft.

Extratipp für sie: **Komplimente lächelnd erwidern.** Während Männer gern frei heraus nach Komplimenten fischen („Na, wie war ich?"), tun sich Frauen manchmal schwer damit, sie auch nur unbefangen anzunehmen. Anstelle eines ermutigenden „Danke, das finde ich auch" hören Männer ein abwehrendes „Ja, findest du?" oder „Ach, das ist doch nichts Besonderes."

Viel stilvoller: Genießen Sie die Verehrung als Ihnen zustehenden Tribut und sagen Sie freundlich-zerstreut. „Ich freue mich, dass dir das auffällt." – „Danke, das ist wirklich galant von dir." – „Du hast eben einen Blick dafür." – „Lieb, dass du das sagst."

Negative Eigenschaften ausblenden

Positives öfter zu bemerken ist relativ einfach: Wir müssen nur daran denken, unsere Gedanken und Gefühle auch in Worte zu fassen. Negatives zu übergehen verlangt erheblich mehr Selbstbeherrschung. Das liegt daran, dass negative Emotionen deutlich schneller und intensiver hochkochen als positive. Diese Besonderheit unserer Wahrnehmung befähigt uns, Gefahren rechtzeitig zu erkennen und abzuwehren. Aber es erschwert den Paaralltag, wenn die Freude über den Bienenstich, den der Partner besorgt hat, wenig zählt verglichen mit dem Groll über die Zeitungsstapel auf dem Esstisch.

Die Ecken und Macken des Partners nicht oder jedenfalls weniger oft zum Thema zu machen erfordert also eine bewusste Anstrengung. Zwei Fähigkeiten helfen dabei:

Erstens: Gehen Sie über kleine Ärgernisse lächelnd hinweg. Auch der liebste Mensch von allen zeigt gelegentlich Schwächen, vergreift sich im Ton, vergisst etwas Wichtiges, sagt etwas Unpassendes, ist müde, genervt oder gelangweilt. Handelt es sich bei dem Ausrutscher um einen Einzelfall, bauschen Sie ihn besser nicht zum Drama auf. Ignorieren Sie den unschönen Moment, und gehen Sie zur Tagesordnung über. Das gelingt am leichtesten, wenn Sie Ihre Gedanken auf etwas anderes richten.

Zweitens: Oft hängt es von unserer Interpretation ab, ob ein Verhalten ein Fehler ist oder ein Vorzug. Stimmt, Paula investiert erheblich mehr Geld als die anderen im Bekanntenkreis in Möbel, Farbe und Vorhangstoffe. Ist das nun Verschwendung? Oder ein Zeichen dafür, dass ihr das gemeinsame Zuhause besonders wichtig ist? Ein liebender Partner wählt die zweite Interpretation. Zumindest blendet er sie nicht aus. Mag sein, dass dahinter ein wenig Verklärung steht. Aber genau das wünschen wir uns ja von der Liebe: dass der Geliebte, die Geliebte uns rundum akzeptiert und uns mehr zutraut und zugesteht, als der Rest der Welt es tut.

Erinnerungen pflegen

Das Baby hat Neurodermitis, die Wohnnebenkosten laufen aus dem Ruder, der neue Kollege erweist sich als geschickt taktierender Rivale, die Stimmung schwankt zwischen gedrückt und gereizt. In jeder Beziehung gibt es Zeiten, in denen sich die Gegenwart grau in grau präsentiert. Spätestens jetzt tut es gut, sich auf all das zu besinnen, was man schon gemeinsam geschafft und gemacht und erlebt und bestanden hat: zum Beispiel darauf, wie man die aufkeimende Büroliebe so listenreich geheim hielt, dass nicht einmal die engsten Kollegen etwas davon ahnten. Wie es am Morgen der Hochzeit in Strömen regnete und der Himmel aufriss, als man frisch getraut aus der Kirche trat. Oder wie man gemeinsam das Gemeindebauamt davon überzeugte, dass das moderne Pultdachhaus, das einem vorschwebte, gegen allen Widerstand eben doch in die Landschaft passt.

Alte Geschichten und Erfolge auszukramen, Fotos von früher anzuschauen oder mal wieder die Musik der Anfangsphase zu hören ist mehr als ein netter Zeitvertreib. Das gemeinsame Erinnern stärkt auch das Gefühl: Wir sind ein starkes Team. Uns verbindet eine gemeinsame Geschichte. Unsere Beziehung ist es wert, daran zu arbeiten – auch wenn es, wie gerade eben, mal hart auf hart geht. Paarforscher John M. Gottman belegt den Wert schöner Erinnerungen mit überzeugenden Zahlen: 94 Prozent aller Paare, die die Vergangenheit ihrer Beziehung positiv sehen, bleiben auch in der Zukunft zusammen.

„Ich hätte da eine Frage ...": Kosenamen in der Öffentlichkeit

Mein Lebensgefährte erfindet ständig neue Kosenamen für mich. Eigentlich freue ich mich darüber. Aber es ist mir peinlich, wenn er mich vor Dritten „Spatz" oder „Prinzessin" nennt. Ist es unhöflich zu verlangen, dass er mich mit dem Vornamen anspricht, wenn andere dabei sind? Zumal ich nie weiß, was ihm als Nächstes einfällt?

Überhaupt nicht! Kosenamen sind ein Zeichen von Intimität und gehören in den Privatbereich. Für die Ohren der Öffentlichkeit ist höchstens Gängiges wie Schatz oder Liebling bestimmt. Alles andere lässt Rückschlüsse auf die Persönlichkeit der Partner und die Art ihrer Beziehung zu. Sehr wahrscheinlich würde es Ihrem Partner auch nicht gefallen, wenn sei ihn vor anderen „Hasi“ oder „Tarzan“ nennen.

Stil-Strategie 10:
Bauen Sie sich Ihre gemeinsame Welt

Kürzlich stand in der *Bunten* in einem Artikel über Heidi Klum und ihren Mann Seal der schöne Satz zu lesen: „Lieben heißt, die Welt auf eigene Art zu erschaffen.“ Nicht auf meine, nicht auf deine – auf unsere Art. Liebe bedeutet, ein Leben aufzubauen (und zu mögen), das auf diese einmalige, besondere Art nur mit diesem Partner zu haben ist.

Ein gemeinsames Leben aufbauen

Es macht die Liebe haltbarer, wenn man nicht nur den Partner liebt, sondern auch das Leben, das man zusammen führt. Das setzt voraus, dass man sich mit vielen kleinen Entscheidungen eine Sonderwelt der Liebe schafft, in der sich beide wiederfinden: „Bei uns im Haus wird nicht geraucht." – „Wir haben Premiere wieder abbestellt." – „Wir empfinden es als Glück, dass unsere Kinder zweisprachig aufwachsen können." – „Wir kaufen nach Möglichkeit fair gehandelte Waren." – „Wir brauchen kein großes Auto mehr."

Wer als Paar zusammenlebt, ist weniger allein. Aber auch weniger frei. Denn ob man ein kleines Vermögen für Unterhaltungselektronik investiert, sich nächtelang im Bett wälzt, weil man überarbeitet ist, die trennungsgeschädigte jüngste Schwester im Gästezimmer einquartiert, Knoblauch ins Essen gibt oder den regelmäßigen Gesundheits-Checkup wieder mal ausfallen lässt, ist in der Beziehung keine rein persönliche Entscheidung mehr: Vieles von dem, was wir tun oder unterlassen, berührt auch den Partner und dessen Lebensqualität.

Am leichtesten leben deshalb Paare zusammen, die von Haus aus ähnliche Einstellungen, Vorlieben, Gewohnheiten und Werte teilen. Alle anderen stehen vor der Aufgabe, eine Kultur zu entwickeln, in der ihr morgendlicher Tatendrang und seine Lust am langen Ausschlafen, ihre Sesshaftigkeit und seine Mobilität, ihr lockerer Umgang mit Geld und sein Bedürfnis nach finanzieller Sicherheit, ihr Wunsch nach Cocooning und sein unübersichtlicher Familienclan ihren Platz finden.

Der Aufbau der gemeinsamen Liebeswelt erfordert Verständnis und Miteinander-Reden und die Kunst, sich anzupassen, ohne sich aufzugeben, und heißt im Endeffekt nichts anderes als: die Liebe zur Lebensaufgabe machen.

Kleingeistig wäre es dagegen, sich vorzustellen und dem anderen vorzurechnen, was man ohne ihn alles geschafft, gewagt oder in Angriff genommen hätte.

Über sich hinauswachsen

Im 21. Jahrhundert leben wir unsere Interessen und Ansprüche bewusster aus denn je. Sie um der Liebe willen hintanzustellen erscheint alles andere als attraktiv. Darum geht es auch nicht. Ich + Ich = Wir – diese Gleichung bedeutet nicht, dass sich die beiden Ichs bis zur Unkenntlichkeit im Wir auflösen. Sie meint vielmehr, dass die Partner ihre Egos erhalten, aneinander messen und sich dadurch herausfordern, über sich hinauszuwachsen. Im Idealfall finden unter dem Dach des Wir die beiden Ichs ihren Platz. Je länger die Beziehung dauert, desto mehr macht sich daneben Gemeinsames breit, desto mehr fusionieren zwei Ich-AGs zur Wir-Corporation.

Ich bin erstaunt über die Passivität, die Paare an den Tag legen, wenn es um die Liebe geht. Als wäre sie ein Paket, das man nur auspacken muss, ja, nehmen wir – oder nicht, danke schön.
Natalia Wörner

Der Soziologe Christian Schuldt definiert, worauf es dabei ankommt: „Gefragt ist sowohl ein starkes Ego-Bewusstsein als auch ein großer Respekt gegenüber der Andersartigkeit anderer Egos.“ Höfliche bewältigen diesen Balanceakt, als sei er die natürlichste Sache der Welt. Zwar kommen auch bei ihnen die Ich-Interessen und die Wir-Notwendigkeiten einander in die Quere. Aber sie verstehen: Jedes Mal, wenn sie stur ihren Kopf durchsetzen, bekommt die Beziehung einen Kratzer. Deshalb finden sie es selbstverständlich, Interessenkonflikte nicht nur aus der Ich-Sicht, sondern immer auch aus der Wir-Sicht zu betrachten.

Ein Beispiel verdeutlicht den Unterschied: „Wie viele DVDs ich mir kaufe, bestimme immer noch ich." Dieser Satz ist Ich-Perspektive pur. Wer so denkt und redet, setzt zwar vermutlich seinen Willen durch. Aber er schwächt die Beziehung. Betrachtet der Filmfan in der Familie den Preis für sein Hobby dagegen aus der Wir-Perspektive, versteht er von selbst: Das Heizöl hat in diesem Monat das Haushaltsbudget unverhältnismäßig strapaziert. Deshalb verzichtet er vorerst auf den Kauf der fast 100 Euro teuren *Superman Ultimate Collector's Edition.* Gut möglich übrigens, dass die Partnerin ihrerseits Ich und Wir gegeneinander abwägt, einen eigenen Wunsch zurückstellt und die begehrte Edition für den Liebsten bestellt. Das umständliche Wechselspiel ergibt Sinn: Beide bekunden durch ihr Handeln, dass sie die Weltsicht des Partners begreifen und unterstützen.

Gut zu wissen: Männer zeigen sich anpassungsbereiter

Nach einer Studie der Partnerschaftsvermittlung *elitepartner.de* zeigen sich Männer eher bereit, ihr Ego für die Beziehung hintanzustellen, als Frauen. Auffallendster Unterschied: Fast die Hälfte der Männer, aber nur ein Viertel der Frauen würden dem anderen zuliebe ihre Ess- und Trinkgewohnheiten verändern.

Verbundenheit zeigen

Geben Sie Ihre Persönlichkeit nicht auf, empfehlen die Beziehungsratgeber. Halten sei an Ihren Freunden, Ihren Interessen und Hobbys fest. Verhalten Sie sich gelegentlich so, als ob Sie Single wären. Die Anregungen klingen zeitgemäß und sind auch nicht falsch – aber so wirklich weiter bringen sie uns nicht. Denn unsere Ich-Interessen zu verfolgen haben wir längst drauf. Es entspricht unserer Vorstellung von Selbstverwirklichung, unsere Persönlichkeit zu entfalten, unsere eigenen Ansprüche durchzusetzen und keinesfalls das Anhängsel eines anderen zu sein, egal, wie sehr wir ihn lieben. Wir erwarten, in der Bezie-

DUNCAN: Ich gehöre zu jener seltsamen Spezies von Mann, die gern verheiratet ist. Ich mag Stabilität und Routine. Ich weiß gern, dass zu Hause jemand auf mich wartet. Ich vermute, das klingt ziemlich langweilig.
MIRANDA: Machst du Witze? Für eine heterosexuelle Frau bist du der Heilige Gral.
Sex and the City

hung auf unsere Kosten zu kommen, du auf deine, ich auf meine.

All das macht die Beziehung spannungsreich und herausfordernd. Aber es kostet auch Kraft und gibt den Unterschieden mehr Raum als den Gemeinsamkeiten. Gelebte Eigenständigkeit braucht deshalb ein Gegengewicht: klare Symbole, dass man zueinander gehört. Das sind die schönsten Zeichen der Verbundenheit.

- ***Tragen Sie Ringe.*** Mit den Ringen ist es wie mit der Heirat: Das Problem ist, dass es sie gibt. Wer keine trägt, muss sich fragen: Warum eigentlich nicht? In Deutschland wird der Trauring traditionell am Ringfinger der rechten Hand getragen.
- ***Wählen Sie einen gemeinsamen Namen.*** Ungefähr ein Viertel der Paare entscheiden sich dafür, getrennte Namen zu führen. Die Entscheidung betont die eigene Identität und Individualität der Partner. Oft stehen auch praktische Gründe dahinter. Die konventionelle Sitte des gemeinsamen Namens unterstreicht dagegen stärker die Zusammengehörigkeit des Paares und zeugt davon, dass sich der Blick mehr in die Zukunft richtet als in die Vergangenheit.
- ***Stellen Sie ein Foto auf den Schreibtisch.*** Nicht irgendeinen Schnappschuss. Sondern ein Portraitfoto, das aktuell ist, schön gerahmt und dem anderen Ehre macht. Wer darüber hinaus bei Dienstreisen das Lieblingsfoto des Partners ganz oben in den Koffer legt, zeigt ohne

Worte, dass aus den Augen nicht aus dem Sinn bedeutet.

- ***Lesen Sie die gleichen Bücher.*** Natürlich nicht ausschließlich. Aber zumindest jedes vierte oder fünfte Buch sollten Sie miteinander teilen. Die Gewohnheit liefert nicht nur Stoff für anregende Gespräche, Sie lernen einander auch besser kennen und legen im Lauf der Zeit einen gemeinsamen Kulturvorrat an. Wichtig: Schlagen Sie einen Titel vor, der dem Partner mit großer Wahrscheinlichkeit gefallen wird. Noch wichtiger: Lassen Sie sich auf das Buch ein, das der andere Ihnen empfiehlt. Auch dann, wenn es Sie nicht gleich auf der ersten Seite packt. Für Filme und Musik gilt natürlich das Gleiche.
- ***Zelebrieren Sie Jahrestage.*** „Die Ehe ist das Bündnis zweier Menschen, von denen einer sich niemals an Geburtstage zu erinnern vermag und der andere sie nie vergisst", lästerte der amerikanische Lyriker Ogden Nash. Egal, wie abgeklärt sich die Partner geben – die Höflichkeit (und die Liebe erst recht) gebietet, besondere Tage im Kalender auch besonders zu begehen. Andernfalls drängt sich die ungemütliche Frage auf, ob man dem anderen kein Fest, kein Geschenk, keine liebevolle Geste wert ist. Entwickeln Sie Rituale, die zu Ihnen passen und in denen Sie sich wiederfinden. Wichtig ist nicht, wie Sie feiern, wichtig ist, dass Sie an besondere Tage denken und etwas Besonderes dafür planen.

Rituale pflegen

Die Heidelbeerpfannkuchen, die er am Sonntagmorgen zum Frühstück bäckt. Die gemeinsame Vorliebe für dünnen Filterkaffe, über die alle anderen den Kopf schütteln. Der immer gleiche Autobahnparkplatz, auf dem sie auf der Fahrt in den Süden eine Pause machen. Die gemeinsame Lieblingsarie, die er unter der Dusche schmettert und sie auf dem Weg zur Arbeit summt. Der Nasenkuss zum Abschied und zur Begrüßung. Die ramponierte versilberte Teekanne aus der Portobello Road, an der beide hängen.

Gemeinsame Rituale, Symbole und Mythen spinnen das Paar in einen Kokon aus Vertrautem und Vertrautheit ein. Sie sind mehr als bloße Gewohnheiten, sie sind für eine Partnerschaft das, was die Sachertorte für Wien und Thanksgiving für die Amerikaner sind: Tradition, Erkennungszeichen, Bestätigung. Als bewusst gepflegte Gemeinsamkeiten vertiefen sie das Gefühl von Zusammengehörigkeit und dokumentieren die Besonderheit Ihrer Beziehung.

Allerdings hat jedes Ritual seine Zeit. Kommt ein Baby dazu, wäre es kontraproduktiv, das aufwändige Sonntagsfrühstück im Bett aufrechterhalten zu wollen, bei dem man seit Jahren alles zu bereden pflegt, was in der Woche zu kurz kam. Stattdessen könnte man sich angewöhnen, nach dem Abendessen zu dritt eine Runde um den Block zu drehen. Das Schaukeln des Kinderwagens lullt das

Baby in den Schlaf, und das Paar bringt sich gegenseitig auf den neuesten Stand.

Halten Sie auch nicht an Gewohnheiten fest, die Sie oder Ihr Partner nur noch lustlos absolvieren. Rituale stärken die Partnerschaft nur, wenn Sie schal gewordene Beziehungsmuster rechtzeitig und unsentimental durch schönere, schrägere, passendere ersetzen.

Wie Sie Stress, Streit und Anfechtungen meistern

Benimm zeigt sich in Krisenzeiten: Wenn es hart auf hart geht, bleiben Konflikte zwar nicht aus. Aber ob die Beziehung an Herausforderungen wächst oder zerbricht, ob man zusammenhält oder sich in eine Affäre flüchtet, ist auch eine Frage der Selbstkontrolle.

Manchmal, so scheint es, haben Verliebtheit und Liebe so viel miteinander gemeinsam wie ein Schokocroissant und ein Stück Dinkelbrot: Was so locker und luftig begann, daran beißt man sich im Paaralltag bisweilen die Zähne aus. Schuld daran sind die drei Erzfeinde des Paarlebens: Stress, Streit und Affären. Sie isolieren die Partner voneinander, der emotionale Rückhalt wird kleiner, man fühlt sich ungeliebt, erzählt kaum noch von sich, entzieht sich beim Sex, Erwartungen bleiben unerfüllt, der eine braust wegen Kleinigkeiten auf, die andere vergleicht die verdrossene Ungeduld des Partners mit dem vergnügten Witz des neuen Kollegen, die Unzufriedenheit nimmt ihren Lauf. Dieses Kapitel liefert die elementaren Techniken, wie man Stress und Streit die Stirn bietet, ohne die Liebe zu gefährden.

Stil-Strategie 11: ***Bleiben Sie entspannt***

Wenn im Paarleben Stresshormone freigesetzt werden, liegt das nur selten an einer akuten Gefahrensituation: zum Beispiel, weil das Kind blindlings auf die Straße läuft, der Adventskranz Feuer fängt oder einer der Partner in den Augen des anderen allzu heftig flirtet. In diesen Fällen ist die Stressreaktion des Körpers wichtig und nützlich, befähigt sie doch dazu, schnell und voll konzentriert einzuschreiten. Ist die Gefahr gebannt, schalten die Systeme wieder auf Normalzustand zurück: Adrenalin, Noradrenalin und Kortisol werden abgebaut, Herz- und Atemfrequenz verlangsamen sich, der Blutdruck sinkt auf Normalniveau zurück.

Im modernen Paaralltag fehlt diese Erholungsphase. Uns droht zwar keine echte oder vermeintliche Gefahr. Dafür folgt Ministress auf Ministress: Die Tagesmutter ist krank, die Kassiererin trödelt, der Kopierer streikt, die Sexfrequenz bleibt hinter der Statistik zurück, der Wetterbericht sagt Schnee voraus, die Winterreifen sind noch immer nicht montiert, und der Partner fragt nun schon zum dritten Mal, ob man wirklich nicht weiß, wo das Ladegerät für sein Handy ist. Sicher kennen Sie das Gefühl.

Bei chronischem Stress wirkt das, was die Evolution zum Schutz für akute Gefahrensituationen entwickelt hat, auf den Organismus wie ein schleichendes Gift. Die dauernde Überflutung zerrt an den Nerven, schwächt das Immunsystem, macht unsensibel für die schönen Dinge des Lebens, hemmt die Lust auf Zärtlichkeit und ist, wenn sie über längere Phasen hinweg anhält, der Partnerschaftskiller Nummer eins. Andersherum ausgedrückt: Sie können für Ihre Beziehung kaum Besseres tun, als Ihren Stresspegel im grünen Bereich zu halten. Jeder für sich und beide zusammen.

Allein gegen den Stress

Im Fitness-Studio machen wir vier, fünf Wiederholungen weniger, wenn wir uns matt und angeschlagen fühlen. Im Job legen wir das Telefon um und ziehen uns in einen ungenutzten Besprechungsraum zurück, weil wir wissen: Wir brauchen eine Stunde Ruhe, wenn das Zielgruppenprofil Hand und Fuß haben soll. Sogar beim Befüllen der Waschmaschine respektieren wir: Acht Duschtücher sind genug, die restlichen drei müssen bis zum nächsten Waschgang warten. Wir tun alles, weil wir wissen: Genug ist genug, jedes Zuviel würde mehr schaden als nützen.

In der Beziehung ist das anders. Wie bei nichts anderem im Leben neigen wir dazu, sie zu überfordern, zu überladen und zu überfrachten. Statt im Job etwas kürzer zu treten, den Wäscheberg ausnahmsweise links liegen zu lassen, den Kindergeburtstag zwei Nummern kleiner zu gestalten oder die Diashow bei den Segelfreunden abzusagen, erledigen wir, was das Leben uns auftischt. Die daraus resultierende Gereiztheit und Unlust bekommt der Partner, die Partnerin ab. Warum? Vielleicht weil wir die Liebe als unser ganz persönliches Vergnügen betrachten. Eines, das hintanstehen muss, wenn die Arbeit und andere Verpflichtungen es erfordern. Ohne dass es uns bewusst wird, degradieren wir die Beziehung mit dieser Einstellung zum Überlaufbecken für beruflichen und familiären Stress: Bei starker Beanspruchung soll sie auffangen, was aus dem Rest des Lebens überschwappt.

Die Liebe, schreibt der Apostel Paulus in seinem ersten Brief an die Korinther, erträgt alles, duldet alles und hört niemals auf. Die Wirklichkeit des 21. Jahrhunderts widerlegt den frommen Wunsch. Dank der wissenschaftlichen Arbeiten des Schweizer Psychologen und Kommunikationswissenschaftlers Guy Bodenmann wissen wir: „Stress ist der heimliche Feind der Paare. Langsam und unbemerkt wirkt er auf die Ehe ein. Er ist genauso zerstörerisch wie Rost, der an Eisen nagt."

- Problem Nr. 1: Stress reduziert die Zeit und die Geduld füreinander.
- Problem Nr. 2: Partner und Familie werden zweitrangig.
- Problem Nr. 3: Die Zahl der liebevollen Äußerungen nimmt ab, gereizte, bissige Bemerkungen häufen sich.
- Problem Nr. 4: Zärtlichkeiten bleiben an der Oberfläche, der Gestresste ist mit seinen Gedanken woanders.
- Problem Nr. 5: In Stimme und Wortwahl schwingt ein negativer Unterton mit, der sich nicht konkret in Worte fassen lässt und deshalb besonders zerstörerisch wirkt.
- Problem Nr. 6: Stress verringert die Qualität der Gespräche – auch bei Paaren, die normalerweise über sehr gute Kommunikationsstrukturen verfügen.
- Problem Nr. 7: Gestresste neigen dazu, das Vorhandensein von Stress sich selbst gegenüber abzuleugnen, und reagieren auf Nachfragen des Partners gereizt.

Die Liebe, die dauerhafte, hält Überforderung und Übermüdung schwer aus. Die Höflichkeit dem Partner gegenüber beginnt deshalb damit, dass man auf den eigenen Stresspegel Acht gibt und im Zweifel der Liebe den Vorrang vor anderen Verpflichtungen gewährt. Denn eigentlich liegt es auf der Hand: Die Beziehung kann nur funktionieren, wenn wir sie ernster nehmen als den ganzen Rest vom Leben, von der beruflichen Profilierung bis hin zum perfekt herausgeputzten Haus.

Zu zweit gegen den Stress

Wenn jeder für sich Stressfaktoren erkennt, ausschaltet oder vermindert, ist viel gewonnen. Allerdings lassen sich nicht alle Ärgernisse, Ängste und Überlastungen durch ein verantwortliches Stressmanagement klein halten. Das Schreibaby, die unsichere Auftragslage oder die empfindlich verschlechterte Pendlerverbindung sind Stressoren, mit denen wir leben müssen. Zumindest eine Zeit lang machen sie uns das Leben schwer. An diesem Punkt kommt die gegenseitige Solidarität ins Spiel. Psychologische Studien zeigen: Je erfolgreicher das Paar an einem Strang zeiht, desto höher ist die Chance, dass die Beziehung ein Leben lang hält. So klappt die partnerschaftliche Stressbewältigung.

Wenn Sie gestresst sind

- ***Sprechen Sie über Belastungen.*** Offenbar gefährdet der kleine Dauerstress die Liebe mehr als große Krisen. Das liegt daran, dass der gestresste Partner oft nicht wahrhaben möchte, wie sehr ihn der stockende Projektverlauf oder die Mühen des bevorstehenden Umzugs schlauchen. Statt den anderen ins Boot zu holen, wehrt er Nachfragen und Hilfsangebote ab – mit dem Erfolg, dass der Ton sich verschärft und nun auch noch die Beziehung stresst.
- ***Holen Sie sich Hilfe.*** Warnen Sie den Partner, die Partnerin vor, wenn größere Belastungen ins Haus stehen. Sagen Sie beim Nachhausekommen, dass Sie einen anstrengenden Tag hatten und eine halbe Stunde Ruhe brauchen. Laden Sie den Partner, die Partnerin zu einem Spaziergang ein: „Ich habe da ein Problem, zu dem ich gern deine Meinung hören würde." Sagen Sie dem anderen, wie er Sie konkret entlasten könnte: „Es wäre eine große Hilfe für mich, wenn du die Weihnachtskarten in diesem Jahr allein schreiben und verschicken könntest."
- ***Entschuldigen Sie sich für Ihre Laune:*** „Ich weiß, dass ich zur Zeit leicht explodiere. Ich verspreche dir, nach der Messe wird das anders." Die Entschuldigung macht den Stress zum gemeinsamen Feind und signalisiert, dass Sie Ihre Angespanntheit erkennen und nicht vorhaben, sie zum Dauerzustand werden zu lassen.

- ***Nehmen Sie sich wenigstens einmal in der Woche Zeit.*** In Stressphasen kommen die Wünsche des Partners oder der Partnerin notorisch zu kurz. Höfliche schlagen deshalb von sich aus alle paar Tage ein gemeinsames Vorhaben vor. Etwas ganz Alltägliches genügt: „Was hältst du davon, wenn wir heute Abend zusammen bei IKEA die Pflanztöpfe abholen, die du haben wolltest?“

Wenn der andere gestresst ist

- ***Vertrauen Sie Ihrer Wahrnehmung.*** Zeigt sich ein ansonsten umgänglicher Partner ungeduldig, abweisend oder gehässig, ist das meistens ein Zeichen dafür, dass er unter Druck steht. Versuchen Sie, die Unleidlichkeit nicht auf sich zu beziehen. Rechnen Sie damit, dass der andere abstreitet, überarbeitet oder besorgt zu sein. Sprechen Sie das Thema behutsam an – aber sprechen Sie es an! Die Kommunikation des Paares bleibt stabiler, wenn beide wissen, dass äußere Umstände, nicht Lieblosigkeit die Beziehung belasten.
- ***Zeigen Sie Verständnis.*** Möglicherweise weckt der gestresste Partner mit seinem Verhalten eher feindselige als liebevolle Gefühle. Trotzdem braucht er praktische Unterstützung und emotionalen Beistand: Umarmungen, Komplimente („Ich bin stolz auf dich“), Solidaritätsbekundungen („Ich hätte nie gedacht, dass Lukas dich so hängen lassen würde“), Beruhigung („In drei Wochen hast du alles hinter dir“).

- ***Setzen Sie Grenzen.*** Der Partner soll wissen: Sie verstehen seine akute Belastung und sind bereit, ihm den Rücken zu stärken. Aber Sie akzeptieren gereizte Nervosität oder Arbeitsstunden bis weit in den Abend hinein nicht als Normalfall. In absehbarer Zeit muss wieder mehr Ruhe in die Beziehung einkehren. Auch Ihren Ärger über einen respektlosen unsensiblen Ton müssen Sie nicht unterdrücken: „Da ist jetzt schon das zweite Mal, dass du mein Urteil verächtlich machst. Auch wenn du angespannt bist – bitte lass das."
- ***Sorgen Sie für ein Kontrastprogramm.*** Wenn ein Partner nicht weiß, wo ihm der Kopf steht, wäre es abwegig, ihn mit Konzertkarten oder einem Wellness-Wochenende aus der Routine reißen zu wollen. Bestehen Sie aber auch in Stresszeiten darauf, dass es regelmäßige Momente der Gemeinsamkeit gibt. Dabei spielt es keine Rolle, ob Sie morgens gemeinsam joggen oder abends zusammen und in aller Ruhe die Kinder ins Bett bringen. Hauptsache, der Partner verliert sich nicht ganz in der Arbeit.

Lösungen entwickeln

„Wenn du so viel zu tun hast, dann sagen wir eben das Mittagessen bei meiner Schwester ab." Christophs Vorschlag mag die richtige Lösung sein, wenn Weihnachten vor der Tür steht, die Bügelwäsche sich stapelt, ein anspruchsvoller Auftrag unter Dach und Fach gebracht werden soll und eine hartnäckige Erkältung die ganze Familie seit Wochen plagt. Genauso wahrscheinlich ist es aber, dass seine Spontanlösung an Patricias Bedürfnissen vorbeigeht: Vielleicht hätte die Lebensgefährtin ja einfach nur eine Schulter zum Ausweinen gebraucht. Oder sie hätte Schuldgefühle, wenn sie einen der ohnehin seltenen Besuche bei Schwager und Schwägerin platzen ließe. Vielleicht hört sie auch aus Christophs gereiztem Unterton heraus, dass er die Klagen über den Weihnachtswahnsinn satt hat und seine Ruhe haben möchte.

Natürlich ist es wünschenswert, Stressanlässe aus der Welt zu schaffen und Probleme ein für allemal zu lösen. Besonders Männer ziehen schnelle Lösungen fruchtlosen Diskussionen vor. Dennoch treffen unverlangte Ratschläge selten den Nagel auf den Kopf. Schlimmer noch: Sie bringen ein Ungleichgewicht in die Beziehung. Wenn sich der eine zum Troubleshooter berufen fühlt, drängt er den anderen in die Rolle des schwächeren Partners. Höfliche verzichten deshalb darauf, eine Lösung aus dem Ärmel zu schütteln, und sprechen das Problem erst einmal durch. Aus Respekt vor der Kompetenz des anderen halten sie sich dabei mit Empfehlungen zurück. Lieber unterstützen sie den anderen dabei, eine Lösung zu finden, die wirklich zu ihm passt. Dabei helfen Fragen wie:

- „Was müsste passieren, damit du wieder mehr Zeit für dich/mich/uns hast?“
- „Wie kann ich dich unterstützen?“
- „Wie können wir uns gegenseitig unterstützen?“

- „Gibt es etwas, das dich entlasten kann?"
- „Was könnte dir die Energie geben, die du jetzt brauchst?"
- „Du hast letztes Jahr den Stress mit dem Umzug so toll bewältigt. Wie ist dir das eigentlich gelungen?"
- „Mal verrückt gefragt: Was müssen wir tun, um uns noch mehr zu stressen?"

Eigene Anregungen für eine Lösung lassen sich höflich beisteuern, indem man betont unaufdringlich formuliert:

- „Vielleicht sollten wir ja …"
- „Eine Möglichkeit wäre vielleicht, …"
- „Denkst du, es würde etwas bringen, wenn …?"
- „Mir hilft es in Situationen manchmal, wenn …"
- „Was würdest du davon halten, wenn …"

Extratipp für sie: **Hören Sie Ratschläge an.** Keine Frage: Es ist höchst überflüssig, wenn der liebste Mann von allen einem rät, die Spur am besten schon jetzt zu wechseln oder in Windows lieber nicht zwölf Fenster gleichzeitig geöffnet zu halten. Schließlich fährt man seit 15 Jahren unfallfrei und weiß besser als er, was der eigene Laptop leistet und was nicht. Explodieren Sie trotzdem nicht. Lächeln Sie höflich: „Danke. Gute Idee." – Und tun Sie, was Sie für richtig halten. Sie sparen sich Stress und stärken sein Ego. Machen Sie ihm die Freude!

Stil-Strategie 12:
Streiten sie nach den Regeln der Kunst

Wo zwei sich lieben, gibt es Streit: Entscheidungen sind zu treffen, Gewohnheiten nerven, Ansichten prallen aufeinander. Auseinandersetzungen gehören deshalb in der Partnerschaft dazu wie der Sex am Sonntagmorgen oder das Glas Wein vor dem Schlafengehen. Denn ganz gleich, wie nah zwei sich sind, sie behalten ihre unverwechselbare Identität. Dass daraus Konflikte erwachsen, lässt sich nicht ändern. Die Frage ist nur, ob wir Spannungen einfallsreich und zivilisiert lösen oder in unserer Empörung die einfachsten Regeln missachten. Plakativ ausgedrückt: Das Problem ist nicht, dass wir streiten. Das Problem ist, wie wir streiten.

Streitverschärfer abstellen

Bei Konflikten in der Beziehung geht es nicht darum, die Oberhand zu behalten. Sondern um Einigung und die Suche nach Lösungen, mit denen beide leben können. Auch wenn es inhaltlich hart auf hart geht, ist es deshalb Ehrensache, dem liebsten aller Menschen die folgenden Zumutungen zu ersparen.

- ***Harter Auftakt:*** Fast immer endet ein Streit, wie er begonnen hat. Ein vorwurfsvolles „Musst du schon wieder …“ oder „Kannst du endlich mal …“ verhärtet die Fronten, statt sie aufzuweichen. Ein höfliches „Es wäre schön, wenn …“ oder „Würdest du bitte …“ erhöht dagegen die Chance auf ein annehmbares Ergebnis für beide.

- ***Persönliche Angriffe:*** Seltsamerweise werfen wir dem Partner Dinge an den Kopf, die wir dem unangenehmsten Kollegen in dieser Form nie sagen würden: „Dann koch doch selbst, wenn es dir nicht schmeckt.“ Oder: „Merkst du eigentlich nicht, wie du dich aus allem raushältst?“ Oder: „Ich bin dir doch völlig egal.“ Übersetzen Sie die deutlichen Worte, die Ihnen auf der Zunge liegen, in die Sprache der Diplomatie: „Wirklich? Mir schmeckt es gut so, aber ich nehme beim nächsten Mal gern weniger Öl.“ Oder: „Ich fände es nett, wenn du Jakob eine neue Windel anziehen und später das Wohnzimmer saugen würdest.“ Oder: „Rufst du mich beim nächsten Mal bitte an, wenn du später kommst. Ich hätte die Zeit gut für eine kurze Runde mit dem Rad nutzen können.“
- ***Widerspruch:*** Es ist zwar eine natürliche Reaktion, Angriffe abzuwehren. Dennoch bringt Widerspruch die Sache nicht voran. Erstens betont er die Gegensätze und nicht die Gemeinsamkeit. Zweitens holt man, noch während der andere sich erklärt, schon zum Konterschlag aus: „Wie stellst du dir das eigentlich vor? Ich arbeite weiß Gott genug. Soll ich etwa auch noch …“ Höflicher und produktiver wäre es, den Konflikt zu versachlichen: „Okay, ich verstehe, du meinst also, wir sollten …“

- ***Cholerischer Koller:*** Schreien, Türenknallen, verbale Beleidigungen („Lass deine Scheißlaune nicht an mir aus!“) – dem Choleriker ist kein Porzellan zu teuer, als dass es vor ihm sicher wäre. Zwar kommen Brüllaffen in der Regel schnell von der Palme herunter. Aber der unnötig angerichtete Scherbenhaufen lässt sich nicht kitten. Denn nach dem Ausbruch geht es nicht mehr um den womöglich nichtigen Streitanlass. Im Mittelpunkt steht nun, dass einer der Partner in hässlichster Weise aus der Rolle gefallen ist. Gegen die Überflutung hilft die Mutter der guten Manieren: Selbstkontrolle. Notfalls vertagen Sie den Streit höflich: „Ich bin zu aufgeregt, um jetzt weiterzureden.“ Wichtig: Machen Sie sich nicht vor, der andere hätte durch seine Äußerungen den Wutanfall ausgelöst – für das Management der eigenen Gefühle ist jeder allein verantwortlich! Unverzichtbar: eine Entschuldigung. Sie macht Schreien, das Zerreißen von Fotos oder Handgreiflichkeiten nicht ungeschehen. Sehr wahrscheinlich wird sie auch nicht gleich akzeptiert werden. Trotzdem führt kein Weg daran vorbei.

In dem Maße, wie der Wille und die Fähigkeit zur Selbstkritik steigen, hebt sich auch das Niveau der Kritik am anderen.
Christian Morgenstern

- ***Schweigen:*** Im Streit ist Schweigen nicht Gold. Sondern Aggression pur. Jedenfalls, wenn es demonstrativ und anhaltend geschieht. Zwar verhindert der wortlose Rückzug, dass man sich im Ton vergreift. Wenn aber jemand stunden- oder tagelang schweigt, degradiert er den Partner zur Null – zu einem Niemand, dem man keinen Blick, keine Geste und kein gutes Wort mehr gönnt. Schweigen hinterlässt den anderen machtlos und klein und rückt eine Lösung in weite Ferne.

- ***Streit vor Dritten:*** Streit ist so intim wie Sex. Andere davon Zeuge werden zu lassen bringt den Partner und die unfreiwilligen Zuhörer in Verlegenheit. Zwar dürfen gute Freunde ruhig mitbekommen, dass Sie sich bei der Wahl der Fenstergriffe für das neue Haus noch uneins sind. Droht die Diskussion jedoch zum Streit zu eskalieren, lenken Sie taktvoll ab und werfen ein anderes Thema in die Runde.

Extratipp: **Manchmal hat sich eine Debatte vor Dritten** bereits so aufgeschaukelt, dass einer der Partner das Thema nicht mehr ruhen lässt. Vor allem Cholerikern ist es ab einem bestimmten Punkt egal, ob man den Streit vor Publikum oder unter vier Augen austrägt. Das können Sie tun, um den Frieden auch dann zu wahren, wenn der Partner nicht von sich aus auf ein erfreulicheres Thema eingeht:

- *Setzen Sie einen Schlusspunkt:* Reitet der Partner weiter auf dem leidigen Thema herum, sagen Sie ruhig: „Einigen wir uns darauf, dass wir uns noch nicht einig sind.“
- *Begeben Sie sich aus der Schusslinie:* Stehen Sie auf,

und holen Sie ein Glas Wasser, murmeln Sie: „Ich rufe mal kurz zu Hause an, ob mit den Kindern alles in Ordnung ist", gehen Sie zur Toilette – wenn Sie zurückkommen, haben sich die Gespräche mit etwas Glück längst einem unverfänglicheren Thema zugewandt.

- *Wiegeln Sie die Situation humorvoll ab:* „Das war jetzt eben eine Kostprobe, wie es ist, wenn Jungfrau und Widder zusammen ein Haus bauen." Sehr wahrscheinlich greift einer der Zuhörenden das Thema auf, und es entspinnt sich ein Gespräch über Tierkreiszeichen und wie sie harmonieren.
- *Beenden Sie die Debatte mit einer Entschuldigung:* „Es tut mir leid, dass wir noch keine gemeinsame Meinung gefunden haben." Hat der Partner den Wink noch immer nicht verstanden, legen Sie in bestimmtem Ton nach: „Wie gesagt, es tut mir leid."

Eine Lösungskultur entwickeln

Jeder von uns bringt von Natur und von zu Hause aus Streitmuster mit, die der Beziehung schaden können. Aus ihnen auszubrechen ist selten einfach. Es ist aber nicht grundsätzlich unmöglich. Wenn beide Partner trotz Ärger, Frust und Wut (einigermaßen) respektvoll miteinander umgehen, findet sich nicht nur leichter eine gute Lösung. Das Paar wird sich nach dem überstandenen Konflikt auch schneller wieder in die Arme fallen. So vermeiden Sie es, dass sich eine Meinungsverschiedenheit zum Drama hochschaukelt.

- ***Identifizieren Sie den Konfliktstoff.*** Überlegen Sie, worum es ihnen wirklich geht, ehe Sie den Fehdehandschuh werfen. Hinter dem Streit über das eine (seine Unpünktlichkeit) steckt nämlich oft Tieferes (das Gefühl, dass der Partner gemeinsamen Unternehmungen nicht mehr viel abgewinnt). Wählen Sie Ihre Kämpfe also überlegt aus. Sprechen Sie das grundsätzliche Problem an. Aber verschleißen Sie die Beziehung nicht auf einem Nebenschauplatz.
- ***Geben Sie sich Zeit.*** Unterschiedliche Ziele, Werte und Sehnsüchte lassen sich nicht mit einem Streitgespräch abhandeln. Sie werden Sie für lange Zeit begleiten, vielleicht sogar ein Leben lang. Klasse-Paare akzeptieren: Unterschiedliche Vorstellungen in Sachen Glaube, Erziehung, Karriere, Geselligkeit oder Gesundheit erfordern, dass die Partner aktiv und immer wieder neu nach Lösungen fahnden, die mit den Zielen und Wünschen beider vereinbar sind.
- ***Wählen Sie den richtigen Zeitpunkt.*** Verzichten Sie auf Grundsatzdiskussionen, wenn der Partner einen schweren Tag vor oder hinter sich hat. Nichts verwandelt eine Diskussion schneller in einen offenen Kampf als Nervo-

sität, Anspannung und Müdigkeit der Kontrahenten. Zu einer zivilisierten Streitkultur gehört außerdem, dass beide voll bei der Sache sind. Das bedeutet zum Beispiel, dass Maria nicht ausgerechnet dann ein heikles Thema anspricht, wenn sein Tour-Favorit gerade den Col d'Aspin hochjagt. Ebenso wenig geht Jürgen ans Handy, während das Paar gerade erregt darum ringt, ob es wirklich nötig ist, seine Cousine, die sie nicht mag, zur Konfirmation der Jüngsten einzuladen.

- ***Bekämpfen Sie ungeeignete Streitmuster.*** Kommt bei Ihnen im Streit häufig das trotzende, schmollende, brüllende Kind-Ich zum Vorschein? Oder kehren Sie eher Ihr kritisierendes, strafendes, herablassendes Eltern-Ich heraus? Sobald Sie solche Verhaltensweisen an sich feststellen, sollten Sie schleunigst zu Ihrem Erwachsenen-Ich zurückfinden. Am besten verbunden mit einer Entschuldigung: „Tut mir leid, das war unangebracht." An der Art, wie Sie streiten, ist nämlich nicht der Partner schuld. Sie selbst haben die ungeeigneten Streitmuster mit in die Partnerschaft gebracht.
- ***Lassen Sie sich beeinflussen.*** Vermutlich ist der Mensch, den Sie am meisten auf der Welt lieben, weder unintelligent, noch wird er Sie schlecht beraten wollen. Hören Sie sich die Meinungen des Partners, der Partnerin deshalb so aufmerksam an wie die eines hochbezahlten Beraters. Lassen Sie sich durch den Kopf gehen, was Ihr Mann sagt oder wovon Ihre Lebensgefährtin überzeugt ist. Besonders Männer können dabei Punkte machen.

Die Studien des Paarforschers John M. Gottman zeigen: Männer, die die Veränderungswünsche und Meinungen ihrer Frau schätzen, führen nicht nur glücklichere und stabilere Ehen. Sie bewirken mit ihrem offenen Ohr auch, dass ihre Partnerin Probleme viel freundlicher anspricht als Frauen, deren Partner die Entscheidungsmacht für sich allein beansprucht.

Extratipp: Zehn Killersätze zum Abgewöhnen:
- Du hast doch keine Ahnung
- Das geht dich nichts an
- Vergiss es!
- Das entscheide immer noch ich
- Es geht doch ohnehin alles nach deinem Kopf
- Dann zieh doch aus
- Tu, was du willst!
- Dann geh doch
- Es ist immer das Gleiche. Du mit deiner Scheiß-Eifersucht
- Dann lass dich doch scheiden

Den Schaden begrenzen

Ein anstrengender Tag, ein genervter Satz, eine gereizte Antwort – ein Wort gibt das andere, die Stimmen werden lauter, die Blicke eisig, vielleicht knallen Türen. Vielleicht aber auch nicht. Vielleicht geht einer von beiden in die Küche, kommt mit zwei Gläsern Wein zurück und sagt: „Lass uns erst mal zur Ruhe kommen. War es bei dir auch so stressig wie bei mir?“ Die kleine Geste genügt, um den Abend zu retten. Klasse-Paare kennen und nutzen viele solcher Möglichkeiten, Konflikte zu entspannen, ohne sie deshalb unter den Teppich zu kehren.

- ***Voll bei der Sache sein.*** Es sind Kleinigkeiten, die eine Missstimmung zum Machtkampf eskalieren lassen: Ein entnervtes: „Vergiss es!“ Ein ungeduldiges Die-Augen-gen-Himmel-Drehen. Einander ins Wort fallen. Den Blick auf den Fernseher heften. Hundertprozentige Aufmerksamkeit stimmt dagegen versöhnlich und erhöht die Chance, den Konflikt rasch beizulegen.
- ***Für eine Pause sorgen.*** Wenn Sie merken, dass einer oder beide von Ärger oder Alltagsstress zu überflutet sind, um klar denken zu können, sorgen Sie für eine Unterbrechung. Fragen Sie einfach. „Ich hol mir ein Wasser. Kann ich dir auch etwas mitbringen?“ Oder sprechen Sie das Thema offen an: „Ich glaube, wir sind beide überreizt. Lass uns eine Pause einlegen.“
- ***Sich entschuldigen.*** „Ich habe überreagiert. Entschuldige.“ – „Das habe ich nicht so gemeint, wie es klingt. Es tut mir leid.“
- ***Nachfragen.*** „Kannst du das nachvollziehen?“ – „Es fällt mir schwer, die richtigen Worte dafür zu finden … verstehst du, was ich meine?“

- ***Zustimmen.*** „Ja, das kann ich verstehen …“ – „Das ist ein gutes Argument …“ – „Hm, das stimmt.“
- ***Verständnis äußern.*** „Ich verstehe, dass dich das belastet …“ – „Dafür müssen wir eine Lösung finden, auch wenn ich noch nicht sehe, wie.“ – „Ich weiß, du kannst nichts dafür.“
- ***Einsehen.*** „Du hat ja Recht. Es fällt mir nur schwer, so konsequent zu sein.“
- ***Auf die Bremse treten.*** „Ich glaube, wir kommen vom Thema ab.“ – „Das ist wirklich ein heikler Punkt. Ich würde mir wünschen, dass wir ihn sachlich besprechen könnten.“
- ***Positive Signale senden.*** Sie lieben einander – auch wenn es kracht. Erinnern Sie einander daran: mit einer humorvollen Bemerkung, einem Lächeln, einem reuigen Grinsen, einer versöhnlichen Berührung.
- ***Auf die Sachebene zurückkehren.*** Eine bissige Bemerkung des Partners („Dann lass dich doch scheiden!“) kann man höhnisch aufgreifen („Super Vorschlag, das hätte ich längst tun sollen!“). Besser allerdings ist es, man geht über die Unhöflichkeit hinweg: „Welche Lösung schlägst du denn vor?“ Die Diskussion, ob es wirklich sein muss, dass bei jeder kleinen Krise das Wort „Scheidung“ fällt, vertagen Sie auf eine ruhige Stunde, wenn der andere sich wieder beruhigt hat.

Versöhnungsrituale entwickeln

In jeder Beziehung fliegen mal die Fetzen. Was Paare mit Manieren von anderen unterschiedet, ist die Bereitschaft, einen Streit in aller Form beizulegen. Hier sind ein paar Anregungen dazu:

Eine Ehe besteht zu drei Teilen aus Liebe und zu sieben Teilen aus Vergebung von Sünden.
Lao Tzu

- ***Beide Parteien sind hundertprozentig entschlossen, eine Lösung zu finden.*** Gelingt das nicht auf Anhieb, zum Beispiel, weil Freunde zum Essen kommen oder es mittlerweile 2 Uhr nachts geworden ist, wird die Auseinandersetzung auf später oder den nächsten Tag vertagt. Bis dahin schließen Sie Waffenstillstand: „Schlaf gut, wir finden bestimmt eine Lösung." Oder: „Lass uns weiterreden, wenn deine Eltern gegangen sind. Es tut mir leid, dass ich vorhin so heftig geworden bin."
- ***Lassen Sie einander Zeit, sich zu beruhigen.*** Nicht jeder kann nach einem beigelegten Streit sofort zur Tagesordnung übergehen. Erst recht dann nicht, wenn böse Worte gefallen sind oder man mehr Zugeständnisse gemacht hat, als man eigentlich wollte. Bei den einen klingt die Stimme ungewollt belegt, andere möchten gern eine Zeit lang allein sein, wieder andere mögen jetzt keine Liebkosungen und schon gar keinen Versöhnungssex. Bleiben Sie gelassen, wenn der Partner nach dem Streit nicht gleich wieder sein offenes, fröhliches

Selbst ist. Wer genervt reagiert, riskiert, dass der soeben beigelegte Kampf in die zweite Runde geht.

- ***Haben Sie Versöhnungssex.*** Wenn beide die Lust darauf überkommt, ist er die schönste Art, Energie abzubauen und sich wieder nahezukommen. Höfliche fordern die Versöhnung im Bett aber weder ein, noch lehnen sie sie aus falschem Stolz ab. Am besten verständigen sie sich in einer ruhigen Stunde darüber, wie Sie beide dazu stehen.
- ***Gehen Sie behutsam miteinander um.*** Nach dem Streit ist vor dem Streit. Die Stunden und Tage nach einem heftigen Streit sind kritisch. Das Paar hat sich zwar ausgesöhnt. Trotzdem ist das Vertrauen noch nicht wiederhergestellt. Erst muss sich zeigen, ob die Versprechungen nach dem Streit wirklich umgesetzt werden. Und zwar nicht sichtlich widerwillig, sondern freundlich und gut gelaunt. Außerdem wichtig: Zeigen Sie sich jetzt besonders aufmerksam, und sprechen Sie auch ohne Streit immer mal wieder über die Beziehung.

Stil-Strategie 13: *Halten Sie einander die Treue*

Lassen Sie nicht zu, dass jemand in Ihrem Leben Priorität hat und Sie in seinem nur eine Option sind.
Unbekannt

Wenn wir uns nach Liebe sehnen, dann meinen wir damit in der Regel eine Liebe, die absolut ist und dauerhaft. Dann denken wir an Romeo und Julia. Oder Philemon und Baucis. Oder Elizabeth Bennet und Mr. Darcy. Und nicht an verhängnisvolle Affären, gefährliche Liebschaften und serielle Monogamie. Studien des Paarforschers Guy Bodemann zufolge erwarten über 90 Prozent der Jugendlichen von einer festen Partnerschaft vor allem Treue und Geborgenheit.

Diese Wunschbilder machen es schwer, nach einem Seitensprung gut miteinander weiterzuleben. Auch im 21. Jahrhundert begreifen die meisten Menschen die Ehe (mit oder ohne Trauschein) als eine Art Zwei-in-eins-Produkt: Liebe und Treue im Doppelpack. Wird die Treue gebrochen, zerbricht die Liebe leicht mit. Zumindest gerät sie in höchste Gefahr. Der Schweizer Psychotherapeut und Autor Jürg Willi beschreibt plastisch, wie ein Seitensprung das Vertrauen des Betrogenen in sich und die Welt erschüttert: Geht ein Partner fremd, wird dem anderen „der Boden unter den Füßen weggezogen, das ganze Gebäude, auf dem er sein Leben aufgebaut hatte, bricht in sich zusammen."

Wer wirklich liebt, wird dem Partner die Kränkung eines Seitensprungs, One-Night-Stand oder einer heimlichen Affäre ersparen. Für Höfliche müsste es sich ohnehin von selbst verstehen, dass man ein Treueversprechen hält. Auch dann, wenn es in der Langzeit-Beziehung schon länger kracht und kriselt. Hier erfahren Sie, wie Sie Versuchungen und Anfechtungen abwehren – beide gemeinsam und jeder für sich.

Die Beziehung stark machen

Die Ursachen für einen Seitensprung sind fast immer in der Beziehung zu suchen. Im alltäglichen Miteinander macht sich Frustration breit, man hat das Gefühl, alles bleibt an einem allein hängen, die Gespräche kreisen um Alltagsbanalitäten, der Sex wird lau, die Interessen klaffen auseinander. Je schwächer aber die Abwehrkräfte der Partnerschaft sind, desto anfälliger werden die Partner für alles, was die eigene Attraktivität bestätigt: Wenn das Vertraute nicht mehr beglückt, steigt die Anziehungskraft des Fremden.

Kann man wirklich vergeben, wenn man nicht vergessen kann?
Carrie in Sex and the City

Erfüllender Sex reicht deshalb zur Vorbeugung gegen Seitensprünge, Fremdgehen und Affären nicht aus. Genauso wichtig ist eine starke, aufbauende Partnerschaft. So senken Sie die Anfälligkeit gegenüber Versuchungen und Verlockungen:

- ***Bleiben Sie im Gespräch.*** Reden Sie regelmäßig und offen darüber, was Sie in der Partnerschaft glücklich macht, warum sie so wichtig füreinander sind und was Sie vermissen. Nehmen Sie die großen und kleinen Wünsche an die Beziehung ernst. Ziehen Sie Konsequenzen, wenn Ihr Mann sich wenigstens manchmal Ihre Begleitung bei seinen frühmorgendlichen Bergtouren wünscht oder Ihre Lebensgefährtin sich darüber aufregt, dass Sie jeden Abend vor dem Fernseher einschlafen.

- ***Zeigen Sie einander Ihre Wertschätzung.*** Zwar leuchtet ein, dass der Partner, die Partnerin unmöglich alle Interessen teilen kann und nicht alle Entwicklungen mitmachen will. Aber wer liebt, vollzieht nach, was der Partner am Tiefseetauchen findet oder warum die Partnerin sich neuerdings für den Tierschutz engagiert.
- ***Treffen Sie Entscheidungen gemeinsam.*** Ein zweites Kind, eine neue Kücheneinrichtung, ein großes Fest zum 40. Geburtstag – wer sich bei solchen Entscheidungen bedrängt oder überstimmt fühlt, wird offen für Anfechtungen von außen. Gemeinsam gefundene Entscheidungen bewirken dagegen, dass die Partner sich noch stärker mit dem Paarsein identifizieren.
- ***Klären Sie, welche Freiheiten Sie einander zugestehen.*** Wenn er sich regelmäßig mit seiner Ex trifft, sie mit ihrem besten Freund zum Segeln geht oder einer der beiden bei einer Party heftig flirtet, kann das für den anderen durchaus schwer auszuhalten sein. Flirten und gegengeschlechtliche Freundschaften sind im 21. Jahrhundert natürlich erlaubt. Aber es gehört zur partnerschaftlichen Höflichkeit, gemeinsam zu klären, wo Sie die Grenzen ziehen wollen. Sprechen Sie gegebenenfalls mit dem Partner auch über Ihre Eifersucht – sachlich, ohne Drohungen und Tränen: „Manchmal fällt es mir richtig schwer zu sehen, wie eingespielt du mit Steffi wirkst. Man merkt, dass du sie schon viermal so lang kennst wie mich." Wichtig zu wissen: Studien zufolge

beunruhigt Männer mehr die sexuelle, Frauen mehr die emotionale Untreue.

- ***Reden Sie miteinander über Eroberungen.*** Flirten stärkt das Ego. Deshalb kann es durchaus ein Kick für die Beziehung sein, wenn bei einer Party der eine hier war und der andere dort. Im Idealfall sind hinterher beide angeregt und beschwingt. Erzählen Sie sich Ihre Geschichten, bewundern Sie einander („Herbert war ganz hingerissen von dir", „Bea hat gesagt, sie findet deinen Witz unwiderstehlich"). Wenn Sie es richtig anstellen, bestätigen die Gespräche über Eroberungen, Flirts und soziale Erfolge nicht nur Ihre eigene Attraktivität, sondern auch Ihre Attraktivität als Paar.

Anfechtungen ausweichen

Der gemeinsam erlebte Hype bei der Messe, die allwöchentlichen Seelengespräche nach dem Volleyball, die intellektuelle Herausforderung der gemeinsam entwickelten PR-Kampagne, die erotisch aufgeladene Atmosphäre beim Salsakurs – manchmal wird der Reiz einer Affäre so groß, dass man sich dagegen machtlos glaubt. „Es ist einfach so passiert", heißt es dann. Am besten lässt man eine Situation, in der man von den eigenen Gefühlen überrollt wird, gar nicht erst entstehen.

Liebe ist Realismus. Man muss sich bewusst entscheiden, dass man mit dieser Person alt werden möchte, es durchziehen und dem anderen vertrauen.
Fernanda Eberstadt

- Zeigen Sie, dass Sie fest liiert sind. Der Ehering, das Foto der Lebensgefährtin auf dem Schreibtisch, ein beiläufiges Erwähnen des Partners – meist genügt ein kleiner Hinweis, um klarzustellen: Ich bin vergeben.
- Meiden Sie verfängliche Situationen. Lassen Sie sich nicht von dem unliierten neuen Nachbarn in der Wohnung über Ihnen bekochen, weil Ihr Mann dienstags ohnehin erst spät vom Training kommt. Lehnen Sie den Vorschlag der Kollegin ab, die Gesprächsstrategie für den nächsten Tag in ihrem Zimmer statt in der ungemütlichen Hotellobby vorzubereiten. Lassen Sie die helfende Hand des Manns Ihrer besten Freundin los, sobald Sie sicheren Boden unter den Füßen haben. Manche mögen solche Selbstbeschränkungen spießig finden. Andere sehen sie als vernünftiges Risikomanagement in Sachen Liebe.
- Vermeiden Sie es, Lieblingsthemen und -thesen mit der immer gleichen Kollegin statt mit Ihrer Lebensgefährtin auszutauschen oder Ihre persönlichen Sehnsüchte oder Ängste einem guten Freund statt Ihrem Mann anzuvertrauen. Emotionale Intensität und Intimität wird leicht zur Vorstufe für mehr und stellt oft schon für sich allein eine Form der Untreue dar.
- Ziehen Sie die Grenze, bevor es kritisch wird. Egal, wie groß die Versuchung ist – machen Sie sich klar, dass das, was Sie als Nächstes tun, Sie womöglich ein Leben lang verfolgt. Erteilen Sie allzu hingerissenen Flirtpartnern eine freundliche, aber eindeutige Absage: „Als überzeugter Ehemann verabschiede ich mich jetzt. Das

hier wird mir zu brenzlig." Oder: „Eine Nacht mit dir würde mich zwar reizen. Aber ich bin in festen Händen, das werde ich nicht gefährden."

Gut zu wissen: Was niemand will und viele tun
Nach Schätzungen der Hamburger Gesellschaft für Erfahrungswissenschaftliche Sozialforschung (GEWIS) haben zurzeit 42 Prozent der Frauen und 46 Prozent der Männer zwischen 25 und 60 Jahre eine Affäre außerhalb der festen Beziehung. Demzufolge geht fast jeder Zweite fremd. Sehr viel strengere Maßstäbe legt man an, wenn man befürchtet, selbst der Betrogene zu sein. Eine repräsentative Umfrage, die das Forsa-Institut für die Zeitschrift *Marie Claire* durchführte, hat ergeben: Nur neun Prozent der Männer und sechs Prozent der Frauen würden beim Partner eine parallele Beziehung tolerieren.

„Ich hätte da eine Frage ...": Verhängnisvolle Affären

Auf einer Dienstreise habe ich eine leidenschaftliche Nacht mit einer Kollegin verbracht. Der Vorfall wird sich nicht wiederholen. Dennoch würde ich mich wohler fühlen, meiner Freundin den One-Night-Stand zu beichten. Was ist der korrekte Weg?

Aufrichtigkeit und Vertrauen spielen in einer Partnerschaft eine wichtige Rolle – einerseits. Andererseits soll

Höflichkeit die Liebe bereichern und nicht belasten. Der gute Stil gebietet es deshalb, von einer Beichte abzusehen. Ersparen Sie Ihrer Partnerin die Kränkung, und machen Sie den Seitensprung mit sich selbst aus. Wichtiger als die Vergangenheit ist jetzt die Zukunft: Bemühen Sie sich verstärkt um Ihre Partnerschaft, verzichten Sie darauf zu flirten, und machen Sie interessierten Dritten deutlich, dass Sie fest liiert sind.

Meine Frau hat seit zwei Monaten eine Beziehung zu einem verheirateten Kollegen. Wie gehe ich souverän damit um, ohne meine Beziehung zu gefährden? Die Kinder sollen auf keinen Fall etwas von unseren Problemen mitbekommen.

Vermeiden Sie Szenen, und beziehen Sie klar Position: Setzen Sie Ihrer Frau ein Zeitlimit, richten Sie sich einstweilen im Gästezimmer ein, zeigen Sie kein Interesse an Sex (aber seien Sie jederzeit gesprächsbereit), halten Sie den Laden für die Kinder am Laufen – kurz: Verhalten Sie sich höflich, aber zeigen Sie deutlich, dass Ihre Frau eine entscheidende Grenze überschritten hat.

Auch gut: Übernehmen Sie die Dienstreise, die Sie unter anderen Umständen vielleicht delegiert hätten, planen Sie mit den Kids ein Zeit-Wochenende, gehen Sie wieder regelmäßig ins Fitness-Studio. Fast alle Frauen schätzen Geradlinigkeit und seelische Kraft.

Wie Sie eine richtig nette Familie sind

Freundliche Familien müssen auf Familienfreundlichkeit nicht pochen: Rücksichtsvolle Eltern und gut erzogene Kinder findet jeder ganz von selbst sympathisch. In diesem Kapitel erfahren Sie, wie Sie Höflichkeit in und mit der Familie leben.

In der Nase bohrt man nicht, „Scheiße" sagt man nicht, und wenn eine alte Dame in die U-Bahn einstiegt, steht man auf – wie sich ein wohlerzogenes Kind benehmen sollte, ist ziemlich klar. Und neuerdings wieder auf breiter Front erwünscht: Fast 90 Prozent der Eltern bis 44 Jahre nennen in einer Umfrage des Instituts für Demoskopie in Allensbach Höflichkeit und gutes Benehmen als vorrangiges Erziehungsziel. Das sind über 20 Prozent mehr als 1991. Die überwältigende Zustimmung zu Rücksichtnahme und guten Manieren ist erfreulich und erstaunlich zugleich. Denn längst nicht alle Mütter und Väter leben als Eltern gutes Benehmen vor: Familien drängeln sich am Skilift vor („Huhu, Lukas, Noah, hier sind wir! Stellt euch gleich hier vorn mit rein!"), Stillen mitten im Café ist die Norm, gedankenlos wird der Bugaboo über das Parkett der kinderlosen Freundin geschrammt. Zwar ändert sich aus der Elternperspektive der Blick auf die Welt, aber die Regeln des guten Stils gelten auch für Mütter und Väter. Deshalb geht es in diesem Kapitel nicht nur um die Manieren der Kinder. Sondern auch darum, wie ihre Eltern sie ihnen vorleben können.

Stil-Strategie 14:
Halten Sie einander den Rücken frei

Es gibt einen Wendepunkt im Leben eines Paares, ab dem Manieren mehr sind als ein *Nice to have.* War es bisher nett und angenehm, wenn er ihr die Autotür öffnete und sie bei Verabredungen auf die Minute pünktlich kam, gewinnen kleine Aufmerksamkeiten und Gesten, sobald Kinder da sind, eine völlig neue Bedeutung. Im Alltag mit dem neuen Baby, zwei lebhaften Kleinkindern oder fordernden Teenies ist gutes Benehmen praktisch unverzichtbar, wenn es darum geht, einander zu unterstützen und zu entlasten.

Einander unter die Arme greifen

Der Wermutstropfen im Kinderglück heißt Dauerstress. Das Schweizer Bundesamt für Statistik hat ermittelt: 79 Stunden in der Woche wenden Mütter und Väter von unter 15-jährigen Kindern gemeinsam für Haus- und Familienarbeiten auf. Bei den Paaren ohne Kinder sind es 42 Stunden. Stress gehört deshalb in Familien zur Tagesordnung. Je kleiner die Kinder sind und je unvorhersehbarer ihre Bedürfnisse, desto stärker sind die Eltern angebunden: Die Kleinen kann man keinen Moment allein lassen, die Größeren wollen gebracht und geholt und auf die Minute pünktlich abgeliefert werden, und wer schon einmal versucht hat, den Wochenendeinkauf im Kofferraum und das Baby im Kindersitz zu verstauen, der weiß, dass manchmal zwei Hände einfach zu wenig sind.

Im Elternleben ist Planbarkeit gefragt, Schlaf, eine helfende Hand und einer, der einen ablöst, wenn man nicht mehr kann oder mal nicht mehr will. Diese wertvollsten aller Güter sind am leichtesten dann zu haben, wenn der Partner, die Partnerin Manieren hat. Dann ist es nämlich Ehrensache, dass Peter wie versprochen um Punkt 17 Uhr da ist, damit Margit ohne Hetze zum Tai-Chi-Kurs fahren kann. Dann nimmt Julia wahr, dass Konstantin die Decke auf den Kopf fällt, und ermutigt ihn, mal wieder ins Kino zu gehen. Dann bringt Friedrich den aus einem Albtraum erwachten 7-Jährigen leise zurück ins Bett, ohne auch nur einen Augenblick lang zu lauern, ob sich vielleicht doch Lena erhebt. Wie gesagt: Im Leben mit Kindern ist Aufmerksamkeit mehr als eine nette Geste. Sie ist überlebenswichtig.

Ein Paar bleiben

Kinder machen nicht nur Stress, die drängen sich auch zwischen die Eltern. So sehr, dass die sich manchmal vom ersten Platz im Herzen, zumindest aber in der Aufmerksamkeit des Partners, der Partnerin verdrängt fühlen. Eifersucht auf das eigene Kind kommt auf. Und Enttäuschung über den Gefährten, der sich zurückzieht, oder die Geliebte, die nur noch in den Kindern aufgeht.

Die Entfremdung belastet die Eltern, aber sie ist auch für die Kinder von Schaden. Zwar bekommen sie alle Liebe und Aufmerksamkeit der Welt. Andererseits spüren sie, dass der Ton zwischen den Eltern gereizt klingt. Erfolgreiche Paare verschaffen sich deshalb Paarinseln. Konsequent sorgen sie für Minuten, Stunden oder ganze Tage, an denen sie einander als Liebende wahrnehmen und bestätigen. Hier sind ein paar Anregungen dafür:

- ***Führen Sie die Kinder nicht als Entschuldigung an,*** keine Zeit füreinander zu haben. Wer die Mutter- oder Vaterrolle zu sehr in den Vordergrund rückt, vermittelt dem Partner das Gefühl, die Beziehung stünde hauptsächlich im Dienste des Kinderkriegens und -habens.
- ***Verbringen Sie Zeit zusammen, die zählt.*** Egal, ob Sie jeden Morgen zusammen meditieren, täglich zusammen einen Spaziergang machen oder immer nach dem Abendessen bei einer Kanne Tee den Tag Revue passieren lassen – gewöhnen Sie Ihre Kinder daran, dass Sie nicht nur Mama und Papa sind. Sondern darüber hinaus ein Paar mit einem eigenen Seelen- und Gedankenleben.
- ***Bleiben Sie im Gespräch.*** Damit ist nicht gemeint, dass Sie sich über den günstigsten Urlaubsflieger, den Grillabend bei Sylvia und Wolf oder die nachlassenden Schulleistungen des Ältesten austauschen – Gespräche dieser Art finden bei den meisten Paaren mit Kindern reichlich statt. Gespräche über Gedanken, Interessen, Wahrnehmungen oder Hoffnungen kommen dagegen bei Paaren, die schon länger zusammen sind, erschreckend kurz: Einer im Auftrag der Zeitschrift *freundin* durchgeführten Studie zufolge reden 88 Prozent der über 1000 Befragten höchstens einmal im Monat über sich und ihre Beziehung.

- ***Erziehen Sie Ihre Kinder dazu, Ihre Privatsphäre zu respektieren.*** Schon kleine Kinder können spielerisch lernen, an der Schlafzimmertür zu klopfen und zu warten, bis sie hereingerufen werden.
- ***Unternehmen Sie regelmäßig etwas zusammen außer Haus.*** Je früher Sie Ihre Kinder daran gewöhnen, desto leichter akzeptieren sie, dass die Eltern gelegentlich abwesend sind. Wenn Sie sich keinen Babysitter leisten können, wechseln Sie sich mit befreundeten Familien ab, sodass jedes Paar ab und zu in den Genuss eines freien Nachmittags oder Abends kommt.
- ***Organisieren Sie Urlaube so, dass Sie auch für sich als Paar Zeit finden.*** Entweder fahren Sie zusammen mit Verwandten oder Freunden in die Ferien. Oder Sie melden Ihr Kind im Miniclub oder in der Skischule an. Ein schlechtes Gewissen den Kindern gegenüber brauchen Sie deshalb nicht zu haben: Die Stunden ohne Mama und Papa stärken die soziale Kompetenz und erweitern den Horizont.

Als Einheit auftreten

Natürlich haben Eltern unterschiedliche Vorstellungen in Sachen Erziehung. Das beginnt im Kleinen: Papa findet nichts dabei, Simon huckepack vom Spielplatz nach Hause zu tragen, während Mama meint, mit fünf sei man alt genug, um den kurzen Weg selbst zu laufen. Und geht im Großen weiter: Mami fördert bei Julian vor allem die musischen und sportlichen Talente, Papa besteht darauf, dass Latein und Mathe wichtiger sind als Cello und Fechten.

Dass Eltern in Sachen Erziehung unterschiedliche Schwerpunkte setzen, ist normal. Zum guten Ton in der Familie gehört es aber, dass die Eltern sich über die Zielrichtung verständigen, sie den Kindern mit einer Zunge vermitteln und die gefundene Regelung konsequent durchsetzen:

- „Also gut, wir machen einen Kompromiss: Ich trage dich bis zu der großen Eiche dort vorn. Von dort bis zur Wohnung läufst du allein. Abgemacht?“
- „Papa und ich finden beides wichtig: Schule und Hobbys. Aber bis alle großen Klassenarbeiten geschrieben sind, geht die Schule vor. Das heißt: …“

Die klare Kommunikation stellt nicht nur sicher, dass das Kind die Eltern als Team wahrnimmt, sie ist auch eine Geste der Höflichkeit dem Partner gegenüber. Von wenig Klasse zeugt es dagegen, wenn ein Elternteil den andern als *bad guy* hinstellt: „Heute nicht, Kumpel, du hörst ja, Mama will, das du selbst läufst.“ Genauso unfreundlich wäre es, der Partnerin ihre Lockerheit vorzuhalten: „Warum kümmerst du dich nicht mal um Julians Schulleistungen? Immer muss ich der böse sein.“ Sagen Sie lieber: „Ich möchte nicht, dass Julian denkt, ich wollte ihm jeden Spaß verbieten. Deshalb ist es mir wichtig, dass wir eine gemeinsame Linie vertreten.“

Stil-Strategie 15: Geben Sie Ihrem Kind gute Manieren mit

„Wenn die Kinder artig sind, kommt zu ihnen das Christkind“, reimte Heinrich Hoffmann 1848 im *Struwwelpeter.* Im 21. Jahrhundert klingt der Vers nach Diener, Drill und alten Zöpfen, nach einer Zeit, in der nach dem Motto erzogen wurde: Man darf Kinder sehen, aber nicht hören.

Wenn heute, nach den Jahrzehnten des Laisser-faire, gute Manieren auch im Kinderzimmer wieder angesagt sind, steht hinter dem neuen alten Erziehungsideal ein anderer Gedanke als zu Struwwelpeters Zeiten: Eltern, die darauf bestehen, dass Kinder sich für Patzer entschuldigen oder erst mit dem Essen beginnen, wenn Mama oder Papa das Signal dafür geben, wollen weder den kindlichen Willen beugen noch wilde Rabauken zu kleinen Lords und Prinzessinnen drillen. Eher denken sie schon an die kommunikative Kompetenz und die beruflichen Chancen des Nachwuchses. Vor allem aber möchten sie, dass die Kinder ein freundliches, gewandtes Auftreten verinnerlichen. Ganz nebenbei stärken die Spielregeln des guten Benehmens auch die Familienidentität: Bei uns ist das so. Hier sind die wichtigsten Umgangsformen im Überblick.

Bitte und danke

Die Zweisilben „bitte“ und „danke“ sprechen sich genauso leicht aus wie „Auto“ oder „Mama“ und gehören zum Basiswortschatz selbst ganz kleiner Kinder. Je konsequenter die Eltern mit gutem Beispiel vorangehen, je öfter das Kind sie beim Spielen, zum Beispiel mit dem Kaufladen, hört, desto leichter kommen sie ihm selbst über die Lippen. Wenn das Kind das „bitte“ oder „danke“ vergisst, ist es nicht altmodisch, zu erinnern: „Wie heißt das Zauberwort?“

Falls sich kleinere Kinder gegenüber Fremden mit der höflichen Geste noch schwer tun, machen Sie kein Drama daraus und springen selbst ein: „Danke, Maja, das Bilderbuch ist wunderschön. Tim liebt solche Reimspiele. Wir schauen es uns gleich heute Abend ausführlich an.“ Wichtig: Während Sie sich für Ihr Kind bedanken, konzentrieren Sie Ihre Aufmerksamkeit auf die schenkende Freundin, nicht auf das trotzende Kind. Später greifen Sie das Thema unter vier Augen auf: „Es war sehr nett von Maja, dir das Bilderbuch mitzubringen. Beim nächsten Mal möchte ich, dass du wieder ‚danke‘ sagst.“

Im Schulalter lernt das Kind darüber hinaus, sich für Geschenke, die es nicht im Beisein des Schenkenden ausgepackt hat, handschriftlich und in seinen eigenen Worten zu bedanken. Die Erstkommunion oder die Konfirmation sind gute Anlässe, damit zu beginnen.

Grüßen

Bringen Sie Ihren Kindern von klein auf bei, zu grüßen und einen Gruß in freundlichem Ton zu erwidern. Ihr Kind sollte dabei den Gesprächspartner anschauen, lächeln und mit dem Namen ansprechen („Hallo, Caroline", „Guten Morgen, Frau Müller"). Ein gemurmeltes „Hallo" oder „Hi" bei gesenktem Blick ist zwar besser als nichts, aber dennoch zu wenig. Außerdem wichtig: Erklären Sie Ihrem Kind, dass man aufsteht, wenn man Gäste und Neuankömmlinge begrüßt – als Geste des gegenseitigen Respekts. Das gilt auch, wenn andere Kinder zu Besuch kommen: Das gastgebende Kind bleibt dann nicht vor dem PC sitzen und wartet, dass die Eltern seinen Besuch in Empfang nehmen, sondern steht auf, geht zur Tür und begrüßt das Besuchskind: „Hi, Daniel. Schön, dass du da bist. Ich spiele gerade *Rollercoaster Tycoon.* Hast du Lust?"

Extratipp: Wie man Besuch begrüßt, einander vorstellt, im Kindertheater manierlich sitzt, ein Geschenk in Empfang nimmt oder gewandt telefoniert – das alles lässt sich zu Hause in kleinen Rollenspielen einüben. Auch die Feinfühligkeit und emotionale Intelligenz können Sie schon bei kleinen Kindern spielerisch stärken: Lassen Sie sie dazu Sätze vervollständigen wie: „Wenn ein Kind neu in die Gruppe

kommt und niemand kennt, ist es nett, wenn ich ..."
Oder: „Wenn mir ein Geschenk nicht gefällt, ist es nett, wenn ich ..."

Die Hand geben

Die Initiative zu einem Händedruck geht immer vom Älteren aus. Für Ihr Kind bedeutet das. Es muss und soll Erwachsenen nicht von sich aus die Hand geben. Reicht ihm dagegen ein Erwachsener die Hand, verlangt die Höflichkeit, dass es die dargebotene Hand ergreift und den Händedruck erwidert. Notfalls helfen Sie mit sanftem Druck nach: „Gibst du Frau Müller bitte die Hand. Sie freut sich, dass sie dich kennen lernt." Verweigern kleinere Kinder den Händedruck trotzdem, sagen Sie lächelnd: „Das üben wir noch."

Am besten machen Sie Ihren Kindern vor, wie sich ein angenehmer Händedruck anfühlt: kurz und fest, weder darf man sich dabei fühlen, als hielte man einen Fisch in der Hand, noch, als sei man in einen Schraubstock eingespannt.

Tischmanieren

Die Anfänge der Ess-Klasse lernt ein Kind am besten schon vor dem dritten Geburtstag: vor dem Essen die

Hände waschen, mit geschlossenem Mund essen, nicht mit den Fingern in die Spaghetti greifen, Angebissenes aufessen, für die Dauer eines Gangs bei Tisch sitzen bleiben, nicht mit dem Essen spielen, sich den Mund mit der Serviette abwischen, nicht am Essen herummäkeln, geräuschlos kauen und schlucken. Auch wenn vieles davon Zeit braucht und nicht auf Anhieb glückt, bekommt das Kind frühzeitig vermittelt, was man tut und was nicht.

Spätestens ab acht gelten für die Kinder die gleichen Tischmanieren wie für die Erwachsenen: Sie beginnen erst mit dem Essen, wenn ein Elternteil beziehungsweise die Gastgeber zum Besteck greifen, reden nicht dazwischen, sondern warten eine Gesprächspause ab, gehen gewandt mit Messer und Gabel um, achten darauf, nicht zu kleckern, geben im Restaurant ihre Bestellung höflich auf („Pommes und ein kleines Glas Apfelschorle, bitte"), nehmen nie ungefragt das letzte Stück und fragen, ob sie aufstehen dürfen.

Respektieren, was auf den Tisch kommt

Die meisten Kinder mögen längst nicht alles, was gesund ist und auf den Tisch kommt. Das ist auch nicht nötig. „Eltern sind dafür verantwortlich, dass sie gesunde Lebensmittel kaufen, zubereiten und auf den Tisch stellen", erläutert die Erzieherin Christiane Kutik, „das Kind dafür, was und wie viel es isst." Geben Sie Ihrem Kind also die Gewissheit, dass es ungeliebte Speisen jederzeit höflich ablehnen darf (dann aber auch keine Extrawurst gebraten bekommt): „Nein danke, ich möchte keinen Rosenkohl." – „Ich esse keine Muscheln, tut mir leid." Lassen Sie aber keinesfalls Sätze durchgehen wie: „Ihhh, das ist ja eklig", „Das sieht voll unlecker aus, Mama" oder: „Hast du da Zwiebeln reingetan? Dann mag ich das nicht." Hat das Kind doch einmal eine Zutat auf dem Teller, die es partout nicht essen mag, lässt es die ungeliebte Speise unkommentiert liegen. Auf gar keinen Fall zerteilt es Pizza oder gefüllte Rouladen auf der Suche nach genießbaren Bestandteilen in unappetitliche Mikroschnipsel.

Kluge Eltern achten darüber hinaus darauf, den Geschmack ihrer Kinder zu formen. Das geht am besten, wenn man Kinder von klein auf daran gewöhnt, von jeder Speise, die auf den Tisch kommt, einen Teelöffel (und gerne mehr) zu probieren. Die Regel erweitert nicht nur den kulinarischen Horizont, sondern schult auch die Offenheit gegenüber Neuem.

Nicht unterbrechen

Bringen Sie Ihren Kindern bei, Sie ausreden zu lassen und nicht zu unterbrechen, wenn die Eltern gerade mit anderen im Gespräch sind oder telefonieren. Entsprechend unterbrechen auch sie selbst Gespräche mit anderen nicht, wenn Ihr Kind herbeigelaufen kommt: „Was möchtest du denn, Mäuschen?" Stattdessen vereinbaren Sie mit Ihrem Kind eine Geheimsprache: Wenn Ihr Kind etwas von Ihnen möchte, berührt es sie leicht am Arm oder an der Hüfte, lächelt mit den Augen und lässt den Mund „ganz fest" zu. Nicken Sie Ihrem Kind zu, und nehmen Sie seine Hand oder legen Sie ihm den Arm um die Schulter. Haben Sie oder Ihr Gesprächspartner einen Gedanken zu Ende geführt, sagen Sie: „Einen Moment bitte, Hermann, Sophie möchte mir etwas sagen."

Die Rangordnung wahren

Es gibt kein äußeres Zeichen der Höflichkeit, das nicht einen tiefen sittlichen Grund hätte. Die rechte Erziehung wäre, welche dieses Zeichen und den Grund zugleich überlieferte.
Goethe, Die Wahlverwandtschaften

Genau wie im Job oder im gesellschaftlichen Miteinander gibt es auch in der Familie Rangordnungen: Die Chefin eröffnet die Sitzung, Jüngere grüßen zuerst – und Kinder warten, bis die Eltern mit dem Essen beginnen. Ein höfliches, gewandtes Miteinander setzt voraus, dass jeder die Rolle kennt, die er im Umgang mit anderen spielt. Für Kinder bedeutet das: Sie müssen lernen, dass ihre Bedürfnisse nicht über denen Erwachsener stehen – auch nicht über denen der Eltern.

Weil in der Familie die Eltern die Verantwortung für alle tragen, stehen ihnen auch ein paar Privilegien zu, an denen Kinder nicht zu rütteln haben: Selbstverständlich sitzen Mami und deren Freundin vorne im Auto und nicht der 12-jährige Tom, bewohnen die Eltern das große Zimmer mit Balkon und angrenzendem Bad und nicht die 16-jährige Nele, fährt der 10-jährige Martin keine doppelt so teuren Skier wie Papa und weist die 9-jährige Viktoria nicht das Au-pair-Mädchen an, ihr Bett zu machen.

Keine Schimpf- und Modewörter

„Doofe Oma" – „Du alte Kuh!" – „Du blöder Arsch!" – „Geil!" Fast alle Kinder verwenden Schimpf- und Modewörter. Schön anzuhören sind sie dennoch nicht. Erst recht, wenn man bedenkt, dass die aufgeführten Beispiele noch der harmloseren Kategorie des kindlichen Vokabulars entnommen sind. Zur Höflichkeitserziehung gehört es deshalb, sich die Verwendung abwertender Wörter entschieden zu verbitten: „Dieses Wort finde ich unangemessen. Ich möchte nicht, dass du so redest." Machen Sie Ihrem Kind in einem Grundsatzgespräch in bestimmtem Ton, aber ohne Aufregung klar, dass seine Wortwahl erstens den guten Geschmack verletzt und zweitens den Angegriffenen persönlich beleidigt. Wichtig: Zeigen Sie Ihrem Kind Alternativen, wie man Unmut sprachlich ausdrücken kann, ohne ausfallend zu werden – vom erklärenden „Ich bin so wütend auf dich, weil ..." bis zum glasklaren „Lass das bitte!"

Extratipp: **Wie Sie verhindern, dass Ihr Kind sprachlich verarmt:** Sagt Ihr Kind für Ihren Geschmack zu oft „geil", „cool" oder „süß", antworten Sie nachsichtig: „Das hört sich an, als würde dir das Buch gefallen." Oder: „Ja, das T-Shirt ist wirklich schön, vor allem die dreiviertellangen Ärmel." Damit verhindern Sie zwar nicht, dass Ihre Kinder weiter Jugendsprache sprechen. Aber Sie stellen sicher, dass sie Alternativen zu den Allerweltsvokabeln kennen – auch wenn es noch eine Weile dauert, bis sie sie benutzen.

Fair Play

Ob bei *Verflixxt*, beim Fußball oder bei der Rollenbesetzung für das Krippenspiel – Gewinnen ist super, Verlieren macht weniger Spaß. Der gute Ton verlangt, dass man beides mit Gleichmut nimmt. Spielen Sie deshalb mit Ihrem Kind durch, wie man sportlich siegt und mit Anstand verliert: Die stolze Gewinnerin beim Voltigierwettbewerb gibt mit Ihrem Erfolg weder an, noch macht sie sich über die Verliererin lustig. Ist man selbst der Unterlegene, gehört es sich, dass man nicht heult, schmollt oder sich beklagt (oder jedenfalls damit wartet, bis man zu Hause ist), sondern dem Sieger gratuliert und seine Leistung anerkennt: „Danke für das Spiel", „Ihr wart heute die bessere Mannschaft", „Deine Kür war toll!" Übrigens: Was man sagt, wenn man gewonnen oder verloren hat (und was lieber nicht!), kann Ihr Kind sich gut bei den Sportidolen im Fernsehen abschauen.

Darüber hinaus gehört es zum Fair Play, dass Kinder lernen zu teilen und sich abzuwechseln. Ein höfliches Kind bietet auch den anderen Kindern etwas von den mitgebrachten Gummibärchen an und tritt nach ein paar Minuten den Platz auf der begehrten Zweierwippe ab. Da spielt es keine Rolle, wer als Erster da war oder stärker ist.

Als Gast und unterwegs

Ihre Kinder sollten wissen: Die Regeln eines freundlichen, fairen Miteinanders gelten immer und überall: Zu Hause, als Gast bei anderen Familien, gegenüber Geschwistern, Freunden und Schulkameraden, in Restaurants, in der Schule und auf der Straße. Wenn Sie erreichen, dass sich Sohn oder Tochter aus purer Gewohnheit höflich verhalten, haben Sie es geschafft: Ihre Kinder leben gute Manieren, nicht wie ein gut gedrillter Roboter, sondern zwanglos, natürlich, als Ausdruck von Respekt und Achtung vor anderen Menschen.

Extratipp: **Geronnene Formeln** wie „Das tut man nicht“ oder „Das gehört sich nicht“ helfen bei welterfahrenen Kindern nicht weiter. Sie wissen nur allzu gut: Auf dem Schulhof herrscht ein anderer Ton, zu Hause bei der besten Freundin geht es um einiges lockerer zu. Glaubwürdiger ist es deshalb, wenn Sie auf Familienregeln pochen: „Wir in unserer Familie machen es so." Oder noch präziser: „Mami und ich finden es wichtig, dass du ..."

Stil-Strategie 16:
Erziehen Sie mit Takt und Stil

Eltern haben in Sachen Höflichkeit eine entscheidende Vorbildfunktion. Kindern gute Manieren zu vermitteln wird deshalb nur gelingen, wenn die Eltern selbst leben, was sie den Kindern abverlangen. Dazu gehört es auch, dass die Eltern die Würde und Privatsphäre der Kinder achten. Zwar liegt es an ihnen, Grenzen zu ziehen und Erziehungsziele durchzusetzen. Das gibt Eltern aber nicht das Recht, die Nerven zu verlieren oder das Kind bloßzustellen, wenn der 3-Jährige im Supermarkt um sich schlägt oder die 15-Jährige stundenlang das Badezimmer blockiert. „Sieh einmal, hier steht er, Pfui! der Struwwelpeter" – zum Glück käme niemand mehr auf die Idee, einen kleinen Menschen so offenkundig zu blamieren. Trotzdem können auch Eltern im höflichen Umgang mit ihren Kindern noch dazulernen.

Anweisungen freundlich-bestimmt formulieren

In vielen Familien hat es sich längst eingebürgert, dass die Eltern Bitten und Anweisungen unmissverständlich, aber mit Respekt vor dem Kind, seinen Bedürfnissen und seinem Können formulieren: Statt: „Musst du immer so schlampig sein" sagen höfliche Eltern: „Bitte lass deine Klamotten nicht im Bad liegen", statt: „Zapple nicht herum" heißt es: „Sei so lieb und pass auf, dass du niemanden bekleckerst." Noch wirksamer formulieren Sie die Bitte-plus-Imperativ-Aussagen, wenn Sie den Blick Ihres Kindes auf das lenken, was es tun soll, nicht auf das, was es besser unterlässt. Plakativ ausgedrückt: Sagen Sie Ihrem Kind nicht, was es nicht falsch machen soll: „Bitte lass deine Klamotten nicht im Bad liegen." Sagen Sie ihm, was es richtig machen soll: „Sei so lieb und wirf deine Anziehsachen in den Wäschekorb."

Unter vier Augen erziehen

Auch Kinder haben ihren Stolz. Von den Eltern ermahnt, korrigiert oder bestraft zu werden ist ihnen unangenehm genug. Kritikgespräche aller Art führt man deshalb grundsätzlich unter vier Augen: Rügen Sie Ihre Tochter nicht vor den Freundinnen wegen des Flecks am neuen T-Shirt, erörtern Sie die mangelhaften Schulleistungen Ihres Sohnes nicht, wenn die Großeltern zu Besuch sind. Auf gar keinen Fall verträgt es sich mit den Regeln der Höflichkeit, das Kind aufzufordern, etwaige Schandtaten von sich aus zu enthüllen: „Na, dann erzähl Opa mal, wie du neuerdings in Latein stehst!" Auch wichtig: Versuchen Sie nicht, vor Dritten ein Verhalten durchzusetzen, das erfahrungsgemäß in einem Machtkampf endet. Wenn Mutter und Sohn darum ringen, dass der 6-Jährige bei Tisch sitzen bleiben muss, bis alle mit dem Essen fertig sind, ist die Szene für das Kind beschämend und für die anderen Gäste peinlich.

Auf Vergleiche verzichten

„Nimm dir ein Beispiel an deinem Bruder!" – „Jetzt stell dich nicht so an, schau, wie mutig der Jonas springt!" – „Charlotte übt eben viel mehr als du." Kinder vergleichen sich von sich aus permanent. Und natürlich kratzt es an ihrem Ego, wenn sie merken, dass Jonas im Sport mehr drauf hat, Charlotte schon kleine Stücke von Chopin spielt, während sie selbst noch mit den Tonleitern kämpfen und der große Bruder ihnen in fast allem um Längen voraus ist. Ziehen dann auch noch die Eltern ungünstige Vergleiche, erleben die Kinder das nicht als Ansporn, sondern als Verrat.

Unterschiedliche Geschmäcker akzeptieren

Keine Frage: Eltern regeln die Lebensumstände der Familie, sie treffen die großen Entscheidungen. Viele kleine

Dinge dagegen gehen in der Hauptsache das Kind an: ob Emma lieber mit Verena spielt oder mit Jennifer, ob Nico die Jeans gern eng oder überweit trägt, ob Finn seine Haare lieber länger hat oder ganz kurz, ob Laura die Hausaufgaben lieber gleich nach der Schule macht oder erst nach einer Pause – solange die Kleidung zum Wetter passt und die Hausaufgaben ordentlich erledigt werden, respektieren nette Eltern die persönlichen Vorlieben ihrer Kinder.

Zur elterlichen Toleranz gehört es darüber hinaus, dass Sie Ihrem Kind zugestehen, andere Kriterien an Fremde oder Ordnung anzulegen als Sie selbst. Mitunter ist dafür eine komplizierte Gratwanderung möglich: Ihr Jüngster darf ruhig erfahren, dass Sie es unhöflich finden, wenn sein Freund grußlos mit schmutzigen Schuhen an Ihnen vorbei ins Haus stürmt: „Bitte sorg dafür, dass Jannik seine Schuhe auszieht, wenn er wieder zu uns kommt." Äußerungen, die den Geschmack des Nachwuchses infrage stellen, sind dagegen tabu: „Ich verstehe wirklich nicht, was du an diesem unmöglichen Jannik findest." Ganz anders sieht es aus, wenn Sie fürchten müssen, dass Ihr Kind in schlechte Gesellschaft gerät: Wenn ein Freund raucht, trinkt, kifft, dealt, die Schule schwänzt oder mit Piercings und Tattoos übersät ist, haben Eltern nicht nur das Recht, sondern die Pflicht, zu sagen, was ihnen daran missfällt und warum.

Die Privatsphäre des Kindes respektieren

„Kein Kind darf willkürlichen oder rechtswidrigen Eingriffen in sein Privatleben, eine Familie, seine Wohnung oder seinen Schriftverkehr oder rechtswidrigen Beeinträchtigungen seiner Ehre und seines Rufes ausgesetzt werden", heißt es in Artikel 16 der Kinderrechtskonvention der UNO. Für Eltern bedeutet das: Kinder haben ein Recht auf ein Privatleben. Höfliche Eltern werden deshalb weder an das Kind gerichtete Briefe und E-Mails öffnen noch Gespräche im Kinderzimmer oder am Telefon belauschen. Sie respektieren, wenn ihr Kind allein sein möchte, und entern nicht ohne Anklopfen ein Zimmer. Auf gar keinen Fall stöbern sie in Schubladen, lesen Tagebücher, verfolgen Internet-Historien oder durchwühlen die Taschen von Tochter oder Sohn. Einzige Ausnahme: Wenn Sie aus begründetem Anlass befürchten, dass Ihre Tochter kifft oder Ihr Sohn illegal Software aus dem Internet lädt und auf dem Schulhof verkauft, geht die Erziehungspflicht allem anderen vor!

Zur elterlichen Diskretion gehört es darüber hinaus, dass Eltern die Intimsphäre ihrer Kinder vor Dritten wahren. Dass der 6-Jährige Geld aus Papas Brieftasche genommen hat, der 9-Jährige sich bei Gewitter ins Bett der Eltern flüchtet, die 12-Jährige ihre erste Periode hatte und die 15-Jährige den ersten Sex, geht auch Mamas beste Freundin nichts an. Es sei denn, die Kinder reden von sich aus darüber.

„Ich hätte da eine Frage …“: Sich entschuldigen

Wir legen bei unseren Kindern großen Wert auf gute Manieren. Trotzdem ist es uns bisher nicht gelungen, dass die Kinder sich für eine unpassende Bemerkung oder ein Versäumnis von sich aus entschuldigen. Fordere ich sie zu einer Entschuldigung auf, kommt selten mehr als ein widerwilliges „Tschuldigung“ dabei heraus.

Es nagt am Stolz, etwas falsch gemacht zu haben. Deshalb empfinden Kinder die abgeforderte Bitte um Verzeihung oft als zusätzliche Demütigung. Dennoch müssen Kinder natürlich lernen, einen Fehler mit Anstand zu bereinigen. Am besten helfen Sie dabei, indem Sie sich als Eltern in aller Form (aber ohne emotionales Drama) selbst entschuldigen, wenn Ihnen ein Fehler unterlaufen ist: „Es tut mir leid, dass ich dich vorhin so angeblafft habe. Verzeihst du mir?“ Wenn Eltern konsequent vorleben, wie man sich entschuldigt, ohne dass einem dabei ein Zacken aus der Krone bricht, wird den Kindern das „Es tut mir leid“ mit der Zeit leichter von den Lippen gehen. Auch gut: Finden Sie in Ihrer Familie ein Versöhnungsritual, das dem Sich-Entschuldigen den Stachel nimmt: Ein reumütiges „Friede?“ oder „Vertragen wir uns wieder?“ sagt sich leichter als das offizielle „Bitte verzeih mir“. Entscheidend ist die versöhnende Geste, nicht die genaue Formulierung.

Stil-Strategie 17:
Respektieren Sie das Leben der anderen

Wenn man Kinder bekommt, wird vieles anders. Einerseits darf man mehr Verständnis beanspruchen. Zum Beispiel kann man mit einigem Recht erwarten, dass der kinderlose Kollege seinen Jahresurlaub nicht ausgerechnet in den Kita-Ferien nimmt. Andererseits hat man neue Rücksichten zu nehmen. So steht es auch Eltern nicht zu, in der zweiten Reihe vor dem Schultor zu parken.

Bei Freunden

Die Nachricht, dass gute Freunde Nachwuchs bekommen, löst bei denen, die (noch) keine Kinder haben oder welche, die schon aus dem Gröbsten heraus sind, neuerdings durchaus gemischte Gefühle aus, auch wenn sie es nicht immer zeigen. Aber wer schon einmal mitbekommen hat, dass Freunde Eltern werden, weiß: Danach kann vieles anders sein. Nicht nur dass Linus oder Helene-Sophie ab jetzt immer dabei sind. Sie beherrschen auch die Szene und verhindern jedes intensive Gespräch. Es sei denn, ihre Eltern treten auch mit Maxicosi und Wickeltasche stilsicher auf.

- ***Pflegen Sie Freundschaften.*** Keine Frage: Mit kleinen Kindern sind Sie zeitlich weniger flexibel als früher. Anrufe von Freunden können Sie deshalb oft nicht mit der gebührenden Zeit und Konzentration beantworten: „Du, das ist jetzt ganz schlecht. Die Kleine hat gerade Hunger." Die höfliche Reaktion: Bedanken Sie sich für den Anruf („Sabine, wie schön, dass du dich meldest") und vereinbaren Sie so bald wie möglich eine Telefonzeit, zu der Sie dann auch wirklich für die Anruferin da sind („Ich bin schon gespannt, was du von der Messe erzählst"). Auch bei Einladungen und Verabredungen gilt: Wählen Sie dafür nach Möglichkeit eine Zeit, in der das Baby erfahrungsgemäß schläft.

- ***Stellen Sie die Kinder nicht in den Mittelpunkt.*** Natürlich sind Ihre Kinder für Sie das Wichtigste. Aber wenn Sie als Familie Gäste haben oder selbst eingeladen sind, verlangen die Regeln der Höflichkeit Anpassung bei allen Beteiligten: Ihre Freunde beziehen die Kinder ein, zum Beispiel, indem sie sich mit sichtlichem Interesse das Kinderzimmer des 9-Jährigen vorführen lassen. Sie selbst sind vorrangig für den Besuch da und betätigen sich höchstens am Rande als Animateur des Nachwuchses. Ihre Kinder lernen von klein auf: Sie dürfen zwar dabei sein, aber nicht stören. Höfliche Eltern besprechen das erwünschte Verhalten mit ihren Kindern vorher zu Hause: „Ich sehe Cornelia höchstens alle zwei Monate. Deshalb möchte ich mich gern in Ruhe mit ihr unterhalten."
- ***Minimieren Sie das Chaos.*** Gäste mit kleinen Kindern bringen das Wohnambiente unweigerlich durcheinander. Wer damit nicht umgehen kann, darf sie nicht ein-

laden. Das berechtigt Familien aber nicht, sich beliebig breitzumachen. Am besten bleibt nicht Benötigtes im Auto, Überlebensnotwendiges findet kompakt in einer Tasche Platz, auf den liebevoll gedeckten Tisch gehören weder Nuckelflasche noch Beißring. Außerdem wichtig: Fragen Sie die Gastgeber, wo Sie das Baby wickeln können oder wo der Kleine am besten seine Bauklötze auspackt.

- ***Übernehmen Sie die Verantwortung für Ihr Kind.*** Zu ignorieren, dass der Kleine den Gästen jetzt schon zum neunten Mal vorführt, wie toll er von seinem Hochbett rutschen kann („Nur noch eiiinmal"), oder zusehen, wie die Große sämtliche Himbeeren von den Sträuchern der Gastgeber nascht, wirkt nicht unkompliziert, sondern unhöflich. Machen Sie dem Treiben ein Ende, bringen Sie keinesfalls die Gastgeber in die Verlegenheit, Ihrem Kind Einhalt gebieten zu müssen. Hat Ihr Kind einmal etwas kaputt gemacht, sorgen Sie selbstverständlich für Schadenersatz. Auch dann, wenn Ihre Gastgeber sagen: „Ach was, wir wollten schon längst einen neuen Teppich kaufen."
- ***Sorgen Sie für Beschäftigung.*** Verhaltensbiologen raten: Kinder müssen lernen, mit Leerzeiten umzugehen – zum Beispiel beim Arzt im Wartezimmer oder eben, wenn man in einem anderen Haus zu Gast ist. Eltern brauchen also kein schlechtes Gewissen zu haben, wenn ihr Kind sich bei solchen Gelegenheiten ein bisschen langweilt. Zusätzliche Entlastung schafft ein pas-

sendes Unterhaltungsangebot: Gastgeberfreundlich sind zum Beispiel Holzbauklötze, Bücher, Puzzles, Malblöcke oder ein lautlos gestellter Gameboy. Den Malkasten, die Spielzeugpistole oder die Kindertrommel lassen Sie dagegen besser zu Hause.

- ***Sprechen Sie über Kinderthemen – aber nicht nur.*** Die meisten Menschen interessiert es durchaus, wie das Leben mit Kindern so ist. Schließlich waren sie selbst mal Kinder oder haben vor, irgendwann später welche zu kriegen. Wirklich unwillkommen sind nur zweierlei: Erstens, wenn sich die Gespräche ausschließlich um die richtige Breizusammensetzung oder die Zumutungen des achtjährigen Gymnasiums drehen. Und zweitens, wenn Eltern so tun, als sei Glück ohne Kinder nicht denkbar.

Gegenüber anderen Eltern und Kindern

Jede Familie hat ihr eigenes Regel- und Wertesystem. Im Kontakt mit anderen Familien bleiben deshalb Vergleiche, Eifersüchteleien und Konflikte nicht aus. Nicht nur unter den Kindern. Auch unter den Eltern gibt es verdeckte Rangkämpfe: Wessen Kind sitzt früher, liest besser, kickt geschickter, tanzt graziöser? Welche Familie lebt das selbstlosere, angesagtere, anerkanntere Familienmodell? Verdient die Karrieremutter mehr Anerkennung, weil sie Kinder, Karriere und Haushalt stemmt und obendrein jedes Jahr eine fünfstellige Eurosumme an Steuern und Sozialabgaben zahlt? Oder doch die Zuhausemutter – weil sie ihre Kinder so liebt, dass sie den Beruf für sie aufgegeben hat, und den Karotten-Vollwert-Kuchen für das Buchstabenfest der ersten Klasse selbstverständlich selbst backt?

Hier sind Anregungen, wie Sie damit klarkommen, dass zwar alle Eltern das Beste für ihr Kind wollen, dabei aber völlig unterschiedliche Wege einschlagen.

- ***Erziehen Sie situationsgerecht.*** Regeln, die zu Hause gelten, lassen sich bei Unternehmungen mit befreundeten Familien oft nur unter lautstarkem Protest durchsetzen. Machtkämpfe und Tränen sind in solchen Situationen programmiert. Gesellschaftlich gewandte Eltern handhaben die gewohnten Regeln deshalb je nach Situation auch mal lässiger: „Anna, wenn du willst, darfst du heute ausnahmsweise aufstehen und mit Leon spielen."
- ***Einigen Sie sich auf gleiche Regeln für alle Kinder.*** Eine gute Möglichkeit besteht darin, dass jeweils die Regeln der Gastgeberfamilie Vorrang haben oder dass beim gemeinsamen Urlaub spezielle Ferienregeln gelten. Mit Ihren Geschwistern können Sie bei sehr unterschiedlichen Erziehungs- oder Ernährungsvorstellungen vereinbaren, dass bei Besuchen bei den Großeltern Oma und Opa entscheiden, ob die Enkel den Fernseher anmachen oder vor dem Essen ein Eis haben dürfen. Es schadet Kindern nichts, wenn in verschiedenen Haushalten verschiedene Maßstäbe gelten. Im Gegenteil: Es erweitert ihren gesellschaftlichen Horizont.

- ***Lehnen Sie unerwünschte Kontakte höflich ab.*** Es ist Ihr gutes Recht, eine Einladung zum gemeinsamen Spielen oder Hausaufgabenmachen abzulehnen. Formulieren Sie Ihre Absage so, dass die anderen Eltern sie als Kompliment für ihr Kind interpretieren können. Wenn die Erfahrung zeigt, dass Fridolins Mutter den Hausaufgaben für Ihren Geschmack nicht annähernd genug Bedeutung beimisst, lautet die höfliche Absage: „Euer Fridolin hat seine Hausaufgaben immer so schnell erledigt, unser Max braucht dafür deutlich mehr Zeit." Auch gut: Pochen Sie auf feste Regeln, die Sie mit Ihren Kinder vereinbart haben: „Annika darf bei einer Freundin erst übernachten, wenn sie dort schon öfter zum Spielen war."
- ***Vermeiden Sie weltanschauliche Diskussionen.*** Ob es um den ernährungswissenschaftlich abgesicherten Pausenbrotbelag, den Sinn und Unsinn von Masernpartys oder die schwelende Konkurrenz zwischen Nur-Müttern und Karrieremüttern geht – beim Thema Erziehung prallen die Ansichten aufeinander. Höfliche Eltern gehen mit sensiblen Erziehungsthemen um wie mit allen sensiblen Gesprächsthemen: Sie lassen ihre Position aufscheinen, melden ihren Zweifel sachte an – und lenken eher früher als später zu einem unverfänglicheren Thema über. Ein Ausdiskutieren ist nicht notwendig. Wohlerzogene respektieren, dass andere anders leben, denken und erziehen.
- ***Erkennen Sie die Leistung anderer Kinder an.*** Natürlich interessieren Sie sich beim Märchenspiel des Kindergar-

tens oder beim Tennisturnier der Minis hauptsächlich für die Leistung oder die Fortschritte Ihres Kindes. Trotzdem halten sich faire Eltern nicht mit Applaus zurück, wenn ein anderes Kind als Dornröschen glänzt oder mit seinem gekonnten Aufschlag das eigene Kind ins Schwitzen bringt. Auf gar keinen Fall erreichen sie durch eine großzügige Spende für den Kindergarten, dass die eigene Zuckermaus die Prinzessin spielen darf oder verunsichern den 8-jährigen Turniergegner durch gezielte Buhrufe.

In der Öffentlichkeit

Doch, man darf Kinder hören und sehen. Heimlich Anstoß erregt lediglich, wenn Familien so tun, als stünden sie über den Spielregeln des Zusammenlebens: Wenn Kinder im Zeitlupentempo die Münzen in den Parkscheinautomaten stecken dürfen, obwohl die Schlange hinter der jungen Familie unübersehbar ist. Wenn Eltern tatenlos zuschauen, wie Sohn oder Tochter mit klebrigen Schokoladenfingern die Bäckertheke verschmieren. Wenn im Romantikhotel der Whirlpool zum Kinderbecken umfunktioniert wird und ein spätberufener Papa mit seinen winzigen Söhnen so ohrenbetäubend lärmt, dass sich der Wellness-Bereich zur besten Pool-Sauna-Tepidarium-Zeit wie von Geisterhand gesteuert leert.

Eltern erwarten von Menschen ohne Kinderbegleitung zu Recht Verständnis, Freundlichkeit und kleine Hilfeleistungen. Genauso selbstverständlich aber ist es, dass Familien im öffentlichen Raum die Freiheit der anderen respektieren. Bei aller Verliebtheit ins eigene Kind, bei aller Mühe, die es machen kann, kindlichen Tatendrang zu dämpfen, gilt auch für Familien das Schillersche Gebot: „Das erste Gesetz des guten Tons: Schone fremde Freiheit. Das zweite: Zeige selbst Freiheit."

Eltern mit guten Manieren leisten deshalb für ihr Kind, was es selbst noch nicht oder noch nicht so gut kann: zum Beispiel sich zu entschuldigen („Ich bin sicher, Jonas wollte Sie mit dem Ball nicht treffen. Das mit dem Entschuldigen üben wir noch.") oder andere Gäste im Restaurant ungestört essen zu lassen („Entschuldigen Sie bitte die Störung. Komm, Leni, wir gehen an unseren Tisch zurück, die anderen Leute möchten sich in Ruhe unterhalten."). Die bewusst gepflegte Rücksicht auf andere wirkt nicht nur sympathisch. Ganz nebenbei ist sie ein Anschauungsunterricht für die Kinder, wie man sich gegenseitig respektiert, andere nicht stört oder aufhält, nicht drängelt und die eigenen Wünsche und Bedürfnisse auch einmal unterdrückt.

Gegenüber Lehrern

Einerseits wollen Eltern und Lehrer das Gleiche: Kinder, die gut sind und denen es gut geht. Andererseits erfreut sich Lehrerschelte landauf, landab großer Beliebtheit. Nicht nur bei den Kleinen. Auch bei den Großen: „Im

Grunde unseres Herzens eint uns über alle Schichten und jedes Alter hinweg der Glaube an die Unfähigkeit des Lehrers“, analysiert die Autorin Lotte Kühn in ihrem *Lehrerhasser-Buch.*

Anscheinend kann man Lehrer ohne Risiko als Pädagogen und Menschen herabsetzen. Man erntet dafür sogar allgemeine Zustimmung. Nur darf man sich dann eben nicht wundern, wenn finnische Lehrer, die bei Eltern und Schülern hohes Ansehen genießen, nicht nur größere Erfolge in den PISA-Studien verzeichnen, sondern auch entspannter und freundlicher mit ihren Schülern umgehen. Hier sind ein paar einfache Anregungen, wie Sie den Menschen, denen Sie Ihre Kinder anvertrauen, liebenswürdig begegnen.

- ***Verwenden sie keine Spitznamen, wenn Sie über die Lehrer ihrer Kinder sprechen.*** Wenn Ihr Kind von ihnen erzählt, sagt es Miss H, Grüni und die Frostbeule. Dagegen ist nichts einzuwenden, sofern der Spitzname nicht verletzend oder sexistisch ist. Sie selbst bezeichnen die Pädagogen besser, wie es sich gehört: als Frau Heinklein, Herr Grüner und Frau Dr. Frost. Die korrekte Wortwahl hat einen Sinn: Sie zeugt von Achtung dem betreffenden Lehrer gegenüber und vermittelt Ihrem Kind, dass Sie seine Lehrer als Co-Erzieher schätzen und ernst nehmen. Darüber hinaus wahren Sie den Unterschied zwischen der Welt der Erwachsenen und der der Kinder.

- ***Reden Sie Lehrer nicht schlecht.*** Schimpfen Sie nicht pauschal auf „die Schule“ oder „die Lehrer“, regen Sie sich nicht im Beisein Ihrer Tochter darüber auf, dass die Parallelklassenlehrerin mit dem Stoff in Englisch schon viel weiter ist, bestärken Sie Ihren Sohn nicht in der Ansicht, es sei ungerecht, dass der Erdkundelehrer ausgerechnet nach dem langen Fronleichnamswochenende einen unangekündigten Test geschrieben hat. Falls nötig, suchen Sie mit den betreffenden Lehrerinnen und Lehrern das klärende Gespräch.
- ***Respektieren Sie die Sprechzeiten.*** Wer Lehrer abends zu Hause anruft, sie im Supermarkt mit Fragen überfällt oder kurz vor Schulbeginn eine Unterredung möchte, muss sich nicht wundern, wenn er kurz angebunden abgefertigt wird. Wenn Sie zur Sprechstunde nicht kommen können, vereinbaren Sie einen individuellen Termin. Ob ein Kontaktwunsch angemessen ist oder nicht, können Sie sehr leicht erkennen: Stellen Sie sich einfach die Frage, wie die Zeitplanung der Pädagogin aussähe, wenn alle Eltern in dieser Angelegenheit das Gespräch suchen würden.
- ***Äußern Sie sich anerkennend.*** Vielleicht veranstaltet eine Lehrerin nicht die Vorlesenacht, die Sie Ihrem Kind gern gönnen würden. Aber dafür kommt Marie bei ihr mit den bisher verhassten Textaufgaben jetzt eigentlich ganz gut klar … Die allermeisten Lehrer geben Ihrem Kind etwas. Vielleicht nicht immer das, was Sie sich wünschen. Aber auf jeden Fall etwas, was ihm zugute

kommt. Höfliche Eltern entwickeln einen Blick dafür, wie Lehrer und Lehrerinnen den Erfahrungshorizont ihres Kindes erweitern – und bringen ihre Dankbarkeit dafür zum Ausdruck.

- ***Helfen Sie Ihrem Kind, sich mit seinen Lehrern zu arrangieren.*** „Frau Hübner hat mir eine Strafarbeit gegeben. Das ist so gemein. Bloß weil ich ...“ Auch wenn Sie die Erziehungsmaßnahme der Lehrerin überzogen finden, sagen Sie jetzt nicht empört: „Das ist ja wirklich nicht so schlimm.“ Stattdessen fragen sie neutral: „Aha, und was können wir da machen? Fällt dir etwas ein?“ Vermutlich fällt Ihrem Kind sogar sehr viel ein – von der Idee, dass Sie Frau Hübner sagen sollen, dass die Strafarbeit ungerecht ist, bis zu der Eingebung, die Lehrerin auf den Mond zu schießen. Wenn Sie die Einfälle einfach annehmen („Das ist eine Idee. Und fällt dir noch was ein?“), wird irgendwann ein Vorschlag kommen, der weiterführt. Mit dem Mini-Coaching stärken Sie die Selbstständigkeit und soziale Kompetenz Ihres Kindes und fallen der Lehrerin nicht in den Rücken.

Im Job

Wenn ein Kind da ist, bekommt der Job einen anderen Stellenwert – bei beiden Eltern. Plötzlich findet man Besprechungen bis in den Abend hinein ineffizient, kann am Wochenende nicht mal eben schnell einspringen, führt mit abgewandtem Oberkörper halblaute Telefonate und verlegt hektisch den Kundentermin, weil das Flötenvorspiel in der Musikschule Vorrang hat. Hat man sich vorher mit Haut und Haaren für die Firma engagiert, steht nun das Wohl des Kindes im Vordergrund. Das höhere Maß an Abgrenzung ist okay. In den meisten Firmen hat man Verständnis dafür, dass junge Eltern sich anders organisieren als Mitarbeiter, die keinen Nachwuchs oder schon ältere Kinder haben. Dennoch darf die Professionalität nicht leiden. Der Grundsatz „Gleiches Geld für gleiche Arbeit" bedeutet im Umkehrschluss „Gleiche Arbeit für gleiches Geld". Alles andere wäre eine große Unhöflichkeit gegenüber den Kunden, Vorgesetzten und Kollegen.

- ***Machen Sie Ihr Privatleben nicht zum Dauerthema.*** Klar redet man mal über das neue Baby, natürlich hat man ein besonders gelungenes Foto auf dem Schreibtisch stehen. Bestimmt entdeckt man auch, kaum Mutter oder Vater geworden, mit manchen Kollegen oder Vorgesetzten Gemeinsamkeiten, die es vorher so nicht gab. Im Großen und Ganzen aber empfiehlt es sich, Auskünfte über Familienfreud und -leid wohl zu dosieren. Am besten fangen Sie schon in der Schwangerschaft damit an: „Ist Ihnen morgens auch immer so übel? Als ich mit meiner Kleinen schwanger war …" Die professionelle Antwort heißt: „Danke, ich fühle mich sehr gut. Was mich wirklich beunruhigt, sind die sinkenden Zugriffszahlen auf unsere Website …"

- ***Bleiben Sie während der Elternzeit auf dem Laufenden.*** Lassen Sie sich in den internen E-Mail-Verteiler aufnehmen, scannen Sie alle firmeninternen Infos, die Sie in die Finger bekommen, rufen Sie Ihr Team gelegentlich an und verfolgen Sie den Projektfortschritt. Signalisieren Sie, dass Sie bei Fragen jederzeit ansprechbar sind. Halten Sie lose Kontakt zu wichtigen Kunden. Schauen Sie alle vier oder fünf Wochen professionell gestylt und ohne Baby im Büro vorbei, und erkundigen Sie sich nach den neuesten Entwicklungen. Mit Ihrem Interesse erleichtern Sie sich nicht nur den Wiedereinstieg. Es ist auch eine höfliche Geste dem Arbeitgeber gegenüber, der Ihren Arbeitsplatz für Sie frei hält.
- ***Spielen Sie mit offenen Karten.*** Wenn die Kita erst um 8.30 Uhr öffnet, ist vorhersehbar, dass Sie an manchen Tagen nicht pünktlich zu Beginn der Kernzeit im Büro sein können. Gewandte Eltern spekulieren nicht darauf, dass ihr verspätetes Kommen unbemerkt bleibt. Stattdessen sprechen sie das Problem offen an – am besten verbunden mit einem Lösungsvorschlag: „Ich werde manchmal erst gegen 9.15 Uhr im Büro sein können. Sind Sie einverstanden, wenn ich die Zeit abends anhänge?"
- ***Erwarten Sie keine Sonderbehandlung.*** Wenn der Zusammenhalt im Team funktioniert, werden Ihre Kollegen von sich aus auf Ihre veränderten Bedürfnisse Rücksicht nehmen. Umgekehrt machen Sie kein Drama daraus, wenn eine Besprechung einmal nicht familienfreundlich

am Vormittag angesetzt wird. Am besten organisieren Sie sich so, dass Sie einmal in der Woche auch am Nachmittag oder frühen Abend verfügbar sein können.

- ***Seien Sie erreichbar, aber nicht für alles und jedes.*** Natürlich dürfen das Au-pair-Mädchen oder die Kinder Sie anrufen. Bringen Sie Ihren Kindern aber bei, zu unterscheiden, was wichtig ist und was nicht. Machen Sie klar, dass Grundsätzliches zu Hause entschieden wird und nicht am Telefon. Tipp: Melden Sie sich zwischendurch per E-Mail zu Hause, und ermutigen Sie auch Ihre Kinder, Sie im Büro bevorzugt per Mail oder SMS zu kontaktieren.
- ***Nutzen Sie Rechte nicht aus.*** Ist ein Kind krank geworden, stehen Eltern zehn Tage Sonderurlaub zu, Alleinerziehenden sogar 20 Tage. Trotzdem sollten Sie sich im Büro nicht völlig ausblenden, wenn Ihr Kind die Windpocken ausbrütet oder mit einer Erkältung im Bett liegt. Rücksichtsvolle erledigen Konzeptionelles zu Hause, nehmen Anrufe konzentriert entgegen, beantworten weitergeleitete Mails prompt und professionell und schauen, wenn es sich irgendwie einrichten lässt, einmal am Tag im Büro vorbei.

Wie Sie gut mit Schwiegereltern, Stiefkindern und Expartnern auskommen

Verzweigte Familienbande bereichern das Leben. Aber es bietet auch Zündstoff, wenn er mit ihrem Bruder nicht kann, ihr Ex die Kinder gegen ihn einnimmt oder seine Mutter jeden Samstag seinen Besuch erwartet. Wenn Erwartungen, Werte und Lebensvorstellungen aufeinanderprallen, hängt es von der Diplomatie des Paares ab, für alle einen guten Weg zu finden.

Fast immer hat der Mensch, den wir lieben, Anhang: Eltern, Geschwister, Cousins, alte Freunde. Mit etwas Glück bereichern sie unser Leben und geben unserer Liebe einen festen Rückhalt. Dennoch ist die Beziehung zu ihnen nicht ohne. Denn ganz gleich, wie sympathisch sie uns sind: Sie haben die älteren Rechte und reden ein gewichtiges Wort mit. Zumindest versuchen sie es. Noch schwieriger wird es, wenn der Partner, die Partnerin Vergangenheit hat: Dann sind vielleicht Kinder im Spiel. Und Vorgänger. Seine erste Frau, deren selbstgestrickten Schal er immer noch trägt. Oder ihr Exfreund, der zwar die Trennung wollte, die Rechtsfragen seiner Agentur aber weiter gern mit ihr, der gelernten Juristin, klärt.

Keinen dieser Menschen haben wir uns ausgesucht, wir bekommen sie ungefragt dazu. Ob es uns gefällt oder nicht: Sie beeinflussen unser Leben. Und zwar nicht nur als Randfiguren. Weil der wichtigste Mensch in unserem Leben sie liebt oder mal geliebt hat oder sich ihnen gegenüber verpflichtet fühlt, treten auch wir zu ihnen in eine enge Beziehung. In diesem Kapitel erfahren Sie, wie Sie die Familienbande mit Takt, Charme und Konsequenz um den Finger wickeln.

Stil-Strategie 18:
Stehen Sie zueinander

Wenn sich die Beziehungen zu Schwiegereltern, Kindern

aus früheren Beziehungen, zu Schwager oder Schwägerin oder zu alten Freunden schwierig gestalten, so liegt das fast immer daran, dass wir mit dem Familienclan des Partners in einem harten Wettbewerb stehen. Natürlich sagt es niemand laut. Aber unausgesprochen ringen wir darum: Wem schenkt der Partner, die Partnerin am meisten Aufmerksamkeit? Wessen Gänsebraten isst er am liebsten? Wessen Aktientipps vertraut sie blind? Wer darf ihn zu jeder Tages- und Nachtzeit anrufen? Wessen Verhalten nimmt sie wie aus einem Reflex heraus in Schutz? Für wen sagt er sogar den Bach-Chor am Mittwoch ab? Wessen Witz bringt sie sogar dann zum Lachen, wenn sie zu Hause unleidlich ist und gereizt?

Es gibt ein einfaches Rezept, den heimlichen Konkurrenzkampf Ihrer Liebsten zu beenden: Schaffen Sie klare Verhältnisse. Geben Sie dem Partner, der Partnerin die Gewissheit: Du bist jetzt das Wichtigste für mich. Umso lieber wird der andere Sie dabei unterstützen, Ihre Familie spüren zu lassen: Ihr spielt weiter eine große Rolle für uns.

Eine Einheit bilden

Egal, wie gut Theresa sich mit ihrem Vater versteht, ganz gleich, wie produktiv Ole mit seinen Brüdern zusammenarbeitet, für den Erfolg der Zweisamkeit ist entscheidend, dass das neue Paar sich als Einheit begreift. Oberste Priorität hat das Wir – danach kommt der Rest der Welt. Gerade wenn die Generationen eng und lange zusammengewohnt haben, muss das junge Paar Abstand gewinnen, um Ruhe zueinander zu finden. Selbstverständlich bleiben Eltern, Geschwister und erst recht die Kinder aus früheren Beziehungen weiterhin enorm wichtige Bezugspersonen. Aber sie müssen akzeptieren: Im Familienorchester gibt es eine neue erste Geige. Deshalb wird das übrige Orchester nicht überflüssig. Aber innerhalb des Orchesters entstehen Verschiebungen, und der Klang verändert sich. Dazu einige Anregungen:

- ***Gewöhnen Sie Ihre Familie an veränderte Gewohnheiten.*** Paare leben anders als Singles. Das hat Konsequenzen: Vielleicht finden die Besuche bei den Eltern zu einem anderen Zeitpunkt statt, vielleicht werden die Telefonate mit der kleinen Schwester kürzer, vielleicht trifft man sich mit Freunden nach Plan und nicht mehr annähernd so spontan wie früher, vielleicht gibt es Themen, die man jetzt ausschließlich mit dem Partner statt wie früher mit der besten Freundin bespricht.
- ***Verzichten Sie auf den Eltern-Service.*** Verbringen Sie die ersten Ehejahre besser nicht in unmittelbarer Nähe der beiden Elternpaare. Es ist zwar bequem, wenn seine Mutter weiter seine Hemden bügelt und ihr Vater für beide die Steuererklärung erledigt. Aber fern der Heimat entwickeln Sie als Paar mehr Selbstständigkeit und Nähe – und Ihre Familien nehmen Sie als erwachsenes Paar mit eigenem Lebensmittelpunkt wahr.

- ***Vermeiden Sie das Rebecca-Syndrom.*** Leben Sie nach Möglichkeit nicht in der Wohnung zusammen, in der noch der Geist der früheren Beziehung herrscht. Sonst droht die Gefahr, dass die Vorgängerliebe die neue überschattet und die Gewohnheiten des früheren Lebens den Aufbau einer Wir-Kultur behindern.
- ***Lassen Sie Ihre Kinder aus erster Ehe nicht den Ton angeben.*** Der Rat ist heikel. Denn natürlich brauchen Ihre Kinder Sie nach der Scheidung besonders. Aber wenn Sie zu einer funktionierenden Patchwork-Familie zusammenwachsen wollen, muss Ihr Kind begreifen: Höflichkeit und Rücksichtnahme werden in der neuen Familie genauso erwartet wie in der alten. Und auch für die Rangfolge in der Familie gilt: Die Erwachsenen sind die Leitpersonen.

Extratipp: Auch wenn es vielleicht ein geradezu übermenschliches Maß an Selbstbeherrschung verlangt: Beklagen Sie sich beim anderen nicht über dessen Eltern. Zwar darf der Partner wissen, dass die lieblosen Geschenke seiner Eltern Sie kränken. Aber wärmen Sie das Thema nicht bei jedem Weihnachts- und Geburtstagsfest neu auf. Denn selbst wenn der Partner Ihren Standpunkt versteht – irgendwann wird er sich berufen fühlen, das Verhalten seiner Eltern zu erklären. Von dort aus ist es nur noch ein

kurzer Weg, dass er sie verteidigt. Deshalb: Je diplomatischer Sie sich äußern, desto besser.

An einem Strang ziehen

Abgemacht war, dass Ben sich zurückhalten würde beim Essen bei seinen Eltern. Schließlich war er eben dabei, die fünf Kilo abzunehmen, die er laut Aussage seines Hausarztes zu viel auf den Rippen hatte. Aber dann trägt Mama gebratene Ente mit Honig und Kartoffel-Sahne-Gratin auf, und ohne Rücksicht auf Evas Augenrollen lässt Ben es sich gern gefallen, dass seine Mutter ihm schon zum dritten Mal nachlegt. „Das sparst du abends wieder ein“, sagt sie. Und an ihre Schwiegertochter gewandt: „Bei mir steht niemand hungrig vom Tisch auf.“

Wie gut Ihr Partner und Ihre Familie miteinander klarkommen, hängt vor allem von einer Person ab: von Ihnen. Sie sind das Einzige, was beide Seiten miteinander verbindet, ohne Sie würden die anderen vermutlich nicht einmal gemeinsam an einem Tisch sitzen. Als oberste Regel für Ihr Verhalten gilt deshalb: Halten sie Abmachungen mit dem Partner, der Partnerin verlässlich ein.

- Wenn Sie vereinbart haben, die Idee mit dem Hausumbau erst einmal für sich zu behalten – dann behalten Sie sie auch für sich. Auch wenn Ihre Mutter in den höchsten Tönen von der neuen Dachwohnung Ihrer Cousine schwärmt.

- Wenn Sie und Ihre Lebensgefährtin sich seit Tagen auf das Segelwochenende mit Freunden freuen, dann werfen Sie den Plan nicht über den Haufen – nur weil Ihrer 16-jährigen Tochter am Freitagnachmittag plötzlich einfällt, sie könne das Geografiereferat für Montag unmöglich ohne Ihre Hilfe bewältigen.
- Wenn Sie und Ihr Mann eingeplant haben, in diesem Jahr weniger Geld für Kleidung auszugeben, dann überziehen Sie das Budget auch beim Shopping mit Ihrer Schwester nicht – selbst wenn Franziska Ihnen vorhält, sie würde sich nie so bevormunden lassen.

Als Paar an einem Strang zu ziehen kann schwieriger sein, als es klingt. Denn wer sich auf die Seite des Partners schlägt, muss aushalten, dass die Eltern, Geschwister oder Kinder eifersüchtig reagieren. Weil man das Unverständnis der Eltern oder die Angriffe von Sohn oder Tochter nur schwer aushält, fällt man in die vertrauten Rollenmuster zurück und tut, was man eigentlich vermeiden wollte: Partei für die Herkunftsfamilie ergreifen.

Leider tut das, was momentan als der leichtere Weg erscheint, dem Paarglück alles andere als gut. Hat man als Paar einen Plan gefasst, sollte es Ehrensache sein, dass beide dazu stehen – so groß die Versuchung auch sein mag, dagegen zu verstoßen. Deshalb hätte Ben, wenn schon nicht seiner Gesundheit zuliebe, dann zumindest aus Loyalität gegenüber Eva den Nachschlag ablehnen müssen: „Danke, für mich keine Ente mehr. Du weißt ja, ich will abnehmen." Die Wohlerzogenheit gegenüber der Restfamilie muss darunter nicht leiden: „Aber von den grünen Bohnen nehme ich gern noch einen Löffel. So gut wie du macht sie niemand."

In der Wir-Form sprechen

So gern Ihre Eltern endlich Großeltern wären, Sie haben sich als Paar entschieden, vorerst auf Kinder zu verzichten. Obwohl Ihre Mutter Sie gern in ihrer Nähe wüsste, verstehen Sie, dass Ihr Mann das Jobangebot in Wiesbaden nicht ausschlagen will. Auch wenn Ihre Tochter aus erster Ehe sich den Golfkurs dringend wünscht, finden Sie und Ihre Frau das Sprachferiencamp für Ihren gemeinsamen Sohn, dessen Versetzung gefährlich auf der Kippe steht, wichtiger.

Unpopuläre Entscheidungen erhöhen nicht eben die Beliebtheit im Familienkreis. Deshalb mag die Versuchung groß sein, dem Partner, der Partnerin den Schwarzen Peter zuzuschieben: „Ich kann dir den Kurs nicht bezahlen. Claudia will unbedingt, dass Moritz zu Pfingsten diesen Sprachkurs auf Malta macht." Vielleicht finden Sie sogar, der Partner, die Partnerin sollte selbst die Kastanien aus dem Feuer holen: „Okay, dann bring du Judith bei, dass der Englischkurs für Moritz Vorrang hat."

Beide Varianten zeugen von wenig Zivilcourage und

rücken die Partnerin in den Augen Ihrer Familie in ein unsympathisches Licht. Zum guten Ton in der Partnerschaft gehört es deshalb, dass jeder Partner Unpopuläres selbst mit seiner Familie klärt – auch wenn er für sich allein eine andere Entscheidung getroffen hätte. Darüber hinaus verlangt die Diplomatie, dass Sie die Entscheidung in der Wir-Form formulieren, als einen Entschluss, den beide Partner tragen und verstehen. Höfliche sagen deshalb nicht: „Ich weiß, wie sehr ihr euch ein Enkelkind wünscht. Aber Nicole will sich während der Promotion nicht mit einem Kind belasten.“ Stattdessen wählen sie die Formulierung: „Wir wissen, wie sehr ihr euch ein Enkelkind wünscht. Aber wir möchten erst eine Familie gründen, wenn Nicole ihre Promotion abgeschlossen hat.“

Extratipp: Die richtige Anrede. Grundsätzlich gibt es drei Möglichkeiten die Schwiegereltern anzusprechen:

1. mit dem Vornamen,
2. genauso, wie der Partner, die Partnerin sie nennt – zum Beispiel „Mama“ und „Paps“,
3. anders und „erwachsener“, als man die eigenen Eltern anspricht – zum Beispiel „Mutter“ und „Vater“.

Auf gar keinen Fall dürfen Sie die Anrede vermeiden. Falls Sie sich unsicher sind, klären Sie das Thema mit Ihren Schwiegereltern oder sprechen Sie sie mit den Vornamen an. Gibt es in der Familie bereits andere Schwiegersöhne oder -töchter, ist es diplomatisch, die gleiche Anrede zu wählen wie sie. Don't: Auch wenn es häufig so gehandhabt wird – Kinder lösen das Anredeproblem nicht. Die Anrede „Oma“ und „Opa“ ist ausschließlich den Enkeln vorbehalten und für die erwachsenen Kinder und Schwiegerkinder tabu.

Stil-Strategie 19: Ziehen Sie die Register der Höflichkeit

Selbst wenn Sie die Eltern Ihres Partners nicht mögen, schauspielern Sie gut.
Letitia Baldrige

Eine Studie der Familienforscherin Chalandra Bryant von der Iowa State University/USA ergab: Schwiegereltern haben einen langen Arm. Bis zu 20 Jahre lang beeinflussen sie das Beziehungsglück. Ist das Verhältnis zu ihnen gut, steigt die Wahrscheinlichkeit, dass die Ehe als glücklich empfunden wird. Häufige Konflikte mit der Schwiegerfamilie führten dagegen dazu, dass die Studienteilnehmer auch die Beziehung als weniger glücklich empfanden. Es lohnt sich deshalb, die Beziehung zur Herkunftsfamilie des Partners mit einigem Aufwand zu pflegen.

Interesse zeigen

Egal, ob Sie Ihre Schwiegerfamilie ins Herz geschlossen haben oder eher nicht – der familiäre Anhang des Partners, der Partnerin hat ein Recht darauf, in Ihren Gedanken zu sein, in Ihren Plänen eine Rolle zu spielen und auf Ihre Fairness und Feinfühligkeit zu zählen. Letitia Baldrige, frühere Stabschefin im Weißen Haus und Amerikas führende Benimmexpertin, empfiehlt das folgende Grundprogramm:

- ***Respektieren Sie die älteren Rechte der Schwiegereltern.*** Ihre Schwiegereltern haben Ihren Partner erzogen, ihn geprägt und viele Jahre mit ihm zusammengelebt. Es ist normal, dass sie weiter an seinem Leben Anteil nehmen – und menschlich, wenn sie ihren Einfluss geltend machen wollen.
- ***Melden Sie sich regelmäßig per Telefon oder E-Mail.*** Zeigen Sie sich dabei freigebig mit kleinen Alltagsinformationen: die neue Couch wurde geliefert, Ihre Tochter hat das beste Diktat in der Klasse geschrieben, Sie haben sich eine böse Erkältung eingefangen, im Garten blühen die Krokusse.
- ***Gratulieren Sie persönlich zum Geburtstag,*** nehmen Sie Notiz von wichtigen Jahrestagen. Glückwünsche und Grüße durch den Partner ausrichten zu lassen ist zu wenig.
- ***Seien Sie ganz Ohr.*** Interessieren Sie sich für ihre Hobbys und Interessen, ihr Leben, ihre Erinnerungen, nehmen

Sie Anteil an gesundheitlichen Einschränkungen und Sorgen. Lernen Sie dazu – wenn Ihr Schwiegervater angelt, sollten Sie wissen, was Wörter wie Kescher, Blinker oder Drill bedeuten, wenn Ihre Schwiegermutter Diabetes hat, sollten Sie abschätzen können, ab wann der Blutzuckerwert kritisch ist und wie viel Broteinheiten ein Stück Pizza hat.

- ***Schärfen Sie Ihren Blick für Positives.*** Komplimente fördern Beziehungen und erwecken gute Gefühle bei allen Beteiligten. Ob Sie sich von den zehn verschiedenen Sorten Weihnachtsplätzchen Ihrer Schwiegermutter beeindruckt zeigen oder die einfühlsamen Naturaufnahmen Ihres Schwiegervaters loben – wenn Sie aus der Vielfalt Ihrer Beobachtungen bewusst die positiven auswählen, findet sich leicht ein Anlass für eine anerkennende Bemerkung.
- ***Entwickeln Sie eine eigenständige Beziehung zu Ihrer Schwiegerfamilie.*** Schneiden Sie Zeitungsartikel aus, die Ihre Schwiegermutter interessieren könnten, brennen Sie für Ihren Schwiegervater eine Sendung auf DVD, verabreden Sie sich mit ihrem Schwager zum Tennis, fragen Sie Ihre Schwägerin, wie Sie mit ihrem neuen Chef klarkommt – kleine Gesten wie diese kosten kaum Aufwand und zeigen, dass Sie Ihre Schwiegerfamilie zu einem Teil Ihres Lebens machen.
- ***Fragen Sie um Rat.*** Schwiegereltern fühlen ich vom Partner, der Partnerin ihres Kindes leicht entthront. Wirken

Sie dieser Angst entgegen und hören Sie sich ihre Ratschläge höflich an – auch wenn Sie sich dann am Ende doch gegen Fliesen und für Parkett als Badfußbodenbelag entscheiden. Noch besser: Holen Sie von sich aus die Meinung der Schwiegereltern ein: „Wie beurteilst du die Situation an der Börse?“ – „Hast du eine Idee, wie man Kürbisflecke entfernt?“ – „Wie habt ihr es eigentlich geschafft, zwei Karrieren und die Kinder unter einen Hut zu bekommen?“

- ***Klären Sie Konflikte freundlich und taktvoll.*** Sprechen Sie Grenzüberschreitungen ruhig und sachlich an – nachdem Sie sich abgeregt haben: „Ich weiß, dass du mit Stadtkämmerer Mattusek befreundet bist. Aber für mich ist er ein politischer Gegner. Lass uns deshalb über seinen Sparkurs bitte keine Diskussionen mehr führen.“
- ***Halten Sie den Schwiegereltern nicht ihr Alter vor.*** Äußerungen wie „Das verstehst du nicht“ oder „Ihr seid eben eine andere Generation“ sind eine große Unhöflichkeit.

Extratipp: **Kritisieren Sie den Partner, die Partnerin nie in Gegenwart seiner oder ihrer Familie.** Mag sein, dass es Ihrer Frau wirklich gut täte, beruflich einen Gang zurückzuschalten und sich wieder mehr Zeit für die Kinder zu nehmen. Mag sein, dass Ihre Schwiegereltern das Gleiche denken oder sogar sa-

gen. Halten Sie sich trotzdem mit Kritik zurück: Die wenigsten Eltern mögen Menschen, die ihre Kinder infrage stellen. Was über eine liebevolle Neckerei hinausgeht, ruft den Beschützerinstinkt wach.

Übernachtungsbesuche

Mit 18 fand man nichts dabei: Da lebte und liebte man mit dem neuen Freund, der gerade aktuellen Freundin Tür an Tür mit den Eltern, traf einander halb angezogen vor der Badezimmertür und biss nach dem Morgen-Quickie genüsslich in die Croissants, die Papa frisch besorgt hatte. Ein paar Umzüge und ein halbes Leben später gestalten sich die Tage und Nächte mit den (Schwieger-)Eltern unter einem Dach in der Regel komplizierter. Wenn man im normalen Alltag 200 Kilometer voneinander entfernt wohnt und älter, gestresster und anspruchsvoller geworden ist, kann es die Bequemlichkeit empfindlich einschränken, Tür an Tür mit den Eltern oder Schwiegereltern zu schlafen und sich rund um die Uhr aufmerksam, entspannt und gut gelaunt zu zeigen. Klare Absprachen entschärfen potenzielle Landminen. Wichtigste Grundregel: Vereinbaren Sie Übernachtungsbesuche oder gemeinsame Urlaube im Ferienhaus grundsätzlich nur nach Rücksprache mit dem Partner oder der Partnerin. Auch die Dauer de Zusammenseins legen Sie gemeinsam fest.

Die Schwiegereltern kommen zu Besuch

- Geben Sie den Eltern des Partners, der Partnerin das Gefühl, in Ihrem Haus willkommen zu sein. Klären Sie die Dauer des Besuchs im Voraus ab und planen Sie bewusst Zeit für das Beisammensein ein. Beruflicher und sonstiger Stress sind keine Entschuldigung, bei einem geplanten Treffen Hektik zu verbreiten, sich mit Arbeit zu entschuldigen oder hierhin und dorthin zu rasen.
- Falls Ihre Schwiegerfamilie die Meinung vertritt, für Familie gälten lockerere Regeln als für andere Besucher, beugen Sie Überraschungen taktvoll vor: „Wir erwarten euch dann am Freitag gegen 16 Uhr. Meldet ihr euch kurz, wenn ihr von der Autobahn abfahrt?"
- Erwähnen Sie anderweitige berufliche oder gesellschaftliche Verpflichtungen schon im Voraus. Damit vermeiden Sie, dass es nach Flucht aussieht, wenn Sie am Samstag nach dem Frühstück für zwei Stunden ins Büro fahren.
- Wenn Sie kein Gästezimmer haben, bieten Sie Ihren Schwiegereltern Ihr Schlafzimmer an. Alternativ bringen Sie sie in einem nahegelegenen Hotel unter.
- Überziehen Sie das Bett frisch (nur Bettwäsche hinzulegen genügt nicht!), legen Sie Handtücher bereit, und schaffen Sie im Bad Platz für Ihre Gäste. Erinnern Sie sich daran, dass Ihre Schwiegermutter beim letzten Mal um eine Extradecke gebeten hat, legen Sie Obst, Bücher oder Zeitschriften bereit, denken Sie an Wasser und Gläser.

- Planen Sie die Mahlzeiten, und beginnen Sie einige Tage im Voraus mit dem Einkaufen, Vorbereiten und Einfrieren. Wenn Ihr Schwiegervater begeistert kocht oder Ihre Schwiegermutter gern das Restaurant kennen lernen möchte, in das Sie so gern gehen, dann nutzen Sie die Gunst der Stunde. Die Höflichkeit erfordert, dass Ihre Gäste sich wohlfühlen, nicht dass Sie jedes Essen eigenhändig zubereiten.
- Besprechen Sie am Anfang des Besuchs, welche Zeit Sie gemeinsam verbringen möchten, und machen Sie den Schwiegereltern Vorschläge für eigene Aktivitäten.
- Delegieren Sie Aufgaben: „Machst du bitte den Wein auf?" – „Möchtet du die Salatsoße machen, bei dir schmeckt sie immer besonders gut." – „Unser Wäschetrockner gibt neuerdings ein merkwürdiges Schleifgeräusch von sich. Würdest du ihn dir morgen mal ansehen, Hans?"
- Binden Sie weit entfernt wohnende Schwiegereltern in Ihr Leben ein: Fragen Sie Ihre Schwiegermutter, ob sie Lust hat, am Samstagnachmittag mit Ihnen ins Fitness-Studio zu gehen. Bitten Sie Ihre eigenen Eltern zum Abendessen dazu. Lassen Sie wie gewohnt die Freunde Ihrer Kinder ein- und ausgehen. Wenn Sie kleine Kinder haben, dürfen Sie den Besuch der Schwiegereltern ruhig auch für einen Abend zu zweit nutzen: Gerade weil Oma und Opa weit entfernt wohnen, werden sie es genießen, die Enkelkinder einmal ganz für sich zu haben.

Bei den Schwiegereltern zu Gast

- Passen Sie sich an den Lebensrhythmus der Schwiegereltern an: Erscheinen Sie pünktlich zu den Mahlzeiten, blockieren Sie das Bad so kurz wie möglich, sitzen Sie nicht nächtelang vor dem Fernseher, wenn Ihre Schwiegereltern schon um 22 Uhr ins Bett gehen, kleiden Sie sich so sportlich, lässig oder korrekt, wie es in der Familie des Partners, der Partnerin angesagt ist.
- Kommen Sie mit wenigen, ordentlich gepackten Taschen, übersäen Sie das tadellos aufgeräumte Haus der Schwiegereltern weder mit dem eigenen Hausrat noch mit dem Spielzeug der Kinder.
- Zeigen Sie sich ansprechbar: Natürlich gehören Laptop, Handy und iPod zu Ihrem Alltag. Aber wer auch im Haus der Schwiegereltern ständig damit hantiert, wirkt leicht so, als wollte er sich dahinter verschanzen. Für Bücher, Zeitschriften und Zeitungen gilt in abgemilderter Form das Gleiche.
- Halten Sie Ihr Zimmer in Ordnung, hinterlassen Sie das Bad in tadellosem Zustand.
- Bieten Sie Hilfe an: Decken Sie den Tisch, holen Sie Mineralwasser aus dem Keller, installieren Sie die neue Druckersoftware. Sind Ihre Schwiegereltern schon älter, ist echte Unterstützung gefragt: Rasenmähen, den Keller aufräumen, die Apfelbäume ableeren, einen besonderen Kuchen backen und einfrieren. Aber: Lehnen die Schwiegereltern Ihr Hilfsangebot

ab, respektieren Sie das „Nein“ und halten Sie sich zurück.

- Der Dank beim Abschied ist zu wenig. Melden Sie sich telefonisch, sobald Sie wieder zu Hause sind, lassen Sie die Eltern wissen, dass Sie wohlbehalten angekommen sind, und bedanken Sie sich noch einmal für das (schwieger-)elterliche Verwöhnprogramm.

Extratipp: **No Sex.** Sex im Jugendzimmer ist Teenies vorbehalten. Für Erwachsene ist Liebesakrobatik bei aller Offenheit ein intimer Akt unter zwei Menschen. Stilvoller ist es deshalb, darauf zu verzichten, wenn man bei Übernachtungsbesuchen Tür an Tür mit den Eltern wohnt: Erwachsene Erotik wartet auf den passenden Moment.

Enkelkinder

Mit der Geburt von Enkelkindern tritt das Verhältnis zwischen Schwiegereltern und Schwiegerkindern in ein neues Stadium. Man sieht sich öfter, die Liebe zu dem neuen Baby verbindet, die so unterkühlt wirkende Mutter der Partnerin erweist sich als liebevolle Großmutter, der anfangs wenig geschätzte Schwiegersohn steigt als Vater des ersehnten Enkelkinds in der Wertschätzung. Gleichzeitig bergen die neuen Rollen auch neuen Zündstoff: zum Beispiel weil die Großeltern sich in die Erziehung einmischen, den Nachwuchs gern öfter sehen würden oder sich als Babysitter missbraucht fühlen. Zu den guten Manieren gehört es ab jetzt auch, den Kontakt von Großeltern und Enkeln fair zu regeln.

- Sorgen Sie dafür, dass Ihre Schwiegerfamilie Ihre Kinder oft und regelmäßig sieht. Leben die Schwiegereltern in einer anderen Stadt, halten Sie sie mit Fotos, E-Mails, Telefonaten oder per Webcam auf dem Laufenden.
- Betrachten Sie Babysitterdienste nicht als selbstverständlich, nutzen Sie die Freundlichkeit Ihrer Schwiegereltern nicht aus. Wenn Sie und Ihre Schwiegereltern am gleichen Abend etwas vorhaben, gehen die Pläne der Schwiegereltern vor. Wichtigste Regel: Respektieren Sie es, wenn Eltern und Schwiegereltern ein eigenes erfülltes Leben haben und nicht die Kinderkrippe ersetzen möchten.
- Kritisieren Sie Ihre Schwiegereltern nicht in Hörweite Ihrer Kinder.
- Sagen Sie Ihren Schwiegereltern nie, die Erziehung Ihrer Kinder ginge sie nichts an. Natürlich müssen Sie Ihre Tochter nicht in das humanistische Gymnasium schicken, das Opa für das einzig richtige hält. Aber die Höflichkeit erfordert es, seinen Vorschlag zu bedenken und die Ablehnung gut zu begründen.
- Betrachten Sie es als Unterstützung, nicht als Kritik an Ihrer Erziehung, wenn Ihre Schweigereltern darauf po-

chen, dass die Enkelkinder manierlich essen, Gespräche nicht monopolisieren oder wohlerzogen bitte und danke sagen.

- Egal, wie sehr Sie sich über Ihre Schwiegereltern ärgern mögen, schränken Sie nie den Kontakt zwischen Großeltern und Enkelkindern ein. Sie würden damit Ihr Kind als Faustpfand missbrauchen. Die Regel gilt auch nach einer Scheidung oder dem Tod des Partners.

Stil-Strategie 20: *Umsegeln Sie Untiefen und Klippen*

Jede Familie bildet eine Kulturgemeinschaft mit eigenen Traditionen, Umgangsformen, Weltanschauungen, Ritualen und Sprachgewohnheiten. Sehr wahrscheinlich werden sich Ihre Familien deshalb im Lebensstil und im Verhaltenskodex unterscheiden – auch dann, wenn Sie beide aus der gleichen Stadt und sozialen Schicht stammen. Je bewusster Sie unterschiedliche Lebensformen und unantastbare Gewohnheiten wahrnehmen, je geschmeidiger Sie sich daran anpassen, desto schneller gehören Sie in der neuen Familie dazu. Hier sind die wichtigsten Untiefen und Klippen des familiären Miteinanders, von den Ernährungsgewohnheiten bis zum großen Geldgeschenk.

Essen und Trinken

An einem langen Tisch sitzen, ein gutes Essen genießen, der Wein funkelt in den Gläsern – nichts drückt Zusammengehörigkeit und Lebensfreude schöner aus. Trotzdem oder vielleicht gerade deswegen gerät der Esstisch leicht zum Krisenherd: Was man isst, wie viel Geld man dafür ausgibt, wer kocht, ob Tiefkühlprodukte als praktisch gelten oder als tabu, ob man Alkohol genießt oder als gesundheitsschädlich ablehnt – dahinter verbergen sich Traditionen und Weltanschauungen. Unterschiedliche Lebensvorstellungen zeigen sich deshalb am schnellsten dort, wo die Familie am meisten Zeit miteinander verbringt: bei Tisch. Die folgenden Stilregeln überbrücken die Unterschiede:

- ***Auch in der Familie gilt: Wer einlädt, führt Regie.*** Er bestimmt (im Wesentlichen), wann gegessen wird, was auf den Tisch kommt und was es zu trinken gibt. Dabei nehmen die Gastgeber natürlich auf die Vorlieben, Abneigungen und Lebensmittelunverträglichkeiten ihrer Gäste Rücksicht. Die Höflichkeit verlangt jedoch nicht, dass Sie so gehaltvoll kochen wie die Schwiegermutter oder so aufwändig wie Schwager und Schwägerin. Genauso wenig brauchen Sie als Schwiegertochter vorzuführen, dass Sie Küche und Haushalt perfekt im Griff haben, wenn Ihr Mann lieber oder besser kocht als Sie.

- ***Sagen Sie, was Sie nicht mögen.*** Tun Sie ruhig kund, dass Sie keinen Knoblauch mögen oder kohlensäurehaltige Mineralwasser nicht vertragen. Schließlich gehören Sie zur Familie. Halten Sie aber die Liste der Lebensmittel, die Sie nicht oder nur ungern essen, kurz. Schwärmen Sie auch nicht von der perfekten Crema, die die vollautomatische Kaffeemaschine Ihrer Eltern produziert, wenn die Schwiegereltern Filterkaffe anbieten. Andernfalls gelten Sie zu Recht als schwierig und verwöhnt.
- ***Zeigen Sie sich flexibel.*** Vielleicht ernährt sich die Schwiegerfamilie rein vegetarisch, oder es gibt Servietten nur, wenn Gäste kommen. Wenn Sie nicht zum Außenseiter werden wollen, geben Sie sich mit dem Gebotenen zufrieden. Ist die Schwiegerfamilie bei Ihnen zu Gast, merken die anderen von selbst, worauf Sie Wert legen und worauf eher nicht.
- ***Halten Sie sich mit Alkohol zurück.*** Egal, ob als Gast oder Gastgeber – trinken Sie im Beisein der Schwiegerfamilie nicht mehr Alkohol als bei einem Geschäftsessen. Auf gar keinen Fall trinken Sie schneller oder mehr als die anderen am Tisch. Wenn Ihre Schwiegerfamilie bevorzugt nichtalkoholische Getränke oder höchstens ein Pils zum Essen trinkt, kann das zweite Glas Wein schon als zu viel empfunden werden.

„Ich hätte da eine Frage ...“: Wie auf Fehler hinweisen?

Kürzlich half mir meine Schwiegermutter, den Tisch für ein Familientreffen zu decken. Dabei hat sie die Brotteller auf

die rechte statt auf die linke Seite gestellt. Es wäre mir unhöflich erschienen, sie zu bitten, die Teller umzustellen. Jetzt wüsste ich gern, wie ich mich in einer ähnlichen Situation taktvoll durchsetzen kann.

Sie haben absolut richtig reagiert: Wichtiger als der richtige Umgang mit Tellern und Besteck ist der mit Menschen. Wer es dabei an Freundlichkeit fehlen lässt, hat verloren, auch wenn er sonst alles richtig macht. Deshalb wäre es auch ein Fauxpas, wenn einer Ihrer Gäste den Teller zurück in die korrekte Position stellen würde. Wenn sie wollen, können sie beiläufig erwähnen, Ihre Schwiegermutter habe das Eindecken freundlicherweise für Sie übernommen. Souveräner ist es aber, auch das zu lassen.

Rauchen

Das Thema Rauchen polarisiert. Im Büro, im Restaurant und erst recht am Familientisch. Die Höflichkeitsregeln für Raucher sind deshalb sehr einfach: Wenn alle andern in der Familie Nicht- oder Antiraucher sind, fragen Sie gar nicht erst, ob Sie rauchen dürfen. Im Freien ist das Rauchen zwar erlaubt. Aber wenn alle auf der Terrasse zusammensitzen, ist es diplomatischer, es auch dort zu unterlassen. Ist die Schwiegerfamilie bei Ihnen zu Gast, verzichten Sie ebenfalls auf Zigaretten, Pfeife & Co. Vergessen Sie nicht: Das Image der Raucher sinkt stetig.

Haben Sie als Nichtraucher in eine Familie von Rauchern eingeheiratet, gibt es keine eindeutigen Benimmregeln. Ihre eigene Wohnung können Sie zur rauchfreien Zone erklären, ohne unhöflich zu sein. Noch besser: Bitten Sie den Partner, die Partnerin darum, falls nötig ein Rauchverbot auszusprechen. Bei allen anderen Begegnungen gilt: Sie haben gewusst, worauf Sie sich einlassen. Unterdrücken Sie deshalb Ihr Missfallen, wenn sich ein Familienmitglied in Ihrem Beisein eine Zigarette anzündet. Die höfliche Frage: „Stört es dich, wenn ich rauche?“, dürfen Sie dagegen ehrlich beantworten: „Wenn ich offen bin, ja. Was hältst du davon, wenn wir uns auf der Terrasse weiter unterhalten?“ Sobald Sie Kinder haben, gelten neue Regeln: Dann ist es selbstverständlich, dass Oma und Opa, Onkel und Tanten auch im eigenen Zuhause auf das Rauchen verzichten, wenn die Kleinen zu Besuch sind.

Tabus

In jeder Familie gibt es Tabus und No-gos: Themen, die man nicht ansprechen darf. Worte, die man nicht sagt. Traditionen, die man nicht bricht. Vielleicht gilt es als absolut schlechter Stil, während des Essens über berufliche und gesundheitliche Probleme zu reden. Oder Ihre Schwiegermutter fühlt sich verletzt, wenn jemand die jungfräuliche Geburt oder den Sinn des Zölibats in Zweifel zieht. Oder das Thema Kinderhaben wird nur im Flüsterton besprochen, weil Schwager und Schwägerin nach vier vergeblichen In-vitro-Fertilisationen vom Nachwuchs anderer nichts hören mögen.

Man mag familiäre Tabus verklemmt finden und Familiengeheimnisse ungesund. Vielleicht fände man es sogar spannend, Näheres über den mysteriösen Unfall zu wissen, über den sich alle ausschweigen, obwohl dabei der Großvater des Partners ums Leben kam. Dennoch: Die Diskretion verbietet es, den anderen den eigenen, vielleicht freieren Umgang mit Worten, Gefühlen und Themen aufzudrängen. Respektieren Sie, wenn es in Ihrer Schwiegerfamilie Verhaltensweisen, Worte oder Erinnerungen gibt, die als peinlich, geschmacklos oder schmerzlich empfunden werden. Die kleine Anpassungsleistung schränkt Ihr Leben nicht ein. Aufgrund ihrer älteren Rechte hat die Schwiegerfamilie sogar einen Anspruch darauf.

Genauso wichtig: Ersparen Sie es Ihrem Partner, ungewollt ins Fettnäpfchen zu treten. Machen Sie ihn vertraut mit dem, was in Ihrer Familie Missbilligung auslösen oder Gefühle verletzen könnte.

Weihnachten und andere Feste

Bei vielen Paaren artet Weihnachten zur Jahresendrallye aus: Heiligabend geht's zur Kindermette, danach bescheren Oma Gertraud und Opa Ernst, später gibt's zu Hause Fondue und Geschenke satt. Am ersten Feiertag kommen die Schwiegereltern in Freiburg dran, auf der Rückfahrt schaut man bei Schwägerin und Schwager in Darmstadt vorbei, am zweiten Feiertag komplettiert sein Sohn aus erster Ehe die Familie, und zwischen den Jahren, das hat man fest versprochen, besucht man Uroma Hedwig zum Tee im Seniorenheim. Weihnachten, das Fest der Familie, fordert seinen Tribut. Wenn zwei Herkunftsfamilien auf ihr Recht pochen, wird das Fest des Friedens zum logistischen Problem. Stammt darüber hinaus einer der Partner aus einer Patchwork-Familie oder hat er selbst eine, wird es noch schwieriger, allen gerecht zu werden. Höchstens Muttertag ist mit vergleichbar hohen Erwartungen befrachtet. Mit den folgenden Strategien feiern Sie höflich, ohne sich zu zerreißen:

- ***Die Kleinfamilie hat Vorrang.*** Sprechen Sie miteinander und mit Ihren Kindern darüber, wie Sie die Feiertage verbringen möchten. Verlieren Sie dabei die Erwartungen Ihrer beiden Herkunftsfamilien nicht aus den Augen – aber treffen Sie letztendlich eine Entscheidung, in der Sie sich auch als Paar wiederfinden. Bei aller Höflichkeit, die Sie Eltern und Schwiegereltern schulden: Die älteren Paare müssen und werden akzeptieren, dass erwachsene Kinder eigene Weihnachtstraditionen entwickeln.
- ***Seien Sie flexibel.*** Als Kind waren Sie es vielleicht gewöhnt, dass das Weihnachtsfest immer genau gleich ablief. Erwachsenen mit Familien in entfernten Städten würden in Stein gemeißelte Festtagsrituale das Leben unnötig erschweren. Wo und wie man Weihnachten feiert, hängt jetzt von drei Familien ab, von der eigenen

und von den beiden Herkunftsfamilien. Die lange Autofahrt, die mit einem Baby geht, wäre mit drei Kleinkindern eine Tortur. In dem Jahr, in dem ihre Mutter schwer krank ist, entfällt der traditionelle Weihnachtsbesuch bei seinen Eltern. Nach der bedrohlichen Ehekrise nimmt sich das Paar das Recht heraus, in der Karibik die Wunden zu heilen – fern von Schwiegermutter, Uropa und Weihnachtsgans.

- ***Familientraditionen ausbalancieren.*** Beide Partner bringen aus ihren Familien Traditionen mit, die ihnen lieb und teuer sind: Doch der ganz besondere Kartoffelsalat am Weihnachtsabend kollidiert mit dem traditionellen Fondue, der Ritus, die Geschenke reihum auszupacken, mit der Gewohnheit, sie ungeduldig aufzureißen, der selbst gebastelte Baumschmuck mit den Christbaumkugeln aus dem Museum of Modern Art. Entscheiden Sie gemeinsam als Paar, welche Traditionen Sie fortführen möchten und welche Sie fallen lassen, weil sie sich mit den Lieblingsbräuchen des Partners oder der Partnerin überschneiden.

Extratipp: Weihnachtslogistik

- *Die individuelle Variante:* Mit etwas Glück genießen die großen Feste im Jahr in Ihren Familien einen unterschiedlich hohen Stellenwert. Vielleicht bedeuten Ihren Eltern die Ostertage von jeher mehr als Weihnachten: sei es, weil sie theologisch wichtiger sind, sei es, weil ab Ostern der Garten wieder zu leben beginnt. In diesem Fall bietet es sich an, die großen Feste unter den Familien aufzuteilen.

- *Die gerechte Variante:* Wechseln Sie Besuche ab, und regeln Sie beizeiten im Voraus, mit wem Sie die Feiertage verbringen: „Wir sind dieses Jahr zu Weihnachten in Bochum, Axels Vater geht es nicht gut. Dafür würden wir euch gern an Neujahr zum Essen einladen." Ideal ist es, wenn Sie einen guten Grund für Ihre Wahl angeben können: Das Patenkind Ihres Mannes spielt in der Weihnachtsmette ein Geigensolo. Ihr Schwiegervater feiert am zweiten Weihnachtstag seinen 60. Geburtstag, der traditionelle Sommerbesuch bei den Schwiegereltern fiel in diesem Jahr aus.
- *Die All-in-one-Variante:* Laden Sie beide (Groß-) Elternpaare zu sich nach Hause ein. Oder organisieren Sie ein Familientreffen für alle am ersten Weihnachtstag. Diese Variante ist besonders empfehlenswert, wenn einer von Ihnen keine Geschwister hat und sich an jedem großen Feiertag verpflichtet fühlt, für seine Eltern da zu sein.
- *Die getrennte Variante:* Natürlich verbringt man die großen Feste als Paar gern gemeinsam. Aber

es entlastet den Terminkalender, manche Familientreffen getrennt zu absolvieren. Nichts spricht dagegen, dass am Muttertag jeder etwas Besonderes mit seiner eigenen Mutter unternimmt oder dass Thomas am ersten Weihnachtstag mit seinen Töchtern in die Kinderoper geht, während Sybille sich mit ihren Eltern und Schwestern trifft. Wichtig: Informieren Sie Ihre Familien rechtzeitig über Solo-Auftritte, und überbringen Sie die Grüße des abwesenden Partners. Noch besser: Der abwesende Partner ruft selbst kurz an. Auf diese Weise vermeiden Sie den Eindruck, der Partner, die Partnerin wolle bei einem Treffen nicht dabei sein.

Darlehen und Geldgeschenke

Manche Eltern sind von sich aus großzügig und verwöhnen Tochter und Schwiegersohn mit großen Geldgeschenken. In anderen Fällen fragen die Kinder die Eltern selbst nach einem Zuschuss für den Immobilienkauf oder die teure Privatschule. So oder so kann die Finanzspritze Probleme aufwerfen: Bei Tobias und Margit greifen seine Eltern dem Paar geberfreudig unter die Arme, während ihre befinden, Schwiegersohn und Tochter müssen den Hausbau aus eigener Kraft schaffen. Bei Constanze und Johann verletzt es sein Ego, weil ihre Eltern dem Paar einen Lebensstil ermöglichen, den die beiden allein niemals verwirklichen könnten. Bei Antonia und Gerd ist das Verhältnis zu ihrem Bruder mehr als kühl, weil Gerd in der Firma der Schwiegereltern nach dessen Meinung eine allzu führende Rolle spielt. Hier sind die grundlegenden Regeln für das Leihen, Schenken und Erben:

- Egal, wie ideal das Haus Ihrer Schwiegereltern für Ihre Familie wäre, unabhängig davon, wie wohlhabend die Eltern des Partners sind, ganz gleich, wie sehr es Sie drängt, den elterlichen Familienbetrieb zu übernehmen – es wäre eine grobe Stilverletzung (schwieger-)elterliche Finanzspritzen einzufordern. Eltern müssen von ihrem Vermögen nichts vorzeitig abgeben, auch dann nicht, wenn das andere Elternpaar eine große Summe zur Verfügung stellt.
- Machen Sie bei der Bitte um materielle Zuwendungen klar: Aus Gerechtigkeitsgründen müssen Ihre Eltern Ihren Geschwistern die gleichen Summen und Chancen zur Verfügung stellen wie Ihnen. Nicht jeder kann und will so viel Geld lockermachen. *Tipp:* Benachteiligungen brauchen Sie um der Höflichkeit willen allerdings nicht hinzunehmen. Wird eines der Geschwister materiell deutlich bevorzugt, dürfen Sie das Thema ruhig und deutlich ansprechen. Denn es berührt möglicherweise auch Ihr Leben und das Ihrer eigenen Familie, wenn die Eltern mit einseitigen Zuwendungen ihre Rücklagen für das Alter schmälern.

- Wenn Sie sich von Ihren (Schwieger-)Eltern Geld leihen, ist es korrekt, die Verzinsung und Rückzahlung vertraglich zu regeln und getroffene Vereinbarungen verlässlich einzuhalten.
- Setzen Sie den Partner, die Partnerin niemals unter Druck, seine oder ihre Eltern um Geld zu bitten. Falls Sie Unterstützung brauchen, klären Sie das Thema zu viert.
- Viele Eltern geben Geldgeschenke für ganz bestimmte Anschaffungen. Es ist selbstverständlich, dass Sie die Summe, die ausdrücklich für einen Gartenzaun gespendet wurde, nicht für einen Wellness-Urlaub verwenden. Falls Sie den Zaun für überflüssig halten, verlangt die Höflichkeit, dass Sie auf das Geldgeschenk verzichten.
- Betrachten Sie als Schwiegersohn oder Schwiegertochter große Geld- oder Sachgeschenke der Schwiegereltern als Investition in das Glück Ihres Kindes. Das heißt für Sie: Solange die Beziehung gut läuft, dürfen Sie an dem höheren Lebensstandard teilhaben, den die Großzügigkeit der Schwiegereltern ermöglicht. Im Fall einer Trennung wäre es ein unverzeihlicher Fauxpas, einen Anteil der schwiegerelterlichen Zuwendungen für sich zu beanspruchen.

Stil-Strategie 21:
Formen Sie die Patchwork-Familie

Sam: Willst du dich nicht bei Victoria für das Essen bedanken?
Jonah: Danke für das Essen. Die Kartoffeln haben Sie wirklich wunderbar gekocht.
Schlaflos in Seattle

Ungefähr jede siebte Familie in Deutschland lebt als Patchwork-Familie, und jede von ihnen ist ein Unikat: Mal bringt ein Partner Kinder in die neue Beziehung mit, mal alle beide. Bei manchen leben die Kinder dauerhaft in der neuen Familie, bei anderen kommen sie nur an Wochenenden und in den Ferien zu Besuch. Noch vielfältiger gestaltet sich das Familienkaleidoskop, wenn das Paar zu den Kindern aus der vorherigen Ehe noch eigene dazubekommt. Die bunte Zusammenstellung ist nicht nur organisatorisch eine Herausforderung. Es dauert auch, bis sich alle miteinander arrangiert haben. Fünf Jahre benötigen Patchwork-Familien im Schnitt, um zu einem eingespielten Familienverband zusammenzuwachsen. Bis es so weit ist, brauchen die Erwachsenen in der Familie Toleranz, Respekt, Geduld und Souveränität. All das also, was gute Manieren ausmacht.

Respektieren, was war

Wer eine Familie heiratet, startet mit schwerem emotionalem Gepäck in die Ehe: Denn so groß die Liebe zwischen den Erwachsenen auch sein mag, die Kinder haben sich den neuen Stiefvater, die neue Teilzeitmutter nicht ausgesucht. Am liebsten möchten sie, dass alles so bleibt, wie es war, und begegnen dem neuen Stiefelternteil zumindest gelegentlich mit Ablehnung, Zorn oder beidem.

Aber nicht nur die Kinder, auch die Erwachsenen kämpfen mit der Vorgeschichte: Der neue Stiefelternteil steht vor der Aufgabe, die Zuneigung eines fremden Kindes zu gewinnen und sich in eine gewachsene Familienkonstellation einzufädeln, der leibliche Elternteil sitzt zwischen den Stühlen, im Hintergrund wirft ein Exelternteil seinen Schatten – er ist zwar nicht da, aber dauernd präsent.

Diese Situation ist für keinen leicht. Umso wichtiger ist es, dass zumindest die Erwachsenen zivilisiert miteinander umgehen und zusammen eine Brücke zwischen dem alten und dem neuen Leben bauen. Im Idealfall zeigen alle beteiligten Erwachsenen Haltung.

- ***Der leibliche Elternteil*** bemüht sich konsequent um eine höfliche, sachliche Beziehung zum Expartner, zur Expartnerin. Er überfordert die Kinder nicht mit dem Wunsch, dass sie den neuen Partner lieben sollen. Trotzdem besteht er darauf, dass sie sich dem neuen Partner, der neuen Partnerin gegenüber höflich verhalten.
- ***Die Neu-Mutter*** stellt eine Arbeitsbeziehung zur Mutter ihrer Stiefkinder her, der Neu-Vater bemüht sich um einen höflichen Kontakt zum leiblichen Vater. Wichtig: Gehen Sie dem Expartner nicht aus dem Weg, äußern Sie sich positiv und liebevoll über die Kinder, und stel-

len Sie klar, dass Ihnen das Wohl der Kinder am Herzen liegt. Betonen Sie auch, dass Sie die Mutter, den Vater weder ersetzen können noch wollen.

- ***Der Expartner*** springt über seinen Schatten. Weder drängt er sich durch ständige Anrufe in die neue Familie, noch äußert er sich herabsetzend über den neuen Stiefelternteil. Idealerweise gibt er den Kindern seinen Segen, sich auf den neuen Partner einzulassen: „Mama sucht sich bestimmt keinen blöden Typen aus. Gebt dem Christoph doch erst mal eine Chance." Kritik und Bitterkeit sind zwar verständlich. Aber sie stürzen die Kinder in Loyalitätskonflikte und bringen das verlorene Leben nicht zurück.
- ***Das neue Paar*** lädt den leiblichen Elternteil zu den wichtigen Ereignissen im Leben des Kindes ein, vom ersten Schultag bis zur Konfirmation. Der Stiefelternteil spielt bei solchen Anlässen die zweite Geige – auch dann, wenn er im Alltag und bei der Erziehung der Kinder die größere Rolle innehat.

Eine eigene Rolle finden

Stiefeltern, so sieht es der Gesetzgeber vor, haben gegenüber den Kindern des Partners weder Rechte noch Pflichten. Juristisch gesehen können sie weder Tischmanieren einfordern noch die Anschaffung von Killerspielen verbieten. Dafür zwingt sie allerdings auch nichts dazu, Tierbabymemory zu spielen, Schulbrote herzurichten oder *Harry*

Potter vorzulesen. Natürlich gehen beide Extreme an der Wirklichkeit vorbei. Tatsache aber ist: Der nicht-leibliche Elternteil bewegt sich auf unsicherem Terrain. Seine Rolle in der Patchwork-Familie ist nirgendwo definiert. Offiziell existiert sie nicht einmal.

Trotzdem haben die meisten Neu-Eltern und ihre Partner ein klares Wunschbild vor Augen: Am schönsten fänden sie es, wenn die Kinder den neuen Elternteil als Ersatzmutter oder Zweitpapa akzeptieren würden. Leider schadet diese Idealvorstellung mehr, als sie nützt. Sie überfordert die Kinder und löst bei den Co-Eltern Enttäuschung und Versagergefühle aus.

Das liegt daran, dass die Beziehung zwischen Stiefkindern und Stiefeltern zumindest am Anfang eher einer arrangierten Ehe als einer Liebesheirat ähnelt: Die Kinder reagieren rebellisch, abweisend oder feindselig, die Neu-Eltern stellen ihr Leben mit durchaus gemischten Gefühlen auf den Nachwuchs des Partners ein. Zwar setzen die meisten Stiefeltern alles daran, mit den Kindern des Partners gut auszukommen. Fatalerweise lösen ihre Bemühungen bei den Kindern aber eher Abwehr als Zuneigung aus. Je attraktiver sie die Unternehmungen mit dem Neuen oder der Neuen finden, desto mehr fürchten sie, den abwesenden Elternteil zu verraten.

Stiefeltern versuchen deshalb am besten gar nicht erst, die Mutter- oder Vaterrolle auszufüllen: Sie ist an den leiblichen Elternteil vergeben und muss in den seltensten Fällen neu besetzt werden. Es gibt genügend andere Möglichkeiten, eine Bindung zu den angeheirateten Kindern aufzubauen. Vier davon beschreibt die Familienforscherin Mary W. Temke von der University of New Hampshire/USA:

- ***Als Freund oder Freundin.*** Als Freund und Gesprächspartner kann ein Stiefelternteil einem Kind Zuneigung, Geduld, Aufmerksamkeit und neue Perspektiven schenken – ohne in Konkurrenz zum biologischen Elternteil zu treten.
- ***Als Vorbild.*** Mag sein, dass Ihre angeheirateten Kinder Ihre Erziehungsversuche ablehnen. Indirekt nehmen Sie trotzdem Einfluss. Es bleibt nicht ohne Wirkung, wenn die Kinder sehen, dass Sie sich gesund ernähren, lieber lesen als fernsehen oder selbst auf grobe Ungezogenheiten sachlich reagieren.
- ***Als Coach.*** Gemeinsame Hobbys oder Interessen verbinden. Wenn Sie Ihre Teilzeittöchter mit zum Reiten nehmen oder mit Ihrem Stiefsohn physikalische Experimente durchführen, fördern Sie die Kinder und eröffnen ihnen eine andere Welt als die leiblichen Eltern.
- ***Als Extra-Elternteil.*** Als Extra-Elternteil wirken Sie aktiv und hauptamtlich an der Erziehung der Kinder mit, ohne den leiblichen Elternteil zu ersetzen oder zu verdrängen. In dieser Rolle sind Sie für das Kind eine zweite Mutter, ein zusätzlicher Vater. Trotzdem bleibt die Tatsache unumstößlich: Angeheiratete Kinder sind keine eigenen Kinder und werden es nie sein.

Den Kern aufbrechen

Zwischen Erst- und Zweitfamilien besteht ein fundamentaler Unterschied: In der Erstfamilie werden die Kinder in die Wir-Kultur des Paares hineingeboren. In der Zweitfamilie dagegen dockt der neu hinzukommende Erwachsene an die Wir-Kultur des anderen Partners und dessen Kinder an. Ihm kommt im Familiengefüge die undankbare Rolle des Eindringlings und Außenseiters zu. Entsprechend zurückgesetzt, unsicher und auch ausgenutzt wird er sich gelegentlich fühlen.

Die Höflichkeit verlangt deshalb, dass der leibliche Elternteil dem neu hinzukommenden Erwachsenen in der Familie Raum und Geltung verschafft. Seine Aufgabe ist es, sich selbst zurückzunehmen und für Situationen zu sorgen, in denen der Outsider zum Insider wird. Ein Beispiel: Wenn Vater und Tochter fantastisch Ski laufen und die „Stief" sogar einfache Abfahrten nur im Zeitlupentempo schafft, drängt ein gemeinsamer Winterurlaub das neue Familienmitglied noch mehr an den Rand. Dagegen begünstigt es die familiäre Balance, wenn die drei zusammen ins Outlet-Center fahren. Während Dagmar und Lisa in Sonnenbrillen und Kaschmirpullis schwelgen, ist Papa erst mal abgeschrieben. Geht der Plan auf, spielt ein paar Stunden lang die „Stief" die Hauptrolle, und der Vater steht am Rand.

Grenzen setzen und miterziehen

„Du bist nicht meine Mutter. Du hast mir nichts zu sagen." Dieser Satz ist ein Klassiker in der Patchwork-Familie. So sehr er kränkt, das Kind hat Recht: Stiefeltern sind keine Erziehungsberechtigten im rechtlichen Sinn. Dennoch werden sie Betreuungs- und Erziehungsaufgaben übernehmen wollen und müssen. Beides ist erst möglich, wenn das Kind das neue Familienmitglied kennen gelernt hat und seiner natürlichen Autorität vertraut. Dennoch wird das Erziehen für Stiefeltern immer komplizierter sein als für die leiblichen Eltern. Diese besondere Situation verlangt besondere Maßnahmen – von beiden Partnern.

- Klären Sie zusammen ab, inwieweit der „Stief" überhaupt erzieherisch mitwirken soll. Sehr wahrscheinlich wird sich der Einfluss zunächst darauf beschränken, das alltägliche Zusammenleben mit den Kindern zu regeln: „Bitte zerschramm mit dem Skateboard nicht das Parkett." –„Nein, Eis gibt es erst nach dem Essen." – „Beeil dich bitte, der Bus fährt gleich." Ob die 6-Jährige mit dem Fahrrad zur Schule fahren darf oder bis wann der 14-Jährige abends wegbleiben darf, entscheidet dagegen der leibliche Elternteil.
- Sprechen Sie über Ihre Vorstellungen in Sachen Ordnung, Pünktlichkeit und Mithilfe im Haushalt. Legen Sie gemeinsam fest, was die Kinder dürfen und was nicht. Falls die Vorstellungen weit auseinanderklaffen, macht

der Stiefelternteil die größeren Zugeständnisse. Umgekehrt achtet der leibliche Elternteil darauf, dass der Stiefelternteil als Neuling im Familiengefüge zu seinem Recht kommt. Dazu gehört es auch, dem Kind klarzumachen, dass in der neuen Familie manche Dinge anders laufen als in der alten.

- Verlangen Sie als Mutter oder Vater, dass das Kind den Stiefelternteil höflich behandelt und seine Anweisungen befolgt: „Natürlich hast du Mami lieber als Susanne. Aber Susanne und ich gehören jetzt zusammen, und sie hat dich sehr gern. Deshalb möchte ich, dass du höflich zu ihr bist und tust, was sie dir sagt."
- Setzen Sie als Stiefelternteil Grenzen höflich-neutral: „Sara, es stört mich, wenn du in meinem Kleiderschrank stöberst. Bitte frag mich beim nächsten Mal, ob du dir etwas von mir leihen kannst."
- Reagieren Sie als Stiefelternteil ruhig und erwachsen. Wenn das Kind sagt: „Du bist nicht meine Mutter", sagen Sie: „Du hast Recht, ich bin nicht deine Mutter. Ich möchte sie auch nicht ersetzen. Aber in diesem Haus gilt die Regel, dass du nicht länger als eine Stunde im Internet bist. Wenn das ein Problem für dich ist, musst du mit deinem Vater darüber sprechen."

Besuche gestalten

Sie kommen jedes zweite Wochenende, fegen wie Tornados durch Haus, kleben an Papa, und wenn Nina für sie Pizza macht, findet Anton Tomaten eklig, Emil zerlaufenen Käse pfui und Sebastian seine Söhne über jeden Tadel erhaben.

In Wochenendfamilien kann das Paar zwar leichter zu einer Einheit zusammenwachsen als in Patchwork-Familien, in denen die Kinder Tag für Tag dabei sind. Dafür herrscht an Besuchswochenenden der Ausnahmezustand: Schließlich möchte der leibliche Elternteil, der in dieser Konstellation meistens der Vater ist, am Samstag und Sonntag nachholen, was er von Montag bis Freitag versäumt. Also gestaltet er als Sonntagsvater die gemeinsame Zeit so attraktiv und konfliktfrei wie möglich. Die Interessen und Bedürfnisse der Teilzeitmutter kommen im Vergleich dazu ziemlich kurz: Sind die Kinder da, erlebt sie sich als Außenseiterin in der verschworenen Vater-Kind-Gemeinschaft. Zwei wilde Tage lang scheint dem Partner die Zweisamkeit so egal zu sein wie der Apfelsaftfleck auf der Designercouch.

- Geben Sie den Kindern das Gefühl, in Ihrem Haus willkommen zu sein. Deshalb brauchen Sie weder Frechheiten hinzunehmen noch Störungen zu schlucken. Vielmehr kommt es darauf an, dass die Kinder die Wochenendfamilie als ein zweites Zuhause erleben: Weil dort ein eigenes Zimmer auf sie wartet, ein eigener Haken an der Garderobe und das ganz spezielle Anton-Zahnputzglas im Badezimmer. Weil es nach ihrer Ankunft immer erst mal einen Becher Kinder-Cappuccino und eine Runde Kuscheln mit Papa gibt. Und weil klar festgelegt ist, dass bei Papa und Nina ein paar andere Regeln gelten als bei Mami und Ernst. Vertraute Gegenstände und Rituale vermitteln Sicherheit und erwecken das Gefühl, die Situation unter Kontrolle zu haben.

- Unternehmen Sie manches als Familie und vieles in wechselnden Gruppierungen. Samstag-Sonntag-Familien müssen nicht ständig zusammenkleben, um die wenige Zeit optimal zu nutzen. Mindestens genauso wichtig wie Gemeinschaftsunternehmungen sind Aktivitäten in wechselnden Besetzungen: Erstens brauchen Vater und Kinder als Kernfamilie Zeit für sich allein, um wie früher unbefangen miteinander herumzualbern und selbstvergessen zu bauen. Zweitens arrangieren sich Teilzeitmutter und Wochenendkinder schneller miteinander, wenn der Vater nicht in jeder Sekunde dabei ist und vermittelt, ermahnt und beschwichtigt. Drittens benötigt das Paar, wie in jeder Familie mit Kindern, zwischendurch Freiräume für sich und darf sich durchaus mal eine halbe Stunde Ruhe ausbedingen.
- Machen Sie die gemeinsame Zeit zu etwas Besonderem: Museumsbesuch, Kindertheater, Radtour, Picknick, Schneeburg bauen. Aber vermeiden Sie es, zur Kino-Spaßbad-Toys-R-Us-Familie zu werden und die Kinder nur zu verwöhnen. Je mehr Alltag Ihnen als Zweitfamilie gelingt, desto wichtiger sind Sie im Leben der Kinder – und desto weniger provozieren Sie den haupterziehenden Elternteil.
- Sprechen Sie gut oder zumindest nie schlecht über den

abwesenden Elternteil. Erwecken Sie bei den Kindern nicht den Eindruck, die abwesende Mutter sei in der Wochenendfamilie kein Thema. Reagieren Sie souverän, wenn das Kind kundtut, Mama backe, tröste und singe viel schöner: „Was singt die Mama denn mit dir vor dem Einschlafen?“ – „Ja, das ist wirklich ein schönes Lied. Weißt du, was meine Mama mit mir gemacht hat, bevor ich ins Bett gegangen bin? Wir haben zusammen den Duft der Nacht geschnuppert.“

- Machen Sie Kompromisse bei der Einrichtung. Kinder hinterlassen Spuren, machen Lärm und verteilen ihren Kram im ganzen Haus. Das Chaos, das sie verursachen, ist oft schon für die eigenen Eltern schwer zu ertragen. Umso mehr Negativgefühle löst die Sorge um das schön gestaltete Zuhause bei Teilzeitmüttern aus. Am besten kommen Sie mit Ihren ungestümen Gästen zurecht, wenn Sie die Kinderbesuche schon bei der Einrichtung berücksichtigen. Für die Kinder gibt es eigene Zimmer, Sisal, Leder und leicht waschbare Hussenbzüge sind schön und robust, der Tisch wird mit schlichtem IKEA-Geschirr gedeckt, wertvolle Bildbände stehen im Arbeitszimmer, Küchenrollen sind immer in Reichweite. Der Wohnung darf man ruhig anmerken: Hier leben auch Kinder.

Sich mit dem leiblichen Elternteil arrangieren

Es gibt sie, die Erst- und Zweitfamilien, die wunderbar miteinander harmonieren. Für alle anderen schlägt beim

Umgang mit dem Expartner die Stunde der guten Manieren. Denn zumindest wenn Kinder im Spiel sind, verschwindet der frühere Partner nie wirklich von der Bildfläche. Bei allen Konflikten um Kinder, Geld und Sorgerecht, bei allen Verletzungen und Rachegelüsten steht das neue Paar deshalb vor der Aufgabe, eine funktionierende Arbeitsbeziehung zur Mutter oder zum Vater der Kinder zu finden und aufrechtzuerhalten. Hier sind die wichtigsten Regeln.

- Bemühen Sie sich um eine höfliche Beziehung zum Expartner. Wenn die Erwachsenen streiten, stehen die Kinder hilflos dazwischen. Jeder Streit der Eltern ruft Ängste wach und verstärkt die innere Zerrissenheit.
- Vermeiden Sie Auseinandersetzungen vor den Augen und Ohren der Kinder. Sind die Beziehungen zum Expartner angespannt, kommunizieren Sie rein sachlich per E-Mail oder Anrufbeantworter. Alternativ telefonieren Sie an den Übergabetagen im Büro. In einem professionellen Umfeld fällt es leichter, einander ruhig und ohne Emotionen auf den neuesten Stand zu bringen.
- Halten Sie den Expartner über wichtige Veränderungen in Ihrem Leben auf dem Laufenden. Dass der eine noch einmal Vater wird und die andere demnächst in ein anderes Stadtviertel zieht, sind Neuerungen, die auch das Leben des früheren Partners betreffen. Es wäre unhöflich, wenn er erst durch die Kinder davon erfahren würde.
- Vertreten Sie unterschiedliche Erziehungsvorstellungen

dem Kind gegenüber neutral und ohne unterschwellige Kritik am anderen Elternteil: „Du kannst bei Papa so viele Frosties essen, wie du möchtest. Aber ich finde Vollkorn-Flakes gesünder. Deshalb machen wir es in diesem Haus so."

- Stimmen Sie die Besuchswochenenden und die Feriengestaltung rechtzeitig mit der Mutter, dem Vater der Kinder ab, und werfen Sie die Pläne nicht in letzter Minute um. Je angespannter das Verhältnis zum Expartner, desto minutiöser halten Sie Vereinbarungen ein. Bittet der Expartner ausnahmsweise um eine Terminverschiebung, zeigen Sie ich flexibel und hilfsbereit.
- Treffen Sie für das Kind keine Vereinbarungen, die in die Zeit des anderen Elternteils fallen. Wenn Klara am Wochenende bei Papa und Stefanie wohnt, entscheiden die Wochenend-Eltern und nicht die Mutter, ob sie am Samstag bei Amelie spielen darf.
- Verhängen Sie Strafen oder Regeln, die in die Zeit des anderen Elternteils fallen, niemals ohne Absprache. Muten Sie Ihrem Exmann nicht zu, ein Gameboy-Verbot durchzusetzen, das Sie ausgesprochen haben.
- Begegnen sie einander bei Festen und schulischen Veranstaltungen des Kindes höflich und zivilisiert. Gelingt das nicht, nehmen Sie abwechselnd daran teil. Sensibilität ist beim Zusammentreffen der alten und neuen Partner geboten: Falls der Ex und der Neue nicht miteinander können, verzichtet der Stiefvater darauf, Luisa bei der Abschlussaufführung der Ballettschule als klei-

nen Schwan zu erleben. Stattdessen nimmt er sich Zeit, alle Fotos ganz genau anzuschauen.

„Ich hätte da eine Frage ...": Und bei Familienfesten?

Meine Tochter aus einer früheren Beziehung heiratet demnächst und wünscht sich eine klassische Hochzeit. Nun sind wir uns unsicher wegen der Sitzordnung: Gebührt der Platz des Brautvaters dem leiblichen Vater oder meinem Mann, der sie wie seine eigene Tochter liebt und seit über 15 Jahren begleitet?

Stiefeltern kommen in der Rangfolge nach den leiblichen Eltern, unabhängig davon, wie gut sie sich mit dem Stiefkind verstehen. Daraus ergibt sich folgende Sitzordnung: Neben der Braut sitzt traditionell ihr Schwiegervater, neben dem Bräutigam Sie als Mutter der Braut. Die Mutter des Bräutigams und den Vater der Braut platzieren Sie auf den Ehrenplätzen gegenüber dem Brautpaar. Ihr Mann sitzt neben Ihnen.

Die neuen Geschwister versöhnen

Zum kunterbunten Flickenteppich wird die Patchwork-Familie, wenn beide Partner Kinder mit in die Ehe bringen. Einerseits wird manches leichter: Beide Partner stehen vor der Aufgabe, ihren eigenen Kindern gerecht zu werden und die neuen für sich zu gewinnen. Die Kinder finden in den neuen Geschwistern Spielgefährten und Leidensgenossen und erleben live: Dass Eltern sich trennen, passiert nicht nur mir. Andererseits ist das Leben in zusammengewürfelten Patchwork-Familien auch ganz schön kompliziert: Während Sophia und Lea mit ihrer Mutter und dem Stiefpapa zusammenwohnen, stoßen Lilly und Niklas nur am Wochenende und in den Ferien dazu. Das führt dazu, dass Lea, die zu Hause bei Mami und Papi die Kleinste war, sich in der neuen Familie mit der undankbaren Rolle der Mittleren arrangieren muss. Denn am Wochenende ist Lilly die Kleine und als „Besuchskind" sowieso bevorzugt. Finden zumindest Sophia und Lea. Einstweilen wollen Lilly und Niklas am Wochenende den Papa für sich haben und lassen sich nur widerwillig auf gemeinsame Unternehmungen und Regeln ein.

Eifersucht, Neid und Revierkämpfe sind unter unfreiwilligen Geschwistern an der Tagesordnung. Bekommen die Eltern dann noch ein neues gemeinsames Baby, kommt die Angst hinzu, dass der Nachkömmling für Mama oder Papa wichtiger ist als man selbst. Diplomatie und Feingefühl der Eltern erleichtern es den Patchwork-Kindern, sich zusammenzuraufen:

- Zeigen und versichern Sie als Vater oder Mutter Ihren Kindern immer wieder: Ich hab euch so lieb wie eh und je.
- Sprechen Sie mit den Kindern offen und ausführlich über die Veränderungen, die sich für sie ergeben: „Ich weiß, dass es schwer für dich ist, dass du das Zimmer mit Lea teilen musst."

Wichtig: Spielen Sie die Probleme nicht herunter: „Aber sieh mal, es ist doch auch schön, dass wir jetzt wie eine richtige Familie sind." Erkennen Sie lieber an, was das Kind für die Familie leistet: „Ich bin sehr stolz auf dich, wie gut du dich mit Lea arrangierst."

- Schenken Sie den Stiefkindern nicht mehr Zeit, Aufmerksamkeit oder Nachsicht als den eigenen. Der eigene Nachwuchs reagiert darauf häufig mit großer Eifersucht – aus Angst, im Leben von Papa oder Mama plötzlich nicht mehr die Nummer eins zu sein. Besser ist es, wenn beide Partner Gelegenheiten finden, auch mal ohne die eigenen Kinder mit den Stiefkindern zusammen zu sein.
- Seien Sie fair. Kinder beobachten eifersüchtig, wer was hat, darf oder bekommt. Alle Kinder in der Familie müssen die Erfahrung machen, dass jedes Kind gleich wichtig ist und keines bevorzugt behandelt wird.
- Finden Sie einen Weg, den Besuch der Wochenendkinder zu etwas Besonderem zu gestalten, ohne dass sich die Kinder, die immer in der Familie leben, benachteiligt fühlen. Beispielsweise könnte man den Besuch der Gastkinder mit einem besonderen Familienessen am Freitagabend feiern – „weil wir uns freuen, dass wir heute alle zusammen sind". Dazu kommt ein halber Tag, an dem die Besuchskinder etwas mit ihrem Papa allein unternehmen. In der übrigen Zeit gelten für alle Kinder in Sachen Zubettgehen, Ordnunghalten, Höflichsein die gleichen Regeln.

- Vereinheitlichen Sie unterschiedliche Erziehungsstile. Es erschwert den Alltag in der Patchwork-Familie, wenn seine und ihre Kinder nach sehr unterschiedlichen Regeln erzogen wurden. Sprechen Sie das Thema in Familienkonferenzen offen an, und bitten Sie die Kinder um Lösungsideen. Einiges wird sich auf diese Weise vereinheitlichen lassen: Künftig warten auch Lilly und Niklas bei Tisch, bis alle zu Ende gegessen haben. Dafür dürfen sie wie Sophia und Lea selbst entscheiden, wann sie abends das Licht ausmachen. Ganz nebenbei lernen die Kinder, dass auch Sie als Eltern zu Veränderungen bereit sind, damit die neue Familie gelingt.

Extratipp: Meine Kinder, deine Kinder. Geschenke sind für viele Kinder ein wichtiger Gradmesser für Liebe und Zuneigung. Deshalb erfordert es die Freundlichkeit, dass der besser situierte Partner es so einrichtet, dass alle Kinder in Sachen Geschenke in etwa gleichgestellt sind. Im Idealfall ziehen auch Großeltern, Onkel und Tanten mit. So sprechen Sie das Problem höflich an: „Uns ist klar, dass euch Florian nicht so nahesteht wie Emma und Marie. Trotzdem würde es uns viel bedeuten, wenn ihr alle drei Kinder beschenken könntet."

Wie Sie als Paar anerkannt, beliebt und gern gesehen sind

Sobald zwei Menschen sich zum Paar zusammentun, nimmt ihre Umwelt sie als Einheit wahr. Das bedeutet: ob beim Geschäftsessen „in Begleitung“, beim Elternabend oder beim Brunch mit Freunden – ab nun hängt der Eindruck, den man macht, oft auch vom Stil und Auftreten des Partners ab.

Gemeinsame Freunde halten ein Paar zusammen wie kaum etwas sonst: Um 54 Prozent senken sie das Scheidungsrisiko. Die Zahl entstammt einer groß angelegten Scheidungsstudie unter Leitung des Soziologen Hartmut Esser an der Universität Mannheim. Enge und vielfältige Sozialkontakte leisten demnach für das Glück zu zweit genauso viel wie gemeinsames Wohneigentum und signifikant mehr als ein ähnliches Bildungsniveau (50 Prozent), gemeinsame Kinder (40 Prozent) oder die vorgeschaltete Ehe auf Probe (34 Prozent).

Wenn ein erfolgreiches Gesellschaftsleben die Wahrscheinlichkeit einer Trennung mehr als halbiert, so hat das einen guten Grund: Die Liebe ist sich auf Dauer nicht selbst genug. Sie braucht die Bestätigung durch Menschen, die für das Paar wichtig sind, wie Freunde, Bekannte, Nachbarn. Unter ihrem Beifall leben wir auf und betrachten den Partner und die Partnerschaf mit neuem Stolz. Fehlt die Anerkennung von außen (zum Beispiel, weil ein Paar wenig Kontakte hat oder einer von beiden regelmäßig bei anderen aneckt), werden Minderwertigkeitsgefühle wach. Auf die Beziehung und das gemeinsame Leben fällt ein Schatten.

Freundschaft und gesellschaftliches Ansehen sind somit ein Aktivposten der Zweisamkeit, den zu pflegen es sich lohnt. Nicht nur, weil sie das Leben reicher und anregender machen, sondern auch, weil sie mitbestimmen, ob sich das Paar als Dreamteam wahrnimmt oder nicht. In diesem Kapitel finden Sie Anregungen, wie Sie in den Augen der Welt jeder für sich und beide gemeinsam eine gute Figur machen.

Stil-Strategie 22: Machen Sie einen guten Eindruck

Mitgefangen, mitgehangen – selten gilt diese Logik so sehr wie in der Partnerschaft. Sobald aus einer Liebe eine Beziehung wird, nimmt man uns unweigerlich im Doppelpack war: Das Benehmen des einen fällt auf den anderen zurück. Dabei spielt es keine Rolle, ob man solo unterwegs ist oder zu zweit.

Den Partner nicht in Verlegenheit bringen

Wenn man zusammen zum Neujahrsempfang geht, ist völlig klar: Nur wenn beide gewandt und freundlich auftreten, strahlt man als Paar Glamour aus. Ist man dagegen allein und in eigener Mission unterwegs, vergisst man leicht, dass das eigene Verhalten in den Augen der Welt auch den Partner mit auf- oder abwertet.

Klaus ist es kürzlich so ergangen. Auf dem Supermarktparkplatz schoss er geistesgegenwärtig in die einzige freie Lücke, Nanosekunden vor dem entgegenkommenden Van, der den Parkplatz ebenfalls ins Visier genommen hatte. Es folgte das übliche Ritual: anhaltendes Hupen, erboste Blicke, unmissverständliche Gesten. Am gleichen

Abend stellt sich heraus: Der unterlegene Parklückengegner heißt Heiko und leitet den Yogakurs, zu dem Klaus und Constanze sich angemeldet haben. Zwar haben Klaus und Heiko versucht, die Sache mit einem entschuldigenden Lachen beizulegen. Dennoch bleibt ein Unbehagen zurück, auch bei Constanze.

Als Teil eines Paares trägt man nicht nur für die eigene Außenwirkung Verantwortung. Wenn man die Verkäuferin an der Käsetheke unfreundlich behandelt oder bei einem Nachbarschaftsstreit die Nerven verliert, beschädigt der Verstoß gegen die guten Manieren unweigerlich das Ansehen des Partners mit: Der Lebensgefährte bekommt die Quittung, wenn er beim nächsten Einkauf weniger zuvorkommend behandelt wird, die liebste Frau von allen ist davon betroffen, wenn die Nachbarn den Kontakt neuerdings auf das Notwendigste beschränken. Zu den guten Manieren in der Ehe gehört es deshalb, auch im Alleingang ein Bild abzugeben, das positiv auf den Partner zurückfällt.

Gemeinsam im Ansehen wachsen

Der Soziologe Rowland S. Miller von der Houston University/USA hat nachgewiesen: Gute Manieren schmelzen in der Langzeitbeziehung wie Eis in der Sonne. Paare behandeln und äußern sich übereinander, wie sie es Freunden,

Takt ist eine schreckliche Sache. Wenn man ihn nicht hat, regt sich jeder auf. Wenn man ihn hat, merkt es kein Mensch.
Shirley MacLaine

Kollegen oder Fremden gegenüber nie tun würden. Im Idealfall steckt dahinter Vertrautheit und Vertrauen. Wenn keiner von beiden sich an dummen Sprüchen, morgendlicher Muffelei, Kauen mit offenem Mund oder einem ruppigen Umgangston stört, muss das, was unhöflich wirkt, also nicht unbedingt Respektlosigkeit bedeuten.

Spätestens an der Haustür aber gelten andere Regeln. Was hinter verschlossenen Türen Privatsache ist, wirkt beim Zusammensein mit anderen schnell unangenehm und unerzogen. Die folgenden Rücksichten sind das Mindeste, was der Partner, die Partnerin beim Auftritt zu zweit erwarten darf:

- ***Verzichten Sie auf Ironie und Sticheleien.*** „Du könntest uns auch mal wieder was richtig Tolles kochen“, sagt Jochen bei einem Essen mit Freunden zu sechst. Und an die anderen gewandt: „Aber Tanja kocht eben lieber neue Übernahmestrategien aus.“ Er sagt es leichthin, und zu Hause würde Tanja die Bemerkung vermutlich witzig finden. Aber vor den Freunden? Im Angesicht der selbst gemachten Kürbisravioli, die Anna einen halben Nachmittag lang gerührt, gewalzt, gefüllt und geschnitten hat? Da findet sie die Spitze unloyal und verletzend. Zu Recht: Was zu Hause noch angeht, ist in Gesellschaft tabu. Scherze macht man nur über sich, nie über andere. Auch nicht über den Partner oder die Partnerin.
- ***Lassen Sie einander ausreden.*** Mag sein, dass Sie es von zu Hause gewöhnt sind, einander temperamentvoll ins

Wort zu fallen. Das ändert nichts daran, dass Dritte es als unerzogen empfinden, wenn ein Paar sich gegenseitig unterbricht. Haben Sie wider besseres Wissen dazwischengeredet, wenn der Partner, die Partnerin etwas erzählt, rudern Sie sofort zurück: „Entschuldige, Andrea, ich hab dich unterbrochen. Was wolltest du sagen?“

- ***Nehmen Sie einander wahr.*** Auch wenn Sie mit Freunden oder Fremden zusammen sind: Zwischen Ihnen als Paar besteht ein besonderes Band und damit eine besondere Verpflichtung. Das gilt besonders dann, wenn einer von Ihnen neu in einer Runde oder nur selten dabei ist. Dann ist es Ihre Aufgabe, den Partner, die Partnerin ins Gespräch zu ziehen („Michael, was meinst du dazu?“) oder mit Hintergrundwissen zu versorgen: „Wir reden gerade über den neuen Account, von dem ich dir erzählt habe. Der Kunde will jetzt den Etat noch mal erhöhen.“
- ***Gewähren Sie keine familiären Einblicke.*** In der Liebe ist zwar alles erlaubt, was beiden gefällt. Allerdings gilt auch hier: nur hinter verschlossenen Türen. Machen Sie Freunde und erst recht Fremde nicht zu Zeugen tierischer Kosenamen, intimer Berührungen oder indiskreter Offenbarungen. Auf gar keinen Fall sprechen Sie über Ihr Insiderwissen aus dem beruflichen Leben des Partners oder der Partnerin.
- ***Stellen Sie den Partner vor.*** Ist man gemeinsam mit dem Partner unterwegs, gehört es sich, ihn vorzustellen.

Nicht nur bei Partys und Empfängen. Auch dann, wenn Sie auf dem Stadtmarkt einem früheren Nachbarn oder einer ehemaligen Kollegin begegnen: „Isa, das ist Rainer Wagner. Er war mein Nachbar, als ich damals in Friedrichshain gewohnt habe. Rainer, das ist Isa, meine Frau."

Extratipp: **Wenn Sie den Partner, die Partnerin mit anderen bekanntmachen,** nennen Sie zeitgemäß erst den Namen und dann Ihre Beziehung zueinander: „Das ist Isa Müller, meine Frau." Die herkömmliche Variante: „Das ist meine Frau Isa" klingt, als würden Sie die Partnerin oder den Partner als Ihren Besitz betrachten.

Fauxpas überspielen

In einer idealen Welt fände der liebste Mensch im Leben jederzeit den richtigen Ton und das passende Wort. In der realen Welt kommen Ausrutscher und Unhöflichkeiten vor. Rechnen Sie damit, und machen Sie das Beste daraus. Das bedeutet insbesondere: Bringen Sie den Partner und die Umstehenden nicht in Verlegenheit, indem Sie Ihr Missfallen kundtun. Gewandter und angenehmer wirkt, wer einen Lapsus des anderen übergeht und unauffällig ausbügelt.

- Tanja nimmt Jochens Bemerkung die Spitze, indem sie liebenswürdig in die Runde sagt: „Ich komme in letzter Zeit wirklich kaum mehr dazu, etwas Besonderes zu machen. Deshalb genieße ich deine Ravioli heute besonders, Anna. Wo hast du das Rezept denn her?"
- Andrea bremst Christoph freundlich aus: „Einen Augenblick, Schatz, ich möchte die Geschichte gern zu Ende erzählen."
- Michael ergreift die Möglichkeit, sich selbst ins Gespräch einzufädeln: „Was Sie da sagen, klingt vielversprechend. Wir hatten kürzlich bei uns in der Firma einen ähnlichen Fall ..."

Extratipp: **Liegt beiden Partnern an einem souveränen Auftritt,** vereinbart man am besten ein unauffälliges Zeichen, das dem Partner signalisiert, dass man sich zurückgesetzt, vernachlässigt oder falsch interpretiert fühlt. Der Trick funktioniert allerdings nur, wenn der Partner mitzieht. Die verständnislose Frage „Was ist denn, Schatz?" würde die Aufmerksamkeit der anderen erst recht darauf lenken, dass man sich nicht einig ist.

Stil-Strategie 23:
Pflegen Sie Freundschaften

Gute Freunde geben Rückhalt, sorgen für Gesprächsstoff, bereichern das Paarleben durch neue Anregungen und Perspektiven und helfen aus unglücklichen Stimmungen heraus. Einerseits. Andererseits ist es keineswegs selbstverständlich, dass man enge gemeinsame Freunde hat oder sich mit denen des Partners oder der Partnerin gut versteht. Lena zum Beispiel trifft sich für Johanns Geschmack zu oft mit ihrer Frauenclique, Johanns bester Freund ist in Lenas Augen arrogant und zynisch, und als das Paar sich kürzlich zu einem Essen zu viert mit Lenas Lieblingskollegen und dessen Lebensgefährtin verabredete, kam das Gespräch über angestrengten Small Talk nicht hinaus. Meine Freunde, deine Freunde, unsere Freunde – es braucht Zeit und Sensibilität, daraus einen großen, unkomplizierten Freundeskreis zu formen.

Mit den alten Freunden des Partners auskommen

2004 ergab eine Online-Umfrage des amerikanischen Emily Post Institute: Über drei Viertel der befragten Paare kommen gut oder sehr gut mit den Freunden aus, die der andere Partner mit in die Ehe gebracht hat. Die hohe Zahl leuchtet ein: Wer sich liebt, schätzt häufig auch die gleichen Menschen. Häufig. Aber eben nicht immer. So leicht man die vielen sympathischen Menschen aus dem früheren Leben des Partners in das gemeinsame Leben integriert, so schwer fällt es, die ein oder zwei Freunde zu akzeptieren, mit denen man beim besten Willen nicht kann.

- Susa kann mit Theos Bowling-Freunden nichts anfangen, die in ihren Augen zu viel trinken.
- Jens misstraut Petras bester Freundin, die mehr über das Paar weiß, als ihm lieb ist.
- Nicole ist Olivers Partner in der Sozietät ein Dorn im Auge, der ihn zu Investitionen überreden möchte, die sie überflüssig und riskant findet.

Am einfachsten wäre es, Freundschaften, die die Beziehung belasten, einschlafen zu lassen. Höflich gegenüber den alten Freunden und förderlich für die Beziehung ist es allerdings, sich auch mit weniger sympathischen Freunden des Partners oder der Partnerin zu arrangieren. Das erfordert Anpassungsleistungen auf beiden Seiten.

Für den Partner, der mit einem alten Freund des anderen schlecht auskommt, gilt: 1. Alte Freunde genießen Immunität – es sei denn, sie sagen oder tun etwas Unverzeihliches. 2. Akzeptieren Sie, dass Sie sie von Zeit zu Zeit sehen werden – bevorzugt im größeren Kreis oder bei einer gemeinsamen Unternehmung. 3. Geben Sie dem Partner, der Partnerin die Freiheit, die betreffenden Freunde auch allein zu treffen.

Für den Partner, der den ungeliebten Freund, die missliebige Freundin mit in die Paarbeziehung bringt, gilt:

1. Der Mann oder die Frau fürs Leben hat Vorrang vor dem alten Kumpel oder der besten Freundin. 2. Statt im kleinen Kreis treffen Sie Freunde, die der andere nicht mag, lieber beim Skifahren mit der Clique oder bei einem Konzert. 3. Möchte der Partner, die Partnerin das Treffen beenden, verabschieden Sie sich innerhalb der nächsten zehn Minuten – ohne Anzeichen von Ärger.

Extratipp: **Keine Einladung ohne Absprache.** Stimmen Sie sich mit dem Partner, der Partnerin ab, bevor Sie eine Einladung für Sie beide annehmen: „Von meiner Seite aus geht Freitagabend klar, ich spreche aber noch mit Katharina und gebe euch heute Nachmittag Bescheid." Legt sich einer von Ihnen ungern lange im Voraus fest, vereinbaren Sie, welche Tage oder Abende Sie sich normalerweise freihalten wollen.

Alte Freundschaften erhalten

Eine neue Beziehung wirkt sich unweigerlich auf alte Freundschaften aus: Ein Großteil Ihrer Zeit gehört von nun an dem Partner, gemeinsame Unternehmungen mit Freunden bilden immer weniger den Mittelpunkt Ihres Lebens, und auch als Nothelfer in allen Lebenslagen verlieren die alten Freunde an Bedeutung. So halten Sie den Kontakt trotz der veränderten Umstände aufrecht:

- Schlagen Sie von sich aus Verabredungen vor: in der Mittagspause, nach Büroschluss im Café, zu einer Runde Badminton am Abend – auch kurze Begegnungen halten eine Freundschaft lebendig.
- Treffen Sie die beste Freundin, den alten Studienfreund gelegentlich ohne den Partner, die Partnerin im Schlepptau. Vor allem Single-Freunden gegenüber wäre es unsensibel, wenn sie Sie nur noch als Hälfte eines glücklich liierten Paars zu sehen bekämen.
- Verschmelzen Sie die Freundeskreise. Bringen Sie die beiden Cliquen zusammen – beim Grillen am See, beim Hüttenwochenende in den Bergen, beim Kinoabend in großer Runde. Je mehr Ihre Freunde zu gemeinsamen Freunden werden, desto leichter gelingt es Ihnen, als Paar viele und vielfältige Freundschaften zu pflegen.
- Sprechen Sie über Veränderungen in der Freundschaft. Es wäre unfreundlich, guten Freunden gegenüber so zu tun, als merke man nicht, dass man weniger Zeit für sie hat und weniger Interesse für gemeinsame Unternehmungen aufbringt. Wenn sie spüren, dass ein Freund oder eine Freundin unter der Veränderung leidet, sprechen Sie das Thema offen an. Unumgänglich ist ein Gespräch, wenn man für eine Single-Freundin oder einen Single-Freund eine Art Partnerersatz war: „Mir fehlen unsere Rilke/Rotwein/Rachmaninow-Abende auch. Aber wenn du mich brauchst, bin ich immer für dich da."

Extratipp für sie: **Manchmal sind sie einander ein Dorn im Auge:** der Partner und die beste Freundin. Stärker als Männerfreundschaften leben Frauenfreundschaften von Psychogesprächen – Männer, Sex und Liebesleid inklusive. Dass sich der Partner damit nur schwer anfreundet, leuchtet ein. Frauen mit Stil lassen deshalb auch der besten Freundin gegenüber nicht die letzten Hüllen fallen. So gern Sie sich manches von der Seele reden würden, der Partner hat ein Recht auf Ihre Diskretion: Intime Einzelheiten, unschöne Szenen und berufliche Details gehen nur Sie beide etwas an. Auch dann, wenn es einmal nicht so gut zwischen Ihnen läuft.

Paarfreundschaften aufbauen

Couple friends heißen sie im Englischen – die Freunde, für die es im Deutschen kein vernünftiges Wort gibt, die aber im Leben von Paaren eine wichtige, vielleicht sogar die wichtigste Rolle spielen: andere Paare, mit denen man als Paar befreundet ist. Ihr Einfluss auf das Glück einer Beziehung ist nicht zu unterschätzen: Viererfreundschaften machen Radtouren und Theaterpausen interessanter, den Urlaub in romantischen Ferienhäusern erschwinglich und Unternehmungen mit kleinen Kindern unkomplizierter. Sie ermöglichen es, dass sich an einem großen Tisch die

Frauen über Männer, Kinder und Alexas übereffiziente, aber durchaus sympathische Kollegin austauschen, die Männer den Stand der Porscheaktie analysieren und alle zusammen die neuesten Vorschläge von Familienministerin Schröder auf den Prüfstand des Praktikablen, Gerechten und Bezahlbaren stellen.

Wichtiger noch: Unter Paaren gewinnt man den uralten Streitthemen zwischen Mann und Frau genau den witzigen Dreh ab, den jedes Paar braucht, um die Marotten des einen und die Empfindlichkeiten der anderen mit Humor zu nehmen. Und während Mann und Frau sich allein zu zweit leicht in Extrempositionen verrennen, klingen die Meinungen, die man im Gespräch mit einem befreundeten Paar äußert, angenehm durchdacht und vernünftig.

Einen guten Freund, eine beste Freundin zu finden ist schwer. Ein Paar zu finden, mit dem sich beide Partner gleichermaßen gut verstehen, ist viermal so schwer. Die amerikanische Journalistin Jeannie Ralston bringt es auf den Punkt: „Sich mit einem Paar anzufreunden, mit dem beide Partner gleichermaßen gern zusammen sind, kommt fast einem Lottogewinn gleich. Das heißt, es ist fast unmöglich."

Neben unerwünschten sexuellen Unterströmungen sind der Hauptgrund dafür die unterschiedlichen Maßstäbe, die Frauen und Männer an Freundschaften anlegen: Während bei Frauen das Sich-einander-Anvertrauen im Vordergrund steht, ziehen Männer es meist vor, gemeinsam etwas zu unternehmen. Als weiteres Problem kommt hinzu, dass Männer sehr schnell sehr unwillig werden, wenn der andere ihnen den Rang streitig zu machen versucht. Die folgenden Anregungen helfen Freundschaften zu viert auf die Beine:

- ***Prüfen Sie einander unauffällig.*** Beschnuppern Sie Paare, die zu Freunden werden könnten, zunächst in einem unverfänglichen Rahmen: zum Beispiel beim Weihnachtsmarkt, bei einer Schulveranstaltung der Kinder oder bei einem Essen im Restaurant. Erweist sich der Small Talk zu viert als mühsam, der Mann der netten Kollegin als Besserwisser oder die Frau des neuen Tennispartners als unsympathisch, kann man den Kontakt ohne Weiteres im Sand verlaufen lassen. Lädt man das neue Paar dagegen zu sich nach Hause ein, sind die anderen praktisch verpflichtet, eine Gegeneinladung auszusprechen – auch dann, wenn die Viererkonstellation nicht harmoniert.
- ***Variieren Sie die Art des Beisammenseins.*** Weil Männer und Frauen Freundschaften auf unterschiedliche Art pflegen, vertieft man Viererfreundschaften am erfolgreichsten, wenn es beides gibt: Unterhaltungen und Unternehmungen, Klatsch und Kino, Streitgespräche und Skiwochenenden.
- ***Pflegen Sie die Freundschaft in allen Richtungen.*** Die meisten Viererfreundschaften werden entweder von den beiden Frauen oder den beiden Männern ins Rollen gebracht. Damit auch die neuen Querverbindungen an

Tragfähigkeit gewinnen, schickt man einander gelegentlich eine E-Mail, tauscht Kuchenrezepte oder DVDs aus oder trifft sich zwischendurch mal zu zweit auf einen Kaffee oder ein Bier.

- ***Erhalten Sie die Balance im Beziehungsgefüge.*** Bei fast allen Freundschaften zwischen Mann und Frau gibt es sexuelle Untertöne. Wie viel davon zwischen befreundeten Paaren erwünscht ist, hängt von den vier Beteiligten ab. Mögen beide Paare vertraute Umarmungen und einen lockeren Umgangston, ist gegen offen gezeigte Sympathie und spielerische Flirts nichts einzuwenden. Zurückhaltung ist dagegen geboten, wenn jemand im Quartett zu Eifersucht neigt oder eine der Mann-Frau-Freundschaften erkennbar spröder gepflegt wird als die andere.
- ***Ziehen Sie keine unvorteilhaften Vergleiche.*** Ungünstige Vergleiche („Paul ist viel zärtlicher als du") sind der sicherste Weg, dem Partner die Freundschaft zu viert zu verleiden. Paarfreundschaften haben zwar den Vorteil, dass man sich das eine oder andere Verhalten abschauen und die eigene Beziehung dementsprechend reflektieren kann. Aber der Ton macht die Musik: „Ich finde es so schön, wie liebevoll Paul und Annette miteinander sind."
- ***Machen Sie das Freundespaar nicht zum Geheimnisträger.*** Beim Beisammensein zu viert erhält man oft intime Einblicke in die wechselseitigen Ehen. Vermeiden Sie es aber, dem anderen Paar oder einem der beiden Eheprob-

leme ohne das Wissen Ihres Partners anzuvertrauen. Wenn überhaupt, erörtern Sie Beziehungsschwierigkeiten lieber mit einem Freund oder einer Freundin außerhalb des Quartetts.

Extratipp: **Wenn ein befreundetes Paar sich trennt,** verändert sich die Viererfreundschaft. Denn auch wenn man sich vornimmt, mit beiden befreundet zu bleiben – die Freundschaft zweier Paare ist etwas anderes als die Freundschaft eines Paares mit zwei Einzelpersonen. Es ist deshalb normal, wenn man sich nach der Trennung auseinanderlebt. Vielleicht bleibt eine Frauenfreundschaft oder eine Männerfreundschaft bestehen, vielleicht lädt man beide, sofern sie damit einverstanden sind, weiter zum alljährlichen Grillfest in großer Runde ein. Die Zeit der Abendessen zu viert oder der gemeinsamen Urlaube ist dagegen vorbei. Wichtig: Ist einer der beiden Partner bereits wieder neu liiert, wäre es geschmacklos, die gewohnten Treffen zu viert einfach in veränderter Besetzung fortzuführen – ein Freund oder eine Freundin lässt sich nicht einfach durch einen Auswechselspieler ersetzen. Ansonsten gilt: Zeigen Sie Verständnis, ergreifen Sie keine Partei.

Stil-Strategie 24:
Nehmen Sie Repräsentationsaufgaben wahr

Die Weihnachtsfeier in ihrer Firma, das halbprivate Essen mit seinem Kunden und dessen Lebensgefährtin, der Neujahrsempfang „in Begleitung“: Die Sitten haben sich zwar gelockert. Dennoch gibt es weiterhin geschäftliche und gesellschaftliche Anlässe, bei denen erwartet wird, dass man als Paar erscheint. Auch wenn Deutschlands *first couple* es anders handhabt – der gute Ton verlangt, dass Sie dieser Erwartung (meistens) entsprechen. Vor allem im beruflichen Umfeld bringen Sie den Partner, die Partnerin in eine peinliche Situation, wenn Sie Ihr Kommen ohne eine sehr gute Entschuldigung verweigern. Mit diesen Strategien stärken Sie bei Auftritten zu zweit das Ansehen des Partners:

- ***Betrachten Sie Ihr Erscheinen als Teil Ihrer ehelichen Pflichten.*** Es ist Ihr gutes Recht, die alljährliche Weihnachtsfeier in der Firma Ihrer Frau anstrengend zu finden oder die gesellschaftlichen Ambitionen Ihres Mannes nicht zu teilen. Aber wenn auf einer Einladung, die der Partner, die Partnerin aus beruflichen Gründen annehmen muss, „in Begleitung“ oder „mit Familie“ steht, ist Ihr Erscheinen nicht verhandelbar und ein gut gelaunter Auftritt Pflicht. In vielen Berufen und Branchen wird Wert darauf gelegt, dass die Mitarbeiter zu offiziellen Anlässen ein intaktes Privatleben vorweisen.

- ***Nehmen Sie am Begleitprogramm teil.*** Die Teilnahme am Besucherprogramm für begleitende Partner ist zwar freiwillig. Aber es macht einen guten Eindruck, wenn Sie Interesse am beruflichen Umfeld des Partners zeigen und die Gelegenheit zum zwanglosen Networking nutzen. „Die Frau von Herrn Wagner ist äußerst sympathisch“ – eine beiläufige Bemerkung dieser Art hebt das Ansehen Ihres Mannes unter Umständen mehr als sein fachliches Know-how.
- ***Lassen Sie sich briefen.*** Vielleicht wissen Sie über die Kollegen, Kunden, anstehenden Projekte und beruflichen Pläne Ihres Partners oder Ihrer Partnerin ohnehin genau Bescheid. Falls nicht: Machen Sie sich kundig. Um den anderen zu unterstützen, müssen Sie mitreden, Anspielungen verstehen und Situationen richtig einschätzen können.
- ***… aber nutzen Sie Ihr Wissen diskret.*** Zeigen Sie sich gut informiert über allgemeine Brancheninfos oder das exzellente Geschäftsergebnis im abgelaufenen Jahr. Keinesfalls äußern Sie sich dagegen über Jobinterna, Personalien oder Querelen. Ebenso verbieten sich Klagen über die Arbeitsbelastung oder die häufige berufliche Abwesenheit des Partners.
- ***Verhalten Sie sich neutral.*** Es ist nicht Ihre Aufgabe, für Ihren Partner oder Ihre Partnerin Rangkämpfe auszufechten oder um Verständnis für ihn oder sie zu werben. Auch wenn Sie wissen, dass Ihrer Lebensgefährtin der humorlose Stil ihrer Teamleiterin gegen den

Strich geht: Begegnen Sie der Kollegin freundlich-distanziert.

- ***Gemeinsam sind Sie stärker.*** Der begleitende Partner spielt die Nebenrolle und stellt sein eigenes Ego eine Weile lang hintan. Stattdessen wird der Partner unauffällig unterstützt: Bemühen Sie sich um die Eingeladenen am unteren Tischende, während Ihr Partner die Gäste am oberen Ende unterhält. Eisen Sie Ihre Partnerin aus einem Gespräch, mit einem besonders unsympathischen Mandanten los. Widmen Sie sich Kollegen oder Mitarbeitern Ihres Mannes, die sich vielleicht vernachlässigt fühlen. Wichtig: Übertriebene Ansprüche an Aufmerksamkeit und Zuwendung des Partners oder der Partnerin sind bei beruflichen Anlässen fehl am Platz. Er oder sie hat bei solchen Gelegenheiten andere Verpflichtungen. Der gute Stil verlangt es aber, den begleitenden Partner mit erkennbarem Stolz vorzustellen und ins Gespräch zu ziehen.

Extratipp für ihn: Frauen, die Karriere machen, nimmt man es weniger übel, wenn sie zu beruflichen oder gesellschaftlichen Veranstaltungen ohne den Partner erscheinen, als Männern in einer vergleichbaren Situation. Ein überholtes Rollenverständnis sorgt in ihrem Fall dafür, dass der Rest der Welt glaubt, der Partner sei im eigenen Beruf zu sehr gefordert, um als Begleiter zu fungieren. Dennoch erfordert es die Höflichkeit gegenüber der Partnerin, dass Sie ihr den Rücken stärken, so wie Sie es umgekehrt auch von ihr erwarten. Seien Sie also präsent, wenn auf der Einladung „in Begleitung" steht oder die meisten anderen Kollegen den Partner oder die Partnerin mitbringen. Absolutes Minimum: Mindestens jedes zweite Mal sollten Sie sich blicken lasen. Dass Sie keine Zeit haben oder der Branche Ihrer Frau fernstehen, ist eine Ausrede, keine Entschuldigung.

Stil-Strategie 25:
Führen Sie ein gastfreundliches Haus

Cocooning liegt im Trend, und Küche und Esstisch entwickeln sich zum Zentrum der Kommunikation mit Freunden und Familie. Die neu erwachte Lust auf Stabilität und emotionale Bindung schlägt sich auch darin nieder dass man einander wieder nach Hause einlädt: zum Vier-Gänge-Menü im Esszimmer, zur Kartoffelsuppe nach dem Schlittschuhlaufen, zum DVD-Abend vor dem Plasmabildschirm, zum Grillfest im Garten. Gefragt ist dabei kein steifes Protokoll, sondern Aufmerksamkeit und entspannte Herzlichkeit. Lesen Sie, wie Ihre Gäste sich von der ersten bis zur letzten Sekunde bei Ihnen wohlfühlen.

Zum Gastgeberteam zusammenwachsen

Als Paar Gäste zu haben ist etwas anderes, als wenn man früher als Single ein paar Freunde zum Spaghettikochen einlud. Erstens sind die Erwartungen der Gäste um einiges höher, wenn man liiert und in den Augen der Welt etabliert ist: je größer das Zuhause, je länger der Esstisch, je vollständiger das Silberbesteck, desto stärker ist man in den Reigen von Einladungen und Gegeneinladungen eingebunden, desto gewandter sollte das Willkommen sein. Zweitens stellt es für die meisten Paare eine Herausorderung dar, als Gastgeber zu harmonieren und sich zu einigen, wie oft und mit welchem Aufwand man Gäste haben möchte. Das ist besonders dann der Fall, wenn beide unterschiedlich kontaktfreudig und gesellig sind.

- Poolen Sie Ihre Stärken: Julia, die Perfektionistin, inszeniert das gepflegte Drumherum, Viktor, der partyerfahrene Unterhalter, bringt die Gespräche in Gang und steuert die Unterhaltung bei Tisch. Wer zu zweit Gäste hat, genießt den Vorteil, das gastgeberische Potenzial zu verdoppeln.
- Besprechen Sie, wie oft Sie Gäste haben möchten, wie viel Zeit und Geld Sie dafür investieren wollen, ob Sie bevorzugt große Partys veranstalten oder vor allem das gute Gespräch suchen, wie Sie zu Übernachtungsgästen stehen und wie viel Zeit Sie zu zweit oder als Familie allein verbringen möchten.

- Laden Sie Gäste aus beiden Welten ein: Zu den formellen Essen, die Ole für Geschäftsfreunde veranstaltet, lädt Maike, die sich dabei unsicher fühlt, eine Kollegin und deren Mann ein, der sich als angehender Jurist über die Gelegenheit zum Networking freut.
- Teilen Sie die Arbeit auf. Teamwork entlastet, wenn einer von Ihnen die Gastgeberrolle eher scheut oder sich nur dann wohlfühlt, wenn Haus und Essen Fünf-Sterne-Niveau haben. Teamwork heißt übrigens nicht nur, dass Sie eine Einladung zusammen vorbereiten, also das Menü planen, die Einkäufe erledigen, das Haus putzen, das Essen kochen, den Tisch eindecken, für genügend leere Kleiderbügel in der Garderobe sorgen. Sprechen Sie darüber hinaus auch ab, wer was macht, wenn die Gäste da sind: welche Gesprächsthemen das Fest in Schwung bringen, wer sich um Begrüßung und Mäntel kümmert, wer den Aperitif anbietet, zu Tisch bittet, den ersten Gang serviert, das Dessert anrichtet, für Musik sorgt oder ein Auge auf Kai und Corinna hat, die außer den Gastgebern niemanden kennen.

Extratipp: Vier Gastgeberstile

- *Geborene Gastgeber:* Ob Vier-Gänge-Menü für acht, Pyjamaparty für die halbe Klasse oder spontane Einladung zum Bier nach dem Heckenschnitt,

Ihr Haus steht immer offen. Egal, ob die Gäste groß sind oder klein: Sie fühlen sich am wohlsten, wenn das Haus voller Leute ist. Wirkung: Ihre Gäste fühlen sich umsorgt und willkommen. Tipp: Stellen Sie sicher, dass Ihnen genügend Zeit als Paar und Familie bleibt.

- *Selektive Gastgeber:* Sie finden es herausfordernd, Gäste zu bekochen und zu unterhalten. Besuch laden Sie deshalb vor allem zu besonderen Gelegenheiten ein oder um sich für eine Einladung zu revanchieren. Wirkung: Ihre Gäste fühlen sich als etwas Besonderes. Tipp: Gestalten Sie Einladungen möglichst unkompliziert: Laden Sie nur so viele Gäste ein, wie Sie leicht bewältigen können. Bieten Sie als Essen eine „Spezialität des Hauses" an, die Sie im Schlaf beherrschen. Scheuen Sie sich nicht, als Vorspeise Antipasti vom Stadtmarkt oder als Dessert auch mal Rote Grütze aus dem Kühlregal zu servieren.
- *Zwanglose Gastgeber:* Sie finden nichts dabei, spontan Freunde einzuladen oder Gäste mitzubringen, auch wenn das Haus chaotisch aussieht und der Kühlschrank halb leer ist. Notfalls kommt eben der Pizza-Service, und ein Schlafplatz findet sich immer irgendwo. Wirkung: Ihre Gäste fühlen sich bei Ihnen wie zu Hause. Tipp: Bevor Sie spon-

tan Gäste einladen, klären Sie mit dem Partner, ob der Überfall für ihn okay ist.

- *Perfektionistische Gastgeber:* Wenn Sie Gäste haben, brauchen Sie Zeit und Muße, alles richtig vorzubereiten. Von der Tisch-Deko über die Musik im Hintergrund bis zum Essen ist alles perfekt. Wirkung: Ihre Gäste fühlen sich wie in einer edlen Wochenzeitschrift. Tipp: Achten Sie darauf, das Sie Ihren Gästen so viel Aufmerksamkeit schenken wie dem Essen und der Inszenierung.

Auf alles vorbereitet sein

Partys, von denen man spricht, und Einladungen, die rundum gelingen, fallen nicht vom Himmel. Der altmodische Ausdruck „ein gastfreundliches Haus führen“ bringt auf den Punkt, was erfahrene Gastgeber wissen: Je unangestrengter eine Einladung wirkt, desto mehr Gedanken (und Arbeit) hat sich jemand hinter den Kulissen gemacht. Die drei großen Fragen dabei lauten: Wann findet das Fest statt? Wen laden wir ein? Was bieten wir an?

- ***Der richtige Zeitpunkt*** ist dann, wenn Ihre Gäste können und mögen. Das heißt: Laden Sie rechtzeitig ein, bieten Sie wenn möglich mehrere Termine zur Auswahl an, legen Sie Ihre Dinereinladung nicht auf den Tag, an dem

Deutschland gegen England spielt. All das will bedacht sein. Noch wichtiger aber ist etwas anderes: Das Zusammenspiel als Gastgeber gelingt am besten, wenn Sie beide sich gern und voll auf die anstehende Einladung konzentrieren und die Vorbereitungen dafür gemeinsam erledigen. Kommt einer erst kurz vor dem Eintreffen der Gäste nach Hause gehetzt, sind Unruhe und Gereiztheit programmiert. Überlegen Sie deshalb, wie gut ein ins Auge gefasster Tag in den Zeitplan des Partners, der Partnerin passt. Wenn Elke erst am Vorabend von einem mehrtägigen Seminar zurückkommt oder Julius am nächsten Morgen früh raus muss, wählen Sie besser einen anderen Termin.

- ***Die richtigen Gäste*** sind nicht unbedingt die, denen Sie eine Einladung schulden. Im kleinen Kreis ist es wichtig, dass Ihre Gäste sich gut verstehen und einander nicht langweilen, die Schau stehlen oder aus dem Weg gehen. Eine Party lebt dagegen auch davon, dass nicht jeder jeden kennt, sondern Gäste aus unterschiedlichen Lebenswelten und Altersgruppen zusammentreffen.
- ***Das richtige Essen*** schmeckt Ihren Gästen, entspricht Ihren Möglichkeiten und passt zum Anlass. Rücksichtsvolle Gastgeber fragen nach Lebensmittelunverträglichkeiten und etwaigen Abneigungen, berücksichtigen, dass die Kollegin Zwiebeln nicht mag oder die Nachbarin von gegenüber fettarme Milch zum Kaffee bevorzugt, und servieren Gerichte, deren Handhabung garantiert niemanden in Verlegenheit bringt.

Extratipp: Sich revanchieren bedeutet im wörtlichen Sinn: jemandem etwas heimzahlen. Deshalb ist es wenig stilvoll, wenn eine Einladung vor allem unter dem Zeichen steht, jemanden mindestens genauso aufwändig empfangen zu wollen, wie man selbst empfangen wurde. Akzeptieren Sie, dass andere besser kochen oder mehr Platz, Geld oder Zeit haben als Sie. Souverän wirken Paare, die ihren persönlichen Einladungsstil pflegen, sich an den eigenen Kochkünsten und Möglichkeiten orientieren und das Beste von dem kaufen, was in ihr Budget passt. Deshalb können Sie das gecaterte Fünf-Gänge-Menü mit Weinprobe für 20 Leute, das es kürzlich bei Bekannten gab, ohne Weiteres mit Raclette und schwarzem Tee oder Antipasti und Pizza beantworten – Hauptsache, Ihre Gäste fühlen sich bei Ihnen wohl und herzlich empfangen. Darüber hinaus gilt für Einladungen das Gleiche, was Manieren-Autor Asfa-Wossen Asserate über Geschenke schreibt: dass es nämlich eine gewisse Haltung erfordert, „das Ungleichgewicht, das durch ein Geschenk entsteht, auszuhalten und die Pflicht zur Dankbarkeit nicht gleich in einer Gegenleistung zu ersticken“.

Extratipp für ihn: **Frauen möchten Zeit für ihre Gäste haben,** kochende Männer möchten zeigen, was sie können. Bei allem kulinarischen Ehrgeiz: Bleiben Sie als Gastgeber lieber hinter ihren Möglichkeiten zurück als unter Aufbietung aller Kräfte vorführen zu wollen, was Küche und Keller hergeben. Den Profi erkennt man daran, dass er ein schönes Essen mit leichter Hand inszeniert. Gästetaugliche Rezepte erfordern weder, dass Sie beide einen ganzen Tag in der Küche stehen, noch, dass Sie die Sauce montieren, das Fleisch kurzbraten oder die Assistenz der Partnerin benötigen, während die Gäste im Esszimmer sich selbst und dem Aperitif überlassen sind.

Für eine einladende Atmosphäre sorgen

Ob Kuchentafel oder Partybüfett – die meisten Gastgeber verhalten sich, als hinge der Erfolg einer Einladung von den Gaumenfreuden ab. Zwar genießen die meisten Gäste ein besonderes Essen und gute Getränke. Wirklich gelungen aber ist ein Fest oder eine Einladung zu Hause erst, wenn Ihre Gäste sich umsorgt und willkommen fühlen. Wenn das Gespräch fließt und Sie beide entspannt vorlegen, nachschenken und smalltalken, fällt es kaum auf, wenn das Lamm ein bisschen nichtssagend schmeckt oder die Pasta nicht mehr ganz *al dente* ist. Dagegen erweckt das feinste Essen bei den Gästen ein unbehagliches Gefühl, wenn Gastgeber oder Gastgeberin gehetzt, gereizt und überfordert wirken. Hier sind die wichtigsten Regeln für ein herzliches Willkommen:

- ***Seien Sie pünktlich.*** Kein Gast fühlt sich willkommen, wenn der Gastgeber mit nassen Haaren die Tür öffnet oder die Gastgeberin im Bad noch eben die Wimpern tuscht. Gäste können eine Viertelstunde zu spät kommen, die Gastgeber sind am besten eine Viertelstunde vor der vereinbarten Zeit fertig.
- ***Nehmen Sie Ihre Gäste herzlich in Empfang.*** Wenn Sie mehrere Gäste erwarten, begrüßt einer von Ihnen die Neuankömmlinge an der Tür, einstweilen kümmert sich der andere um die bereits eingetroffenen Gäste. Versorgen Sie eintreffende Gäste mit einem Begrüßungsschluck, lassen Sie sich aber nicht in längere Gespräche verwickeln: „Genießt den Abend. Ihr müsst mir nachher unbedingt erzählen, wie sich der neue Wagen fahrt." Schlechter Stil wäre es, wenn einer der Gäste die Neuankömmlinge hereinlässt oder Ankommende vor der Tür warten müssen, ehe überhaupt geöffnet wird.
- ***Setzen Sie Zeichen.*** Wohlerzogene Gäste warten darauf, dass die Gastgeber sie miteinander bekanntmachen, ihnen einen Platz bei Tisch anbieten, das Glas erheben oder mit einem Blick in die Runde zum Besteck greifen und das Essen eröffnen. „Jessica, wir haben gedacht, du sitzt neben Florian" – „Bitte fangt schon an", „Zum

Wohl. Schön, das ihr alle gekommen seid!" – Signale wie diese gehören zu den wichtigsten Gastgeberaufgaben. Auch wenn Sie in ein angeregtes Gespräch vertieft sind – ersparen Sie es Ihren Gästen, vor gefüllten Gläsern und vollen Tellern zu warten, bis Sie an den Startschuss denken.

- ***Verschwinden Sie möglichst selten in der Küche.*** Sie Sind kein Restaurant, und Ihre Gäste kommen nicht wegen des Essens (jedenfalls meistens nicht). Sobald Ihr Besuch da ist, sind Sie beim Small Talk gefragt, nicht an der Sauteuse. Verweilen Sie zwischen den Gängen am Tisch, statt aufzuspringen, um das Geschirr abzuräumen und den nächsten Gang fertig zu stellen. Organisieren Sie sich als Paar so, dass jeweils einer von Ihnen einen Gang anrichtet und serviert. Der andere bleibt am Tisch und ist in aller Ruhe und mit gutem Gewissen für die Gäste da.
- ***Bitten Sie Ihre Gäste, sich selbst zu bedienen.*** Außer bei sehr formellen Essen brauchen Sie als Gastgeber Wein und Wasser nicht ständig nachzuschenken. Entspannter wirkt es, wenn Sie nach dem ersten Einschenken die Flaschen auf den Tisch stellen und Ihren Besuch ermutigen, sich selbst zu bedienen. Alternativ beauftragen Sie einen der Gäste oder eines Ihrer Kinder damit, die Aufgabe des Mundschenks zu übernehmen.
- ***Kommen Sie den Wünschen und Bedürfnissen Ihrer Gäste zuvor.*** Gute Gastgeber haben ihre Augen überall, trinken selbst nur ganz wenig Alkohol und überlassen das

Wohlbefinden ihrer Gäste nicht dem Zufall: Stellen Sie sicher, dass sich alle gut unterhalten, und beleben Sie, falls nötig, das Gespräch, füllen Sie die Platten mit Oliven und Antipasti nach, bieten Sie Kaffee an, bringen Sie der Freundin ohne Zeichen von Angenervtheit das gewünschte Aspirin. Vergewissern Sie sich zwischendurch auch, dass noch genügend Toilettenpapier und saubere Handtücher in der Toilette liegen.

- ***Bleiben Sie entspannt.*** Es trübt die Stimmung, wenn die Gastgeberin hektisch den handtellergroßen Rotweinfleck auf dem Tischtuch zu beseitigen sucht oder den ganzen Abend kein anderes Gesprächsthema mehr kennt als das missglückte Zitronensoufflé. Was auch passiert: Bleiben Sie cool und gut gelaunt. Bei Missgeschicken atmen Sie tief durch – oder Sie sind auf alles vorbereitet: Geübte Gastgeber überdecken den Fleck mit einer frischen Serviette und servieren anstelle des missratenen Desserts Früchte und Pralinen aus dem Vorrat.

„Ich hätte da eine Frage ...": Gemeinsam einladen, getrennt vorbereiten?

Ich bin beruflich sehr eingespannt, während meine Frau nur zwei halbe Tage in der Woche arbeitet. Trotzdem erwartet sie, dass ich mich an den Vorbereitungen beteilige, wenn wir am Wochenende Gäste haben, und mich gemeinsam mit ihr um das Kochen, Auftragen, Nachschenken und so weiter kümmere. Natürlich würde ich sie unterstützen, wenn wir beide im gleichen Umfang berufstätig wären. So aber meine

ich, dass es genügt, wenn ich für die Musik und die Getränke sorge.

Rechnerisch gesehen haben Sie Recht. Trotzdem wäre es höflicher, wenn Sie den Wunsch Ihrer Frau erfüllen würden. Erstens entspricht es nicht mehr den Vorstellungen von der Gleichheit der Geschlechter, wenn Sie lässig die Gläser nachfüllen, während Ihre Frau angespannt zwischen Esstisch und Induktionsherd rotiert. Und zweitens ist es auch für Ihre Gäste schöner, wenn die Gastgeberin nicht nur für das leibliche Wohl sorgt, sondern Zeit für gute Gespräche hat.

Stil-Strategie 26:
Zeigen Sie auch in Kleinigkeiten Klasse

Stil ist eine Lebenshaltung. Klasse-Paare wenden für das gute Auskommen mit anderen deshalb privat die gleiche Sorgfalt auf, die sie auch in das berufliche Networking stecken. Hier sind die wichtigsten Höflichkeitspflichten zum Nachschlagen: vom weihnachtlichen Trinkgeld für den Postzusteller bis zum Austausch von Zärtlichkeiten vor Dritten.

Dienstleister

Der Postzusteller, der Waschmaschinenreparateur, die Zeitungsfrau – wenn sie ihren Job gut machen, bemerken wir sie kaum. Was sie wirklich für uns leisten, fällt erst auf, wenn die Zeitung nicht pünktlich zum Frühstück bereitliegt oder die Müllmänner den neben der Tonne abgestellten Müll, den sie sonst freundlicherweise mitnehmen, einfach stehen lassen. Paare, die den unauffälligen Dienstleistern höflich und respektvoll begegnen, zeigen nicht nur Klasse, sondern bekommen auch einen besseren Service.

- Zeit ist für Dienstleister Geld. Höfliche montieren deshalb einen Briefkasten, in den der Otto-Katalog passt, den sie regelmäßig beziehen, öffnen der UPS-Zustellerin schon die Tür, wenn sie sie heranfahren hören, und suchen den Stab für die Ausziehtreppe zum Dachboden nicht erst, wenn der Kaminkehrer schon eingetroffen ist.
- Sprechen Sie Dienstleister, die häufig zu Ihnen ins Haus kommen, mit Namen an.
- Äußern Sie Ihre Anerkennung, wenn jemand mehr tut, als seine Aufgabenbeschreibung verlangt. Es ist keineswegs selbstverständlich, dass der Kundendienst, der Ihre Spülmaschine repariert, Ihnen gleich den tropfenden Wasserhahn richtet. Noch freundlicher: Erwähnen Sie den freundlichen Service, wenn sich der beauftragte Betrieb nach Ihrer Zufriedenheit erkundigt.
- Begegnen Sie Dienstleistern auf Augenhöhe. Eine freundliche Bemerkung über das Wetter oder das bevorstehende Fußballspiel bricht das Eis und bewirkt, dass Sie auf einer Ebene kommunizieren. Auf gar keinen Fall zeigen Sie sich gönnerhaft oder herablassend.

- Postbote und Zeitungszustellerin, in manchen Gegenden auch die Müllmänner, freuen sich über ein kleines Trinkgeld zu Weihnachten (5 bis 20 Euro). Stecken Sie das Geld nicht einfach in einen Umschlag, sondern legen Sie auf jeden Fall eine Karte mit einem handschriftlichen Gruß dazu.

Helfer in Haushalt und Erziehung

Wir wissen, was wir an ihnen haben: Ohne Putzhilfe oder Babysitter, Au-pair-Mädchen oder Tagesmutter, Nachhilfelehrer oder Gartenhelfer würde der Alltag in vielen Familien nicht oder jedenfalls sehr viel weniger reibungslos funktionieren. Mit ein paar einfachen Grundregeln stärken Sie die Bindung der unentbehrlichen Helfer an Ihre Familie:

- Erteilen Sie Anweisungen in bestimmtem Ton, aber als Bitte oder Vorschlag eingekleidet: „Würden Sie bitte …“, „Würde es Ihnen etwas ausmachen, wenn …“, „Barbara, denken Sie bitte daran, …“, „Frau Weber, heute müssen …“ Behandeln Sie Helfer im Haushalt genauso höflich und zuvorkommend wie Freunde und Familienmitglieder.
- Zeigen Sie den Menschen, die für Sie arbeiten, dass Sie ihnen vertrauen und ihre Fähigkeiten schätzen: „Danke, Melanie, wir sind wieder mal beeindruckt, wie brav unsere Flöhe einschlafen, wenn Sie sie ins Bett bringen.“

- Treffen Sie klare Absprachen: Von wann bis wann soll die Putzhilfe kommen, was soll sie in der vereinbarten Zeit schaffen, ist es für Sie wichtiger, dass alles flüchtig oder weniges gründlich geputzt wird? Was darf die Babysitterin sich aus dem Kühlschrank nehmen? Soll die Putzhilfe die Tür öffnen, Pakete annehmen, den Kaminkehrer hereinlassen? Wie soll sich der Au-pair-Boy am Telefon melden? Darf er mit den Kindern spontan zum Spielplatz oder ein Eis essen gehen? Werden die gebügelten Hemden in oder nur an den Schrank gehängt?
- Schaffen Sie gute Arbeitsbedingungen: Stellen Sie Getränke, Obst oder eine Süßigkeit bereit. Sorgen Sie dafür, dass alle benötigten Putzmittel da sind. Räumen Sie auf, damit die Haushaltshilfe ungehindert wischen kann. Hängen Sie die Nummer an die Pinnwand, unter der Sie erreichbar sind. Achten Sie darauf, dass Ihre Kinder nicht über die frisch gewischten Böden laufen und wissen, dass in Ihrer Abwesenheit das Au-pair-Mädchen das Sagen hat.
- Äußern Sie Kritik klar, höflich und immer unter vier Augen: „Frau Wagner, ich möchte nicht, dass Sie mit den Nachbarn über die Schulleistungen von Max und Tom sprechen.“
- Stellen Sie sicher, dass Ihre Kinder alle Helfer im Haushalt höflich behandeln, nicht bei ihrer Arbeit behindern, ihnen keine Anweisungen erteilen und sich nicht bedienen lassen. Egal, ob Putzhilfe oder Nachhilfelehrer – der Auftraggeber sind Sie, nicht Ihr Kind.

- Hilfen im Haushalt dürfen an Weihnachten ein großzügiges Geldgeschenk und darüber hinaus ein persönliches, sorgfältig ausgesuchtes und verpacktes Geschenk erwarten.
- Behandeln Sie Helfer im Haushalt als Menschen, nicht als gut funktionierende Roboter. Nehmen Sie Anteil an wichtigen Ereignissen in ihrem Leben, trinken Sie gelegentlich eine Tasse Kaffee zusammen, gratulieren Sie, wenn die Tochter das Abitur bestanden hat, fragen Sie nach, wie es im Urlaub war.

Extratipp: **Es ist ein Glücksfall,** zuverlässige Hilfe im Haushalt und für die Kinderbetreuung zu bekommen. Ein Engpass berechtigt aber keinesfalls dazu, die neiderregend effiziente Perle oder die supernette Babysitterin einer befreundeten Familie „abzuwerben" – so groß die Versuchung auch sein mag. Höfliche wählen, wenn überhaupt, den offenen Weg: „Nicole geht so kompetent mit euren Kindern um. Würde es euch etwas ausmachen, wenn ich sie fragen würde, ob sie gelegentlich auch bei uns einspringen kann?" Bedenken Sie dabei: Selbst wenn die begehrte Helferin noch Kapazitäten frei hat – ihre Bekannten möchten sie vielleicht aus Gründen der Diskretion nicht mit anderen „teilen".

Haus und Garten

My home is my castle, denken viele und leben, als wohnten sie tatsächlich in einem Schloss, fernab von Nachbarn und Passanten. Leider sieht die bundesdeutsche Wirklichkeit anders aus. In beengten Eigentumswohnanlagen und dicht bebauten Neubaugebieten geht es nicht nur Sie etwas an, wo Sie auf Ihrem Grundstück den Kompost anlegen oder mit welchen Leuchtmitteln Sie Ihren Bewegungsmelder bestücken. So zeigen Sie rund um Haus und Garten Stil:

- Nicht jeder schätzt es, wenn es im Viertel schon ab Oktober weihnachtet oder die Eingangstür der Etagennachbarn mit schreiend buntem Dekokitsch geschmückt ist. Eingedenk dem Motto „Freiheit hört da auf, wo die des anderen anfängt" verzichten Höfliche darauf, die Nachbarn zu unfreiwilligen Gefangenen ihres Geschmacks zu machen. Am besten wählen Sie im Außenbereich, wenn überhaupt, sparsame Dekorationen aus natürlichen Materialien und in zurückhaltenden Farben. Absolut tabu sind blinkende Außenlichterketten in bunten Farben.
- Kleiden Sie sich angemessen. Sind Balkon oder Grundstück von der Straße oder anderen Grundstücken aus einsehbar, sind Unterhemd, nackter Oberkörper oder „oben ohne" ein Anblick, den man anderen besser erspart. Auch Bikini und Badeanzug sind im kleinen Gär-

ten nur auf der Sonnenliege angemessen. Zum Carportstreichen oder Unkrautjäten tragen Sie auch an heißen Tagen besser Bermudas und ein T-Shirt. Je weniger Meter Sie von den Nachbarn trennen, desto mehr Distanz und Rücksicht wahren Sie bei der Kleidung.

- Berücksichtigen Sie Blickachsen, Ausblicke und Einblicke. Natürlich verbannt man den Kompost gern aus dem eigenen Blickfeld und wählt für das Anbringen der Hängematte einen besonders lauschigen Winkel. Wer höflich ist, denkt aber nicht nur an die eigenen Interessen: Errichten Sie Ihr Gerätehaus nicht ausgerechnet drei Meter vom Esszimmerfenster der Nachbarn entfernt, stellen Sie Ihre Sonnenliege so auf, dass Sie den Nachbarn nicht in die Kaffeetassen schauen, versperren Sie mit Ihrem Kaninchenstall nicht den Ausblick, den die anderen bisher genießen konnten.
- Halten Sie Ordnung. Plastikplanen, Mülltonnen, Säcke mit Gartenabfällen und im Freien gelagertes Gerümpel sind eine Zumutung für Nachbarn und Passanten. Den Wert Ihrer Wohngegend mindern sie obendrein.
- Schließen Sie die Wäschespinne, wenn Sie sie nicht benötigen. Auch zum Lüften herausgehängte Teppiche sind kein schöner Anblick.
- Justieren Sie den Einstellwinkel des Bewegungsmelders so, dass er nicht in fremde Grundstücke hineinreicht. Wählen Sie für Außenleuchten eine Lichtintensität, die die Nachbarn weder blendet noch belästigt.

Nachbarn

Einerseits leben sie mit uns Wand an Wand, versorgen im Urlaub die Katze oder bringen im Sommer selbst gezogene Zucchini vorbei. Andererseits schauen sie sich Fußballübertragungen auf dem Balkon an, halten den Reinigungsplan nicht ein oder rauben uns mit ihrer übermannshohen Thujahecke die Abendsonne auf der Terrasse. Unsere Nachbarn können wir uns nicht aussuchen. Aber egal, ob sie angenehm sind oder nicht, mit Höflichkeit kommt man besser mit ihnen klar – und notfalls auch leichter zu seinem guten Recht.

- ***Stellen Sie sich vor.*** Egal, ob Sie älter sind als die anderen Hausbewohner, ganz gleich, ob Sie es auf der Karriereleiter weitergebracht haben als der Rest des Viertels – wer neu ist, macht sich bei den unmittelbaren Nachbarn bekannt. Warten sie nicht auf eine zufällige Begegnung, gehen Sie aktiv auf die neuen Nachbarn zu: „Guten Tag, ich bin Benjamin Kleinschmidt. Meine Familie und ich wohnen seit zwei Tagen nebenan. Ich hoffe, dass wir Sie beim Einziehen nicht allzu sehr gestört haben." Ziehen nebenan neue Nachbarn ein, ist es freundlich, sie mit einem Kuchen, einer Pizza oder ein paar Äpfeln aus dem Garten willkommen zu heißen.
- ***Kündigen Sie Handwerkerarbeiten und andere Lärmbelästigungen an.*** „Wir schleifen in den nächsten Tagen die Fenster ab. Dann wird es leider laut werden, aber

wir versuchen natürlich, die Ruhezeiten einzuhalten.“ Vor oder nach einer größeren Störung versüßen Sie die Belästigung mit Wein, Pralinen oder selbst gemachter Marmelade.

- ***Zeigen Sie sich hilfsbereit.*** Nehmen Sie Pakete an, helfen Sie mit einem Werkzeug aus, gießen Sie im Urlaub die Blumen, packen Sie mit an, wenn bei den Nachbarn der Keller knietief unter Wasser steht.
- ***... aber halten Sie freundlich Distanz.*** Ein quasi-familiäres Verhältnis unter Nachbarn ist nicht nötig und bei den fast unvermeidlichen Interessenkonflikten auch eher von Nachteil. Am besten pflegen Sie die gute Nachbarschaft bei einem kurzen Gespräch vor den Garagen, beim gemeinsamen Schneeschippen oder einem zwanglosen Glas Wein auf der Terrasse.
- ***Sprechen Sie Störendes sachlich an.*** Wenn regelmäßig morgens um sechs minutenlang der Golden Retriever bellt, wiederholt Gießwasser vom Balkon über Ihnen tropft oder vor Ihren Fenstern tagelang Säcke mit Gartenabfällen lagern, unterstellen Sie den Nachbarn keine böswillige Absicht. Zögern Sie aber nicht, die Gedankenlosigkeit anzusprechen. Andernfalls gehen die Nachbarn davon aus, dass ihr Verhalten Sie nicht stört. Auf ihr Recht verweisen Sie erst, wenn ein Gespräch keine Änderung bringt.

„Ich hätte da eine Frage ...“: Stress mit den Nachbarn

Die Töchter unserer Nachbarn kommen oft erst weit nach

Mitternacht nach Hause. Durch das Zuschlagen der Autotüren und das Abschiednehmen vor der Haustür werden wir regelmäßig geweckt. Wir haben das Problem bei den Nachbarn, wie wir meinen, sachlich angesprochen. Seither erwidern sie unseren Gruß nicht mehr, die nächtliche Unruhe hält unvermindert an. Wäre es besser, wenn wir auch nicht mehr grüßen würden? Allerdings sind wir die Jüngeren.

Ein kurzer Gruß, und sei er noch so distanziert, ist das Minimum eines zivilisierten Miteinanders. Es wäre schade, wenn die Ungezogenheit Ihrer Nachbarn Sie dazu verleiten würde, diesen Mindeststandard zu unterschreiten.

Weihnachts- und andere Grüße

Weihnachten steht vor der Tür, jemand hat Geburtstag, ein befreundetes Paar heiratet, ein Kind wurde geboren, man meldet sich aus dem Urlaub: Im Alltag gibt es viele Gelegenheiten, durch einen kurzen Gruß Kontakte zu pflegen und aufzufrischen – einfach so, als Zeichen, dass man an andere denkt und sie einem wichtig sind, auch dann, wenn man sich im Alltag ein wenig aus den Augen verloren hat. So machen Sie mit Ihrer privaten Post Freude und Eindruck:

- Grundsätzlich gilt: Das Wichtigste ist die Botschaft „Wir haben an euch gedacht“, nicht das Medium, mit dem Sie sie übermitteln. Eine persönlich formulierte SMS kann deshalb mehr erfreuen als eine sichtlich teure

Klappkarte mit der lapidaren Unterschrift „wünscht Ihnen Fam. Meier". Dennoch haften E-Mail, Fax und SMS ein paar Schönheitsfehler an: Man kann sie weder an die Pinnwand hängen noch auf dem Kamin präsentieren. Darüber hinaus vermitteln sie den Eindruck, jemand habe erst im letzten Moment an einen gedacht oder wolle sich das Porto oder den Gang zum Briefkasten sparen. Bei allen Vorzügen der modernen Medien ist und bleibt eine Karte oder ein Brief deshalb die sichere und stilvollere Wahl.

- Zeigen Sie sich geschmackssicher. Schöne Grußkarten sind teuer, billige sehen leider fast immer billig aus. Eine preiswerte und dennoch klassische Variante sind Postkarten und einfarbige Karten.
- Auch wenn die Glückwünsche schon auf der Karte eingeprägt sind – die Unterschrift allein wirkt, als würden Sie sich einer lästigen Pflicht entledigen. Der Gruß ist der wichtigste Teil der Karte: Er macht sie persönlich und übermittelt Ihre guten Wünsche authentischer als jeder Vordruck: „Wir hoffen mit Dir, dass Du Dich gut erholst und bis zu Eurer Englandreise wieder ganz gesund bist. All the best, Meike und Holger."
- Viele Familien versenden einmal im Jahr einen ausgedruckten Rundbrief nebst Familienfoto. Logischerweise verwendet man dafür ein besonders schönes Foto und berichtet vornehmlich von Leistungen und Errungenschaften. Als mehr oder weniger unverhüllter Ausdruck von Erfolg und Aufstieg kommen die Rundbriefe nicht

bei allen gut an. Umso wichtiger ist es, dass man sich dafür entscheidet, persönliche Grüße anzufügen: „Wir wünschen Euch fröhliche, turbulente Weihnachtstage. Lara, Jonas und Nick haben sicher ihre Wunschzettel schon fertig."

- Die an den „Haushaltsvorstand" gerichtete Anschrift: „An Familie Johannes Fröhlich" ist out. Zeitgemäß schriebt man „Frau Cornelia Meier-Fröhlich und Herrn Johannes Fröhlich" gefolgt von den Namen der Kinder „Lara, Jonas und Nick Fröhlich". Alternativ dazu können Sie, wie im internationalen Schriftverkehr üblich, den Namen des Mannes voranstellen.

Extratipp für ihn: **Karten schreiben, Geschenke besorgen, Einladungen aussprechen, zum Geburtstag gratulieren** – es macht eine Menge Arbeit, die Sozialkontakte einer Familie zu pflegen, und meistens sind es die Frauen, die sich darum kümmern. Aufmerksame Männer würdigen nicht nur den gedanklichen, organisatorischen und zeitlichen Aufwand, sie steuern auch eigene Ideen und Vorschläge bei – erst recht, wenn sie darum gebeten werden. „Ich zerbreche mir seit Tagen den Kopf, was wir den Müller-Kleinschmidts zur Hauseinweihung schenken könnten. Hast du eine Idee?" Die richtige Antwort lautet weder: „Keine Ahnung, Schatz. Du machst das schon" noch: „Dann besorgst du eben einen Geschenk-Gutschein für das Gartencenter." Höfliche Partner gehen auf die Frage ein: „Auf Anhieb nicht. Aber lass uns mal zusammen überlegen ..."

Zärtlichkeiten in der Öffentlichkeit

Ein Blick, eine Berührung der Hände, ein kurzer Kuss, ein um die Schulter gelegter Arm – kleine Gesten der Zärtlichkeit berühren, verbinden und wirken liebevoll und vertraut. Alles andere aber hat in der Öffentlichkeit etwas Kindisches, Demonstratives an sich. Zärtlichkeit und Leidenschaft sind zwar menschliche Grundbedürfnisse. Aber es zeugt von schlechten Manieren, wenn er ihr in der Fußgängerzone den Po tätschelt oder sie beim Firmfest wie eine Klette an seinem Arm hängt. Erst recht taktlos wirkt es, wenn sie sich vor den Augen der Single-Freundin verliebt an ihn schmiegt oder er ihr über den Babybauch streichelt. Klasse-Paare treten diskret auf und stellen ihr Glück nicht zur Schau.

Wie Sie Klasse zeigen und Glanz ausstrahlen

Natürlich sind innere Werte wichtiger als der schöne Schein. Aber manchmal macht es einfach Spaß, sich als Paar ein bisschen zu inszenieren. Es verleiht der Beziehung Glanz, wenn er ihr formvollendet in den Wagen hilft oder sie seinen Ausführungen mit dem gebannten Blick einer amerikanischen Präsidentengattin lauscht. Das Leben ist zu kurz für Gleichgültigkeit und Alltagsgrau.

Worauf es bei der Liebe ankommt, am Anfang und dann immer weiter, zeigt ein Blick ins Synonymwörterbuch. Als bedeutungsähnliche Wörter werden dort unter anderem genannt: *anbeten, anhimmeln, verehren, verführen, vergöttern, verklären, schwärmen, auf Händen tragen.* Die Sprache enthüllt, was auch die Wissenschaft beweist: Die Liebe lebt von Romantik und Illusionen. Nicht nur, und nicht in erster Linie. Aber als schönes Beiwerk gehören leidenschaftliche Gefühle, romantische Erlebnisse, Idealisierung, Verzauberung und Herzklopfen dazu. Gute Manieren helfen auch dabei: Sie geben nicht nur beim Bewältigen der Pflichten Halt, sie machen auch die Kür elegant und schön. In diesem Kapitel erfahren Sie, wie Höflichkeit und Aufmerksamkeit den Weg zu mehr Nähe und Romantik ebnen.

Stil-Strategie 27: *Feiern Sie sich*

Studien zeigen: Paare, die einander für beliebt oder angesehen halten, führen glücklichere Beziehungen. Der Grund dafür liegt auf der Hand: Stolz stärkt das Ego und ist ein Aphrodisiakum für die Liebe. Doch viele schöpfen dieses Glückspotenzial in ihrer aktuellen Beziehung bisher nicht aus: Nur 40 Prozent der Frauen und 29 Prozent der Männer, die das GEWIS-Institut im Auftrag der Zeitschrift *freundin* befragt hat, sind stolz auf ihre Beziehung. Während man frisch verliebt vor lauter Entzücken über den Partner fast platzte, überwiegt in späteren Jahren der Jubel über die Kinder oder den beruflichen Erfolg den Stolz auf den Partner und die Partnerschaft. Mit den folgenden Strategien können Sie die Begeisterung füreinander wach halten und immer wieder schüren.

Erfolge feiern

„Sind wir gut, Mann“, heißt es bei einem befreundeten Paar, wenn die beiden oder einer von ihnen wieder etwas geschafft haben. Die beiden grinsen sich an, drücken sich oder klatschen die Hände zum High-Five zusammen, bereden kurz ihren Triumph, und wenn sie der Alltag wieder hat, ist er ein bisschen heller als vorher.

Es geht ganz einfach, den Stolz aufeinander bewusst zu pflegen: Wir müssen unsere Erfolge nur wahrnehmen. Nicht nur die großen, auch die vielen kleinen: Wenn er den Plattenspieler, der seit Jahren ungenutzt im Keller steht, bei Ebay zu einem sensationellen Preis versteigert hat. Wenn ihre Torta caprese genauso wundervoll schmeckt wie die, die man im Urlaub in Bozen gegessen hat. Wenn er nach langem Probieren doch noch einen Dreh gefunden hat, den übergroßen IKEA-Sessel im Kofferraum zu verstauen. Oder wenn es ihr gelungen ist, Karten für die Kabarettaufführung zu beschaffen, die immer innerhalb einer Stunde ausverkauft ist.

Dabei spielt es übrigens keine Rolle, wer von beiden für ein gutes Gelingen verantwortlich zeichnet: Als Paar, das ist das Schöne am Leben zu zweit, ist der Erfolg des einen immer auch der Erfolg des anderen. Wetteifern Sie also nicht miteinander, sondern bestätigen Sie sich als Team: „Ich hätte nie gedacht, dass du den Sessel doch noch unterbringst." – „Ohne dich hätte ich es auch nicht geschafft. Es war eine super Idee von dir, zu schauen, ob man die Beine abschrauben kann." Und vergessen Sie nicht, sich zu feiern: Ein Glas Prosecco, ein Belohnungsespresso oder eine schöne Zeitschrift setzen auch kleine Erfolge in Szene.

Sich erinnern

Hochzeitstag, Kennenlerntag, Valentinstag, Geburtstag – eine Zeit lang entsprach es dem Zeitgeist, die markierten Tage im Kalender lässig zu ignorieren. Wenn man einander etwas Gutes tun wollte, so das Credo, brauchte man dafür keinen besonderen Anlass. Man tat es einfach. Doch mal ehrlich: Im vollgepackten Paaralltag hat man selten die Zeit und den Kopf dafür frei, einander zu feiern, zu beschenken und zu verwöhnen. Spontane Gesten der Zuwendung kommen deshalb bei etablierten Paaren oft zu kurz. Feste Erinnerungstage wirken dem entgegen: Begeht man sie feierlich, liebevoll oder romantisch, bringen sie Glanz in den Alltag. Hochzeits- und Kennenlerntag rufen darüber hinaus ins Gedächtnis, wie gut oder zumindest beharrlich man ein weiteres Jahr zusammen bestanden hat.

Klasse-Paare nutzen die Feste im Kalender daher als willkommenen Anlass, etwas Besonderes füreinander oder den anderen zu planen: einen Besuch in einem angesagten Restaurant, ein Wochenende zu zweit, Frühstück im Bett, ein Fest mit Freunden, eine Überraschung, mit der der andere nicht gerechnet hat. Hier sind die wichtigsten Regeln:

- ***Denken Sie von selbst daran.*** Erinnerungstage zu vergessen ist ein Zeichen von Gleichgültigkeit, sie zu feiern ein bewusster Akt des Füreinander-Daseins. Die wichtigste Regel lautet deshalb: Vergessen Sie Jahrestage nicht. Waren Sie in den letzten Jahren nachlässig darin, können Sie das Blatt leicht wenden: Kommen Sie von sich aus auf den nächsten Festtag zu sprechen – lange bevor der Partner oder die Partnerin es tut.
- ***Machen Sie schon den Morgen zum Fest.*** Ein Restaurantbesuch oder eine erotische Massage am Abend machen einen besonderen Tag erst dann zum Festtag, wenn er schon fast wieder vorbei ist. Setzen Sie deshalb dem Tag schon ein kleines Glanzlicht auf, bevor der übliche Alltagswahnsinn beginnt. Ob mit einer Rose auf dem Kopfkissen oder sanftem Sex zum Aufwachen, entscheiden Sie.
- ***Planen Sie rechtzeitig.*** Gute Ideen brauchen Zeit zum Reifen, und was begehrt ist, bekommt man selten in letzter Minute. Spätestens drei Wochen vor einem Festtag sollten Sie sich deshalb über Geschenke oder beson-

dere Highlights Gedanken machen. Der Vorlauf ermöglicht es, dass Sie ganz sicher einen guten Tisch in dem Restaurant bekommen, das Ihr Lebensgefährte schon seit Langem ausprobieren wollte, oder die Opernkarten so rechtzeitig bestellen können, dass Sie Ihrer Frau die Eintrittskarten und nicht nur einen Gutschein auf den Geburtstagstisch legen können.

- ***Pflegen Sie Traditionen.*** Wenn Sie es anstrengend finden, jedes Jahr neue tolle Ideen zu haben, feiern Sie ganz klassisch: Zum Geburtstag gibt es immer ein Sektfrühstück, den Hochzeitstag feiern Sie in dem Restaurant, in dem Sie sich verlobt haben, an dem Wochenende nach Ihrem Kennenlerntag machen Sie zusammen eine Bergtour.
- ***Übernehmen Sie die Planung abwechselnd.*** Vereinbaren Sie, dass der eine die Organisation der geraden Hochzeits-/Kennenlern-/Valentinstage übernimmt und der andere die der ungeraden. Auf diese Weise wird jeder mal verwöhnt und keiner überfordert.
- ***Nehmen Sie sich Zeit.*** Das Wichtigste ist für die meisten Paare das, wovon sie nach ein paar Beziehungsjahren notorisch zu wenig haben: Zeit und Aufmerksamkeit. Wenn der Partner von sich aus schon am frühen Nachmittag aus dem Büro kommt, weil man Geburtstag hat, oder die Partnerin dafür sorgt, dass am Hochzeitstag die Kinder bei Freunden übernachten, ist das für sich allein schon ein Geschenk.

Sich beschenken

Feste und Geschenke gehören zusammen wie … Liebe und Treue, zum Beispiel. Das eine ist ohne das andere zwar möglich. Aber erst die Kombination aus beidem macht das Glück perfekt. Sofern also nicht beide Partner bekennende Geschenkmuffel sind, gehört an Weichnachten, am Geburtstag, Hochzeits- und Kennenlerntag, vielleicht auch an Ostern und auf jeden Fall zu besonderen Anlässen (ein Baby kommt, die Meisterprüfung ist geschafft) eine kleine oder größere Gabe zum guten Stil. Der finanzielle Wert ist dabei zweitrangig. Am meisten zählt, dass ein Geschenk Freude macht, anrührt und der Beschenkte sich darin erkannt fühlt. Dazu einige Anregungen:

- ***Wählen Sie Geschenke mit einem Hauch von Verschwendung.*** Geld spielt dabei die geringste Rolle: Ein 17 Euro teurer Handjäter vermittelt der Liebsten mit dem grünen Daumen das Gefühl, endlich einmal ein Werkzeug in der Hand zu halten, das ihrem Können entspricht. Der zehnmal so teure Staubsauger dagegen ist und bleibt ein schnödes Haushaltsgerät.
- ***Schenken Sie, was dem Partner oder der Partnerin Freude macht,*** nicht was Sie praktisch oder begehrenswert finden. Der Stiltrainer Jan Schaumann bringt die Regel auf den Punkt: „Schenke einer Frau niemals etwas mit einem Stecker.“ Dem wäre hinzuzufügen: „… und einem

Mann niemals etwas, was ihm andeutet, dass er sich in irgendeiner Weise verändern soll."

- ***Zwingen Sie den anderen durch Ihr Verhalten nicht, ein Geschenk zu „bestellen".*** Die Freude über ein Geschenk ist höchstens halb so groß, wenn man es beim Partner mit mehr oder weniger verbrämten Andeutungen einfordern muss. Höfliche hören deshalb aufmerksam hin, wenn der andere nebenbei einen Wunsch äußert, und haben schon lange vor einem Fest Ideen, was sie schenken könnten.
- ***Nehmen Sie einander den Druck.*** Wenn man seit Jahren zusammen ist, wird es zunehmend schwierig, zu jedem Fest ein denkwürdiges Geschenk zu finden. Einigen Sie sich darauf, dass klassische Geschenke vom edlen Bildband bis zur handgeschöpften Schokolade immer ein stilvoller Luxus sind. Auch Musik, Gedichte, Geschichten, Filme und kulinarische Genüsse verlieren nichts von ihrem Wert, nur weil man schon Hunderte von Büchern oder einen gut sortierten Weinkeller hat.
- ***Machen Sie aus den Kosten ein Geheimnis.*** Der Paaralltag ist prosaisch genug. Es trägt nicht zur Romantik bei, wenn sie auf dem Kontoauszug sieht, was die Perlenstecker gekostet haben. Zahlen Sie deshalb bar oder mit Ihrer persönlichen Kreditkarte.
- ***Schenken Sie Erlebnisse.*** Verdis *Requiem* live im Nationaltheater beeindruckt auf Jahre hinaus, ein gemeinsamer Tanz- oder Finnischkurs erfreut noch Wochen nach dem

Festtag, ein Tauchschnupperkurs eröffnet vielleicht den Einstieg in ein neues spannendes Hobby.

- ***Machen Sie sich gemeinsam ein Geschenk.*** Es macht Spaß, sich gemeinsam einen lang gehegten Wunsch zu erfüllen: Schenken Sie sich zusammen einen Weinkühlschrank, einen Gourmetkochkurs oder die Leica-Spiegelreflexkamera, die Sie beide schon immer haben wollten. Vor allem Paare, die schon viele Jahre zusammen sind, schätzen diese Art des Schenkens.
- ***Tipp 1: Schenken Sie einfach so.*** Bringen Sie ihr die amerikanische *Vogue* vom Flughafen mit, kaufen Sie zwischendurch eine Flasche seines sündhaft teuren Lieblingsweins, schicken Sie Ihr als Zeichen Ihrer Reue Blumen mit einer Karte: „Danke, dass du es aushältst mit mir."
- ***Tipp 2: Nehmen Sie Geschenke immer an.*** Sie finden ein Geschenk zu teuer, hätten ein anderes MP3-Player-Modell bevorzugt oder schlafen aus Prinzip lieber im Baumwollpyjama als im Seidennachthemd. Nehmen Sie die Gabe trotzdem freudestrahlend an. Ein Geschenk ist eine Liebesgabe, keine Versandbestellung mit Umtauschgarantie. Nur wenn etwas völlig an Ihren Wünschen vorbeigeht oder einfach nicht passt, dürfen Sie ausnahmsweise andeuten, ob ein Umtausch möglich wäre. Liegt Ihr Partner immer wieder und komplett daneben, flüstern Sie ihm Ihre Wünsche mit Angabe von Laden, Marke und Artikelnummer.

Gut zu wissen: Männer schenken teuer
Eine Umfrage der Internet-Buchhandlung *amazon.de* zum Schenkverhalten an Weihnachten ergab: Männer zeigen sich bei Weitem spendabler als Frauen, verheiratete Paare investieren doppelt so viel in Geschenke für den Partner wie unverheiratete, und mit Abstand am kleinsten fallen die Geschenke bei Paaren aus, die seit 10 bis 15 Jahren unverheiratet zusammenleben. Am großzügigsten beschenken sich Paare, die schon länger als 25 Jahre verheiratet sind.

Extratipp: **Die Jahrestage der Hochzeit** werden traditionell mit (regional unterschiedlichen) Symbolen verbunden. Daraus lassen sich wunderbar klassische und kreative Geschenkideen ableiten:

1. Hochzeitstag: Papierhochzeit.
Geschenkideen: Fotobuch mit den Höhepunkten des ersten Ehejahrs, Kunstdruck, Zeitschriftenabo, Flugtickets.
2. Hochzeitstag: Baumwollene Hochzeit.
Geschenkideen: Bettwäsche, Pyjama, Designerhemd, stoffbespannte Regiestühle für den Garten, Reise in die amerikanischen Südstaaten.

3. Hochzeitstag: Lederhochzeit.
Geschenkideen: Handtasche, edle Aktenmappe, High Heels, rahmengenähte Budapester.
5. Hochzeitstag: Hölzerne Hochzeit.
Geschenkideen: Schaukelstuhl, Holztablett, Messerblock, Hüttenwochenende, Kaminofen.
7. Hochzeitstag: Wollene Hochzeit.
Geschenkideen: Kaschmirschal, Pulli, Reise zu den schottischen Shetland-Inseln.
10. Hochzeitstag: Rosenhochzeit.
Geschenkideen: englische Duftrosen im Container, ein Ausflug zur Roseninsel im Starnberger See, Wellness-Wochenende samt Rosenbad und Ganzkörpermassage mit ätherischem Rosenöl.
15. Hochzeitstag: Gläserne Hochzeit.
Geschenkideen: antiker Spiegel, mundgeblasene Burgundergläser, Wasserkaraffe, Kiste mit ausgesuchten Weinen aus dem Jahr, in dem man geheiratet hat.
20. Hochzeitstag: Porzellanhochzeit.
Geschenkideen: neues Geschirr, elfenbeinfarbige Dessous, Reise nach China.
25. Hochzeitstag: Silberhochzeit.
Geschenkideen: Foto im Silberrahmen, Silberleuchter, Schmuck, Silberbesteck, Weinkühler.

30. Hochzeitstag: Perlenhochzeit.
Geschenkideen: Perlenstecker, Hemd mit Perlmuttknöpfen, Tauchurlaub in der Karibik, DVD *Das Mädchen mit dem Perlenohrring*, Karten für Georges Bizets Oper *Die Perlenfischer*.
40. Hochzeitstag: Rubinhochzeit.
Geschenkideen: Rubinbrosche, Kiste mit dunklem Rotwein, rubinrote Kuscheldecke, Klavierkonzert eingespielt von Arthur Rubinstein, Gesichtspflege von Helena Rubinstein.
50. Hochzeitstag: Goldene Hochzeit.
Geschenkideen: goldener Schmuck, goldene Uhr, Golden Retriever, Reise in die Goldene Stadt Prag oder zur Golden Gate Bridge.

Stil-Strategie 28:
Sammeln Sie Glücksmomente

„Menschen sind in der Regel träge soziale Lebewesen", schreibt der amerikanische Soziologe Rowland S. Miller. „Kaum fühlen sie sich von jemandem akzeptiert und wertgeschätzt, lassen sie in ihren Anstrengungen nach, weiterhin mit aller Kraft um dessen Sympathie oder Liebe zu ringen. So kommt es, dass aus einem Lover, der grundsätzlich sorgfältig rasiert und nach Aftershave duftend zum Frühstück erschien, ein Ehemann wird, der sich in Unterwäsche, ungewaschen und unrasiert an den Tisch setzt und den letzten Doughnut klaut."

Es ist wie ein Naturgesetz: Je länger wir zusammen sind, desto nachlässiger gehen wir miteinander um. Das liegt nicht daran, dass wir einander weniger lieben. Sondern daran, dass wir uns unserer Liebe zu sicher geworden sind. Ein Teufelskreis beginnt: Beide Partner strengen sich weniger an – und beide empfinden die nachlassende Anstrengung des anderen als Verlust. Das Leben wird bequemer, aber auch nüchterner. Wer die folgenden einfachen Gewohnheiten auch nach fünf, zehn oder zwanzig Jahren Ehe pflegt, bewahrt sich etwas von der Romantik der frühen Jahre.

Einfach-so-Gespräche

Studien zufolge sprechen Ehepaare, abgesehen von Alltagsgesprächen, nur etwa zehn Minuten pro Tag miteinander. In den Anfangsphasen der Liebe war das anders: Damals wollte man alles über den anderen wissen und fand schon morgens beim Aufwachen auf dem Handy die erste SMS. Jahre später gehören lange Gespräche und das Miteinander-im-Kontakt-Sein zu den Dingen, die Paare in der Beziehung am meisten vermissen. Klasse-Paare unterschei-

Wir reden, wir fragen. ‚Was denkst du darüber? Hast du das gesehen? Sag mir die Wahrheit, aber sei dabei mein Freund.' Wenn man das kann, wenn man so miteinander umgeht, dann ist schon vieles gewonnen.
Senta Berger

den sich von anderen auch dadurch, dass sie ganz bewusst über mehr sprechen als die günstigste Flatrate, den verstopften Duschabfluss und die Fünf in Mathe des Jüngsten.

- Interessieren Sie sich für Details im Leben des anderen: Wie war dein Training? In welcher Farbe hat Sabine die Wohnung gestrichen? Wie wurde dein Thesenpapier aufgenommen? Was hat dich bei dem Konzert am meisten beeindruckt? Was ist dein wichtigster Wunsch für dieses Jahr? So bleiben Sie einander nah, auch wenn Sie getrennte Wege gehen.
- Führen Sie mindestens einmal in der Woche am Telefon ein Gespräch, in dem Sie mehr von sich preisgeben, als wann Sie abends nach Hause kommen: Erzählen Sie, worüber Sie sich gefreut oder geärgert haben, was gut gelungen ist oder worüber Sie noch grübeln.
- Nehmen Sie die Welt auch mit den Augen des anderen wahr: „Hast du schon gelesen, heute Abend gibt es eine totale Mondfinsternis. Das müssen wir uns unbedingt mal wieder ansehen." – „Das Hotel in Mailand hätte dir gefallen, vor allem das Spa."
- Wenn Sie schüchtern geworden sind, einander Ihre Liebe zu bekunden, nutzen Sie E-Mail und SMS dafür: Fügen Sie einfach den üblichen Erinnerungen („Denkst du bitte daran, meinen grauen Anzug aus der Reinigung zu holen?") etwas Liebevolles hinzu: „P.S. Ich bin jeden Tag glücklich, dass wir zusammen sind." Ein liebevolles

Post-it am Zahnputzglas oder eine handgeschriebene Karte von der Geschäftsreise erfüllt den gleichen Zweck.

Liebesbeweise

„Liebst du mich noch?“ – „Aber das weißt du doch.“ Eben nicht. Irgendwann wissen wir nicht mehr, wenn der andere es nicht ausdrücklich sagt. Oder so zeigt, wie wir es uns in unseren Träumen vorstellen. Zwar weiß der Verstand, dass es Liebe ist, wenn er Überstunden macht, damit sie ihr Traumhaus bekommt, oder wenn sie die Brücken hinter sich abbricht, um ihm in eine fremde Stadt zu folgen. Aber das Gefühl will (noch) mehr – kleine, romantische Gesten, die beweisen: Wir werden geliebt. Immer noch. Immer mehr. Jeden Tag neu. Hier sind zehn kleine Liebesbeweise, für die Sie weder Ihr Konto plündern noch sich die Kleider vom Leib reißen müssen:

- Bringen Sie ihr einen Milchkaffee ans Bett, bevor Sie morgens als Erster das Haus verlassen. Wer mag, stäubt zusätzlich ein Kakaoherz auf.
- Schmuggeln Sie in einem unbeobachteten Moment einen kurzen Brief oder ein Gedicht in seine Reisetasche.
- Haben Sie immer ein aktuelles Foto von ihr in der Brieftasche – oder eines, das sie als kleines Mädchen zeigt.
- Gehen Sie nie unversöhnt aus dem Haus, melden Sie sich nach einem Konflikt von unterwegs. Denn auch

wenn die Fetzen geflogen sind: In erster Linie sind Sie Liebende, keine Kontrahenten.

- Bringen Sie ihr ein Buch mit und nehmen Sie ihr ein paar Stunden lang Kinder und Haushalt ab – nicht, weil es so vereinbart war, sondern spontan, um ihr Zeit für sich zu schenken.
- Bereiten Sie ihm ein Candle-Light-Bad zu – frische Früchte, entspannende Musik und Rückenmassage inklusive.
- Bürsten Sie der Lebensgefährtin das Haar.
- Gehen Sie morgens still und leise mit dem Hund spazieren, damit Ihr Mann ausschlafen kann.
- Tanken Sie ihr Auto voll und bringen sie ihr ihre Lieblingszeitschrift mit.
- Leihen Sie einen Film aus, den er unbedingt sehen möchte – auch wenn Sie dem Thema nicht viel abgewinnen können.

Komplimente

Wenn man mit jemandem zusammenlebt, wird alles zur Gewohnheit: selbst ihre wunderschönen Augen, sogar seine fabelhaften Kochkünste. Notiz nehmen wir in der Langzeitbeziehung höchstens dann, wenn etwas einmal nicht dem gewohnten Standard entspricht. Vor allem Männer vertreten die Einstellung: „Wenn ich nichts sage, ist alles in Ordnung." Ein Kompliment ist aber nicht nur eine Rückmeldung, sondern ein wunderbarer Stimmungsaufheller. Es gibt dem Partner das Gefühl, dass wir ihn wahrnehmen und wertschätzen. Einen Anflug von Erotik erzeugt es obendrein.

Als Faustregel gilt deshalb: Auch wenn Sie schon Jahre und Jahrzehnte zusammen sind, sagen Sie dem Partner, der Partnerin mindestens einmal am Tag etwas Nettes. Das können Komplimente über das Aussehen sein (übrigens: auch Männer freuen sich darüber!). Von mehr Aufmerksamkeit und Tiefgang zeugen aber Komplimente über ganz persönliche Merkmale und Verhaltensweisen: wie sie mit chirurgischer Präzision den Fisch filetiert, mit welcher Energie er sich in das Wettbewerbsprojekt stürzt, wie souverän sie das Gespräch mit dem Wohnungsmakler geführt hat.

Berührungen

Verliebte berühren sich ständig: im Restaurant, in der Straßenbahn, auf der Straße. Das Streicheln und Händchenhalten, die Küsse und Umarmungen kommunizieren Nähe, schaffen Vertrautheit und schüren die Lust auf mehr. Je länger ein Paar zusammen ist, desto seltener werden die kleinen Berührungen. Bei der gemeinsamen Fahrt zur Arbeit sieht man jetzt die Unterlagen für den bevorstehenden Tag durch, der Abschiedskuss ist, falls er überhaupt stattfindet, zur Routine geworden, beim Stadtbummel fordern die Kinder ihr Recht, beim Lieblings-Thai Händchen zu halten käme einem ein bisschen albern vor, und ins Kino geht man nur noch alle Jubeljahre. Wieder bleibt ein Stück Romantik auf der Strecke, und meistens nehmen wir kaum Notiz davon.

Das Berühren in die Beziehung zurückzuholen ist kein Hexenwerk. Wir müssen nur daran denken – der Kuss auf die Stirn zum Abschied, das Kraulen im Nacken bei der langen Autofahrt, der Kniff in den Po beim Zähneputzen, die Bärenumarmung nach einem langen Tag, ein kurzes Streichen über die Wange, wenn der Partner etwas Lustiges sagt. Jede einzelne dieser Nebenbei-Berührungen tut gut, beruhigt, gibt Wärme und jagt einem einen leisen Schauer über den Rücken. Wobei es sich von selbst versteht: Erwachsene Paare wissen, was in die Öffentlichkeit passt. Und was besser in die eigenen vier Wände gehört.

Stil-Strategie 29:
Seien Sie hinreißend

Langzeitbeziehungen unterliegen dem Gesetz der Gewöhnung: Auf den Rausch der Verliebtheit, den Kick des Zusammenziehens und das Hochzeitshoch folgt um den dritten Hochzeitstag herum die Abkühlung. Nicht alle, aber sehr viele Paare erleben, was sie verrückt vor Verliebtheit nicht für möglich hielten: Die eigene Liebe ist gegen das Wirken der Zeit ebenso wenig immun, wie es die der Eltern war. Was einmal eine lodernde Flamme war, wird im Lauf der Jahre zur wärmenden Glut. „Wenn jemand betört vor Liebe ist", so die nüchterne Einsicht von Rowland S. Miller, „ist er nicht in der Lage, sich vorzustellen, wie alltäglich, vorhersehbar und tendenziell unaufregend ihm der Geliebte oder die Geliebte 30 Jahre später erscheinen wird." Dass die Liebe ihren Neuheitswert verliert, können wir nicht ändern. Aber unser Verhalten entscheidet, ob die Liebe im Lauf der Zeit ermüdend und glanzlos wird oder von Jahr zu Jahr immer wertvoller und begehrenswerter.

Die Leidenschaft am Leben halten

Am Anfang sorgten Hormone und der Reiz von zwei nackten, neuen Körpern für aufregenden Sex. Wenn Beziehungen (und Partner) älter werden, ändert sich auch die Leidenschaft: Sie beglückt und entspannt und verbindet, aber die Welt gerät deshalb nur mehr selten aus den Fugen. Es sei denn, wir ersetzen den Rausch der Verliebtheit durch die Kunst des Liebens. Raffinesse, Erotik und die Lust am Experiment erhalten das Feuer auch dann lebendig, wenn die Hormone uns längst auf Bindung, Treue und Geborgenheit polen. Dabei hat die Liebeskunst nicht viel mit Liebeskunststücken zu tun. Sondern, wie alles, was in den Bereich der guten Manieren fällt, mit Bemühen, Aufmerksamkeit und Verfeinerung.

- ***Erkennen Sie, was den anderen anmacht und antörnt.*** Wenn die Beziehung schon ein paar Jahre dauert, beherrscht man den Wohlfühlsex im Schlaf. Reizvoller ist es, wenn man das, was man will, nicht bekommt, wenn man es will, sondern wenn der andere es will. Oder wenn man in hemmungslosen Worten erfährt, was gleich passieren wird. Oder wenn der eine das Spiel eröffnet, wenn der andere nicht im Traum damit rechnet.

- ***Schauen Sie Ihren Mann, Ihre Frau nicht nur flüchtig an,*** sondern berühren, umgarnen, verwirren sie ihn oder sie mit Ihren Blicken.
- ***Sprechen Sie über Träume und Wünsche.*** Was ist für dich großartiger Sex? Was ist deine ultimative sexuelle Fantasie? Gibt es etwas, was ich lieber nicht tun sollte? Wo würdest du es gern tun, wo wir es noch nie getan haben?
- ***Tun Sie es in den Stellungen, die sich erfahrungsgemäß am schönsten anfühlen.*** Und als gelegentliches Extra im Freien, im Stehen, mit Spielzeug, ohne Worte, nach Vorankündigung: „Wenn ich heute Abend nach Hause komme …"
- ***Spielen Sie ein bisschen hard-to-get.*** Erotik beruht auch auf dem Begehren, das nicht auf Knopfdruck erfüllt wird. Am leichtesten machen Sie den anderen verrückt, wenn Sie die Lust durch ein kalkuliertes Wechselspiel aus Kühle und Sexiness oder Unschuld und Laszivität anheizen. Die Taktik weckt den Jäger in ihm und macht den selbstverständlich gewordenen Sex für sie zum begehrenswerten Must-have wie sonst nur die It-Bag der Saison. Wichtig: Ein verführerisches Spiel ist die künst-

liche Verknappung nur dann, wenn beide mit dem Wieoft zufrieden sind.

Ganz gleich, was Sie sich einfallen lassen: Verführung und Erotik erfordern um Klassen mehr Einfühlung, Aufmerksamkeit und Raffinesse, als wenn sie routiniert Hand anlegt oder er gekonnt ihren G-Punkt stimuliert. Obwohl auch das nicht zu verachten ist.

Extratipp für sie: **Männer hassen Misserfolge.** Wenn Sie merken, das sich bei ihm nichts regt, nehmen Sie es gelassen und brechen Sie Ihre Avancen mit einem zärtlichen Kuss ab. Ihr Takt erspart es ihm, aussprechen zu müssen, was sein Ego verletzt: dass er im Moment überhaupt nicht in Stimmung kommt.

Abenteuerlich leben

Die Liebe ist zwar anfällig für Langeweile, lässt sich aber dafür auch leicht (re-)animieren: Alles, was die gewohnte Routine sprengt, lädt die Romantik auf. Man ist für ein paar Tage getrennt, ersteigert ein besonders günstiges Schnäppchen, baut ein gemeinsames Haus, schlägt ein befreundetes Paar im Doppel, bekommt zusammen ein Kind – und schon ist es wieder da, das aufregende Gefühl, wie füreinander geschaffen zu sein.

Die romantische Wiederverzauberung beruht auf dem gleichen physiologischen Mechanismus, der auch das Sichverlieben begünstigt: Neue Eindrücke und aufregende Erlebnisse erhöhen den Adrenalinspiegel im Blut, und das daraus resultierende Körpergefühl überlistet das Gehirn zu romantischen Gefühlen. Genau wie Verliebte haben damit auch langjährige Paare die Chance, ihre Gefühle füreinander mit geeigneten Unternehmungen und gemeinsamen Projekten immer wieder neu anzuregen. Das Beste daran: Um den Partner oder die Partnerin mit neuen Augen zu sehen, muss man nicht gleich zusammen auswandern. Untersuchungen des US-Psychologen Arthur Aron zufolge lässt sich das Eheglück bereits sehr wirksam steigern, wenn man zusammen Ski fährt, ins Theater geht, einen Berg besteigt oder Sex mal zu einer anderen Zeit als abends nach dem Zähneputzen hat. Wichtig ist nur: Das Paar muss die Aktivitäten zur Wiederbelebung der Romantik als spannend, herausfordernd, ein bisschen gewagt oder als seltenen Luxus empfinden. Nur angenehme Aktivitäten zu zweit wie ein Restaurantbesuch oder ein Besuch bei Freunden steigern die Gefühle füreinander nicht.

Extratipp: **Lassen Sie beziehungsfreie Räume zu.** Auch eigenständige Unternehmungen erfüllen das Leben zu zweit mit einem Hauch von Abenteuer.

Wer von einer anregenden Geschäftsreise zurückkommt oder ohne den anderen eine Ausstellung gesehen hat, bringt neuen Gesprächsstoff und neue Ansichten mit. Die Animiertheit des einen und das Interesse des anderen stimulieren und erhöhen das Begehren. Dass man einander vermisst hat, tut ein Übriges dazu. Achten Sie aber darauf, dass der Ausgleich stimmt: Wenn nur einer unterwegs ist und der andere nie, wächst nicht die Lust, sondern der Groll.

Überraschen und sich überraschen lassen

Es ist das Geheimnis einer guten Ehe, einer Serienaufführung immer wieder Premierenstimmung zu geben.
Max Ophüls

Jonas mag keine Frauen mit kurzen Haaren und lebt eigentlich nur für seinen Job, Agnes möchte am liebsten auf Händen getragen werden und hasst Science-Fiction-Filme … Es gehört zu den Annehmlichkeiten der Langzeitbeziehung, dass man übereinander Bescheid weiß, füreinander berechenbar ist und weiß, was man aneinander hat. Allerdings führt der Glaube, einander in- und auswendig zu kennen, auch zu Achtlosigkeit und Routine. Es mag zwar verlockend sein, im ruhigen Fahrwasser einer stabilen Ehe dahinzugleiten. Aber wenn wir uns Romantik, Hingabe und Sex über viele Jahre hinweg erhalten wollen, brauchen wir Überraschungen neben der Vertrautheit. Mit diesen Strategien bieten Sie einander die Chance, sich auch mal in anderen als den gewohnten Facetten zu erfahren:

- ***Schalten Sie den Autopiloten aus.*** Begegnen Sie dem Partner, der Partnerin achtsam. Kümmern Sie sich darum, was der andere fühlt und denkt. Bemerken Sie, dass Ihre Frau die ersten Tulpen in diesem Jahr mitgebracht hat oder das Ihr Mann zum ersten Mal in Ihrer Ehe jeden Morgen Sit-ups macht. Besonders wichtig: Lassen Sie sich nicht von den Vereinfachungen narren, mit denen das Gehirn sich Arbeit spart. Mag sein, dass Agnes lieber romantische Komödien sieht als Science-Fiction-Filme. Aber *Gattaca* fand sie richtig gut.
- ***Erlauben Sie sich Stilbrüche.*** Mit Anfang, Mitte 30 hat man zwar in der Regel seinen Stil gefunden. Sorgen Sie trotzdem für Abwechslung und neue Reize: Anregend ist, wenn er, der das ganze Jahr über morgens im Dreiteiler das Haus verlässt, im Urlaub in Bermudas, Polohemd und nackten Füßen in den Tag hineinlebt. Oder wenn sie, die kulturbeflissene Germanistin, jeden Sonntagabend in die idyllische Welt von Rosamunde Pilcher abtaucht.
- ***Erfüllen Sie aufgeschobene Wünsche.*** Er schwärmt manchmal von den böhmischen Knödeln, die er bei seiner Oma so gern aß, Sie essen lieber Sushi und Sashimi. Egal. Rufen Sie seine Großmutter an und lassen Sie sich die Zubereitung seiner Leibspeise ganz genau erklären.

- ***Überraschen Sie den Partner mit kleinen Grenzüberschreitungen.*** Bestellen Sie im Restaurant zum Erstaunen Ihres Mannes kennerisch einen Spitzenwein, statt sich wie üblich sparsam an den Hauswein zu halten. Küssen Sie Ihre Frau morgens zum Abschied erotisch auf den Mund statt rituell auf die Wange. Schlafen Sie ohne Vorspiel mit ihm. Überraschen Sie sie mit dem perfekt geplanten Kunstwochenende, obwohl Kunstausstellungen und Klavierkonzerte eigentlich eher ihr Ressort sind. Schrauben Sie die neuen IKEA-Gartenmöbel selbst zusammen, statt zu warten, bis er sich Zeit dafür nimmt. Abwechslung und neue Reize bewirken schlagartig, dass man einander mit neuem Interesse wahrnimmt.

Stil-Strategie 30: ***Seien Sie ruhig ein bisschen retro***

Im Kern bedeutet Höflichkeit die Rücksichtnahme auf andere: Man achtet aufeinander, respektiert sich und geht taktvoll und fair miteinander um. Das ist die *ethische* Seite der Höflichkeit. Daneben hat Höflichkeit aber noch eine zweite, *ästhetische* Seite: Sie verfeinert und kultiviert unser Zusammenleben. Diese Ausprägung von Höflichkeit zeigt sich, wenn man die Formen wahrt und zum Beispiel Brot bei Tisch mit der

Ein Gentleman ist ein Mann, in dessen Gesellschaft die Frauen zu blühen beginnen.
Jeanne Moreau

Hand bricht oder im Büro auch an heißen Sommertagen das Jackett anbehält.

Bedingt durch die gesellschaftlichen Umwälzungen der letzten 50 Jahre hat der ästhetische Aspekt der Höflichkeit an Bedeutung verloren. Insbesondere der gesellschaftliche Umgang unter Männern und Frauen ist freier und gleicher, aber auch lässiger und nachlässiger geworden.

In Vergessenheit geraten sind die tradierten Höflichkeitsformen zwischen Mann und Frau dennoch nicht. In unseren Köpfen geistert noch die Vision dessen, was gute Manieren einmal waren: dass er sich wie ein Gentleman benimmt und sie auch gern mal die Prinzessin spielt – oder, je nach Alter, die Grande Dame. Man kann Kavaliersgesten und damenhaftes Verhalten natürlich als Firlefanz und Ausdruck eines überholten Rollenverständnisses ablehnen. Diese Einstellung ist bei den 68er-geprägten Forty- und Fiftysomethings weit verbreitet. Man kann die alten Sitten aber auch als Möglichkeit nutzen, dem Privatleben Glanz und dem Auftritt zu zweit Klasse zu verleihen. Die 14- bis 29-Jährigen sind laut einer Umfrage des Bielefelder Emnid-Instituts gerade dabei, den Reiz der klassischen Höflichkeitsformen wieder für sich zu entdecken.

Kavalier der neuen Schule

Vor 50 Jahren lernte man die Höflichkeitsformen zwischen Mann und Frau in der Tanzstunde: Ihr in den Mantel helfen? Unbedingt. Ihr die Tür aufhalten? Absolut. Aufstehen, wenn eine Frau sich erhebt? Keine Frage. Wer wusste, was sich gehörte, behandelte Frauen als edlere, höhere Wesen, schützte sie vor Unbilden und Gefahren und konnte sich sicher sein, damit in jeder Situation das Richtige zu tun.

Die Zeiten haben sich geändert. Seit die Frauenbewegung nahezu flächendeckend die Innen-Schreibweise durchsetzte, müssen Männer fürchten, Frauen könnten sich unterdrückt oder bedrängt fühlen, wenn sie sie als Erste durch die Tür gehen lassen oder ihnen den Koffer ins Gepäcknetz wuchten. Viele Männer haben deshalb die klassischen Kavaliersgesten entweder verlernt oder wenden sie nur mit Unbehagen an. Inzwischen zeigt sich: Die Befürchtungen der Männer sind übertrieben. Laut Emnid-Institut erwartet die Mehrzahl der Frauen noch immer oder wieder, dass ein Mann Manieren zeigt. Vor allem, wenn es der eigene ist. Lediglich der Handkuss scheint in Deutschland kurz vor dem Aus zu stehen. Gefragt ist dagegen, dass er

- ihr schwere Sachen trägt, hebt oder verrückt,
- die Tür aufhält und sie vorausgehen lässt,
- in und aus dem Mantel hilft,
- den Stuhl zurechtrückt, bevor er selbst sich setzt,
- die Autotür öffnet und schließt,
- kurz aufsteht, wenn sie sich an den Tisch setzt oder sich erhebt, und

- keine stundenlangen Monologe über Hybridmotoren, DSL und schwarze Löcher hält.

Höfliche Männer müssen über diese Gesten nicht nachdenken, sie sind ihnen zu guter Gewohnheit geworden. Dementsprechend unangestrengt und glaubwürdig wirkt ihr Auftritt. Gleichzeitig wissen sie gekonnt zu variieren: Was am eigenen Küchentisch vielleicht affektiert wirkt, verleiht beiden das gewisse Etwas, wenn sie sich zusammen in der Öffentlichkeit bewegen. Und was der Partnerin gefällt, kommt in angemessener Dosierung auch bei Geschäftspartnerinnen oder Kolleginnen an.

Hat sich also in den letzten 50 Jahren nichts geändert? Doch. Wenn Frauen heute wie damals Männer mit Manieren bevorzugen, tun sie das nicht mehr, weil sie das schwächere Geschlecht sind und ohne einen starken Mann verloren wären. Sondern weil sie Männer mit Klasse einfach attraktiver finden. Wer sich selbst ernährt, hat es nicht nötig, sich mit einem groben Klotz zufriedenzugeben. Und wer schön wohnt oder sich geschmackvoll stylt, wünscht sich folgerichtig auch einen Partner, der die Form zu wahren weiß. Für Männer heißt das: Kennen und verwenden Sie das klassische Repertoire der Höflichkeitsformen – nicht hölzern und verkrampft, sondern lässig, spielerisch und sehr selbstverständlich.

Extratipp: **In kritischen Situationen** – ein Autounfall, eine lange Wartezeit im Restaurant, ein unzumutbares Hotelzimmer – regelt traditionell der Mann das Problem. Bringen Sie die Partnerin in solchen Fällen nicht durch einen schroffen, lauten oder unangemessenen Ton in Verlegenheit. Äußern Sie Ihre Wünsche bestimmt, aber mit einem Hauch von Versöhnlichkeit: „Wir finden das Essen köstlich, aber die Wartezeiten zwischen den Gängen sind ein wenig lang."

Manchmal Prinzessin

Über wenige Generationen hinweg hat sich die Rolle von Frauen geändert: Bildungschancen, Spitzenjobs, gleiche Gehälter, alles da. Jedenfalls fast. Ob in Job oder Familie, moderne Frauen stehen ihren Mann – und lassen sich trotzdem bereitwillig auf Händen tragen. Denn gleiche Chancen bedeuten im 21. Jahrhundert nicht mehr Gleichmacherei: Der Unterschied zwischen den Geschlechtern darf ruhig spürbar bleiben, und für die Beziehung ist es wichtig, dass die Partner auch Gegenpole sind. Kluge Frauen lassen sich deshalb bei aller Stärke gern auch verwöhnen und nach allen Regeln der Kunst verführen. Von Kavalieren, die wissen, wie man modernen Prinzessinnen Komplimente macht, Blumen schenkt und formvollendet die Autotür öffnet. Frauen müssen bei diesem Spiel vor allem eins haben: die Klasse, mitzuspielen. Und den Stil, als Belohnung für seine Bemühungen auch ihn gut aussehen zu lassen. Dazu ein paar Anregungen:

- ***Seien Sie anbetungswürdig.*** Männer schmücken sich gern mit besonderen Frauen, und Klassefrauen finden nichts dabei, ihnen die Freude zu machen. „Sie ist schön", schreibt *Manieren*-Autor Asfa-Wossen Asserate über die „Dame". „Wenn sie nicht schön ist, ist sie in all ihren Bewegungen und Haltungen, der Art, wie sie spricht, wie sie sich schminkt, wie sie isst, wie sie sich anzieht und wie sie denkt, gähnt, hustet, lächelt, so viel geformter als normale Menschen, dass ihr das Recht auf Schönheit dennoch zufliegt."
- ***Wecken Sie seinen Beschützerinstinkt.*** Natürlich können Sie selbst den besten Investmentfonds ermitteln, die Wasserkästen in den Keller schleppen oder sich bei den Nachbarn über die laute Musik beschweren. In der Regel werden Sie genau das auch tun. Trotzdem geben Sie Ihrem Mann zwischendurch die Chance, sich für Sie in die Bresche zu werfen. Zwar finden die meisten Männer Frauen anstrengend, die permanent eine starke Schulter brauchen. Aber es schmeichelt Ihnen, wenn die Partnerin zu verstehen gibt: Ich kann das zwar auch – aber du kannst es einfach noch besser.
- ***Haben Sie Augen und Ohren nur für ihn.*** Jeder Mensch genießt es, wenn andere an seinen Lippen hängen, aber

Männer genießen es besonders. Liebenswürdige Frauen tragen dem männlichen Bedürfnis nach Beifall lächelnd Rechnung: Zeigen Sie sich von ihm und seinen Ausführungen fasziniert. Schauen Sie nicht gelangweilt im Raum herum, wenn Sie gemeinsam beim Hotelfrühstück oder im Restaurant sind. Ziehen Sie ihn mit Fragen ins Gespräch. Fühlt er sich in der Zuhörerrolle wohler, zeugt es von Klasse, mit ein paar Gesprächsthemen gerüstet zu sein, die ihn interessieren: ein Artikel in der Zeitung, ein neues Technikspielzeug, eine abstruse Statistik, eine pikante Information aus dem Freundeskreis.

Happy ohne Ende

Ein Dreamteam ist ein Paar, das den gemeinsamen Alltag strategisch managt, Ehe, Familie und Beruf partnerschaftlich unter einen Hut bekommt, Konflikte selbstreflektiert löst oder die gemeinsame Firma konzentriert zu immer neuen Erfolgen führt. Zwei gleich starke Partner arbeiten realistisch und bewusst an einem Lebensentwurf, der beiden maximale Chancen auf ein sinnvolles und genussreiches Leben eröffnet. Gute Manieren dienen dabei als Strategie, intelligent zwischen zwei anspruchsvollen Egos zu vermitteln.

Das alles klingt praktisch und vernünftig und erfolgversprechend und ist es auch. Aber, geben wir zu, es reicht uns nicht aus. Liebe als gemeinsames Projekt ist gut und schön. Aber ab und zu zwischendurch, wenn die Kinder im Bett sind oder das Orchester beim Opernball den Kaiserwalzer spielt, möchten wir die Liebe so erleben, wie wir sie aus Filmen und Büchern kennen: als schönen Traum. Wo er sie hofiert und sie ihn bewundert und jeder, der die beiden sieht, sie für ein Traumpaar hält und nicht nur für eine erfolgreiche Lebensgemeinschaft. Keine Frage, die Vorstellung ist ein Klischee. Aber wir können ihr, wie jedem Klischee, eine aufschlussreiche Information entnehmen: Die Sehnsucht nach Verzauberung gehört bei aller Lebenserfahrung zur Liebe dazu.

Natürlich können wir darauf warten, dass die Romantik sich von selbst einstellt, einfach so. Leider tut sie das nicht, nicht einmal am Anfang der Beziehung. Damals haben wir uns den ganzen Tag auf die Begegnung mit der neuen Liebe vorbereitet und gefreut. Und zigmal in Gedanken durchgespielt, was wir sagen, tragen oder wagen werden.

Traumpaare erhalten dieses Bemühen aufrecht und inszenieren ihren Liebestraum so wohlkalkuliert, wie sie den Liebesalltag organisieren. Gute Manieren dienen ihnen dabei als Strategie, das ewig Weibliche und das typisch Männliche in sich wachzuhalten. Denn im 21. Jahrhundert basiert die Liebe zwar auf Partnerschaftlichkeit und Verständnis. Aber ihr Elixier sind bis heute die kleinen Unterschiede. Paare, die die Regeln der Höflichkeit für sich nutzen, kombinieren beides: Sie suchen und finden Übereinstimmung *und* lieben und bewundern den Partner für das, was ihn anders und einzigartig macht. Auf diese Weise schaffen sie die Voraussetzung, dass gelingt, was man sich wünscht und versprochen hat: dass die Liebe hält und man einander glücklich macht, bis ans Ende aller Tage.

Literatur

Asserate, Asfa-Wossen. *Manieren.* Frankfurt/M. 2005

Baldrige, Letitia. *Letitia Baldrige's new manners for new times.* New York 2003

Carlson, Kristine und Richard. *100 Regeln für die Liebe.* München 2005

Fein, Ellen/Schneider, Sherrie. *Die Kunst, den Mann fürs Leben zu halten.* München 2002

Gottman, John M. *Die 7 Geheimnisse der glücklichen Ehe.* München 2002

Holzberg, Oskar. „Wendepunkte der Liebe" In: *Brigitte,* 17. September 2003

Horx, Matthias. „Die Zukunftsfamilie" In: *Die Welt,* 26. August 2004

Joel, Antje. „Was nützt die Liebe in Gedanken?" In: *emotion,* Oktober 2006

Kast, Bas. *Die Liebe und wie sich Leidenschaft erklärt.* Frankfurt/M. 2006

Knigge, Adolph Freiherr. *Über den Umgang mit Menschen.* Frankfurt/M. 2001 [erstmals 1788]

Miller, Rowland S. „On decorum in close relationships: Why aren't we polite to those we love?" In: *Contemporary Social Psychology* 15 (2) 1991

Nensel, Kuno. „Die Rückkehr der Versuchung“ In: *Elle,* Dezember 2006

Nuber, Ursula. „Der Partner ist nicht selbstverständlich“ In: *Psychologie heute compact,* Heft 15, 2006

Das Online-Familienhandbuch. www.familienhandbuch.de

Post, Peter. *Essential Manners for Couples.* New York 2005

Schuldt, Christian. *Der Code des Herzens. Liebe und Sex in den Zeiten maximaler Möglichkeiten.* Frankfurt/M. 2004

Zekri, Sonja. „Das Liebesprojekt. Profiling, Coaching, Streitseminar: Beziehungen im Jahr 2006“ In: *Süddeutsche Zeitung,* 15. März 2006

Register